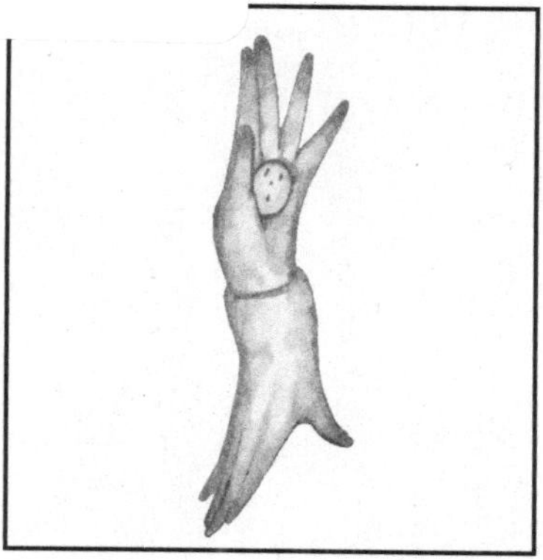

KOHEI HORIKOSHI

Vielen Dank, dass du Band 36 in die Hand genommen hast! Dank eurer Unterstützung gibt es bald den sechsten Anime! So viele Menschen haben mich bis zu diesem Punkt begleitet. Gebt alles, Helden, gebt alles, Schurken! Lasst uns alle unser Bestes geben!!

MY HERO ACADEMIA

Vol. 36

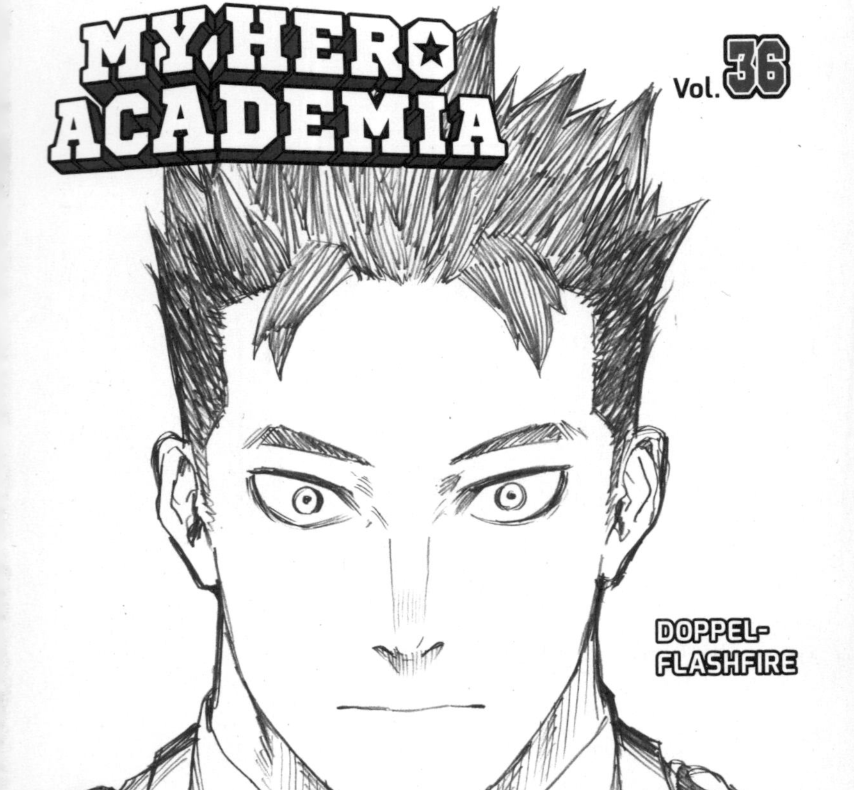

DOPPEL-FLASHFIRE

CARLSEN MANGA
© 2023 Carlsen Verlag GmbH,
Völckersstraße 14-20, 22765 Hamburg
Aus dem Japanischen von Antje Bockel

Redaktion: Anne Berling
Textbearbeitung: Steffen Haubner
Produktionsmanagement: Wiebke Düsedau
Grafik: Sonnenfisch Production – Laura Bartels

ISBN: 978-3-551-79985-2

MY HERO ACADEMIA VOL. 36

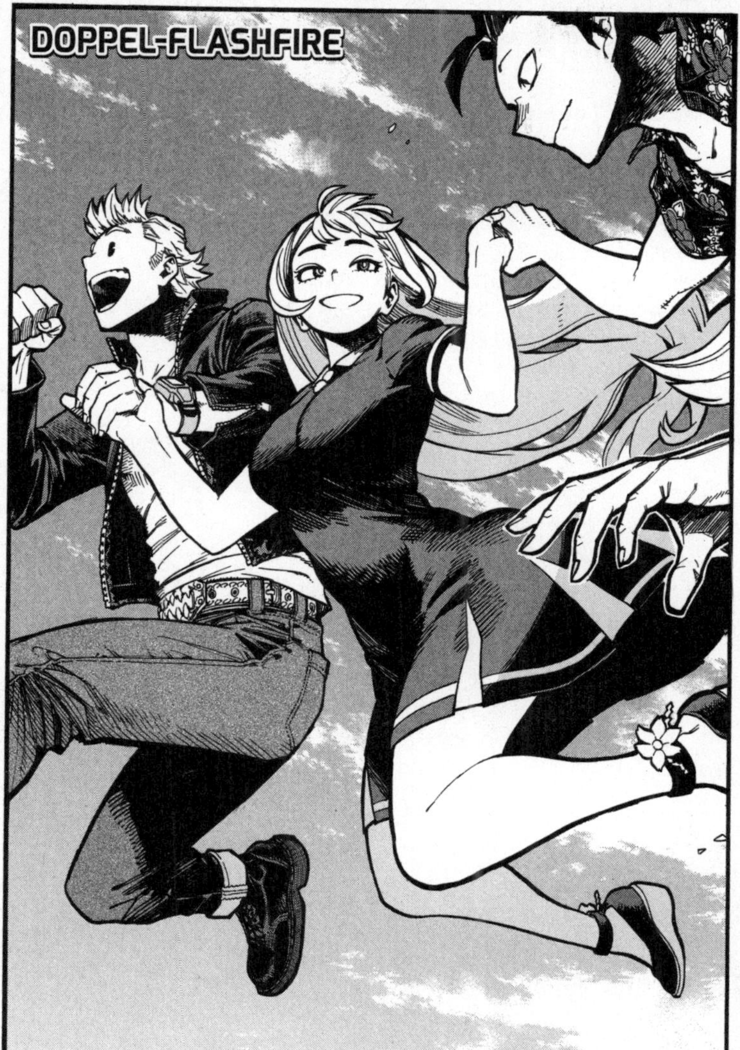

KOHEI HORIKOSHI

ALARM! EIN SCHURKE IST AUFGETAUCHT UND ERGREIFT WILLKÜRLICH VON CHARAKTEREN BESITZ!!

DURCH DIE MACKE DES SERIENPORTRÄTMALERVERBRECHERS SUKECHIYO FOTOREAL SEHEN DEKU UND SEINE FREUNDE PLÖTZLICH ECHT AUS!! ABER SIE SIND NICHT UMSONST HELDEN! SIE HABEN SICH NICHT AUS DEM KONZEPT BRINGEN LASSEN UND DIE DREHARBEITEN FORTGESETZT! DAS WAR EINE ZIEMLICHE ZEITVERSCHWENDUNG! KOMM BLOSS NICHT WIEDER, SUKECHIYO!

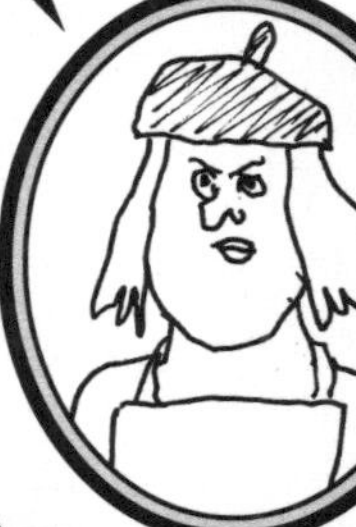

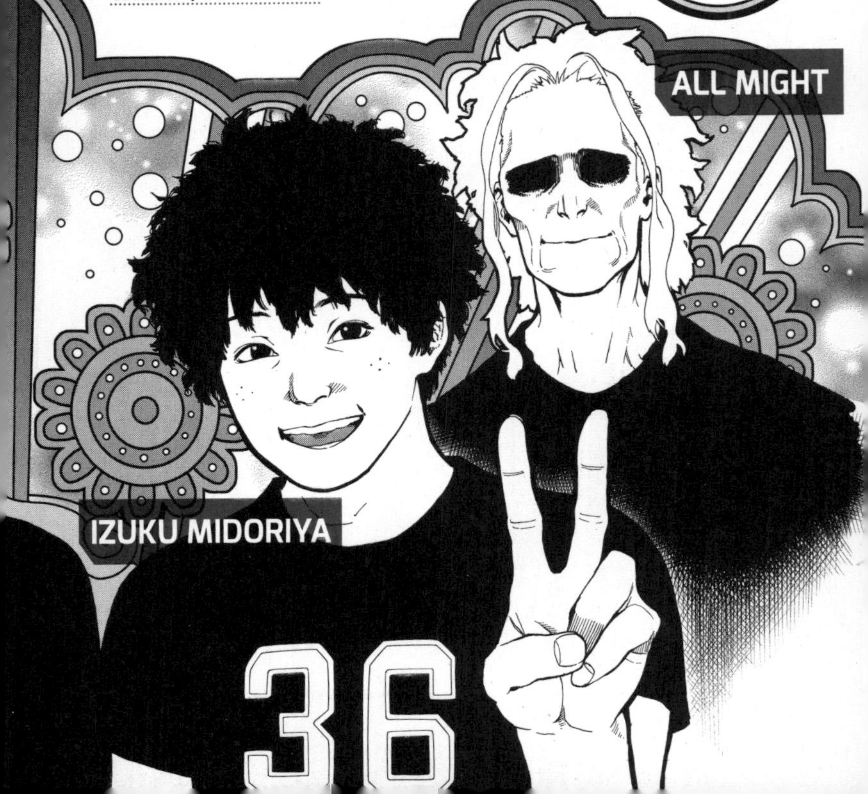

S/T/O/R/Y

EINES TAGES BEGANNEN SICH BEI DEN MENSCHEN PARANORMALE PHÄNOMENE ZU ZEIGEN. MAN NANNTE DIESE ANLAGEN »MACKEN«. NACH UND NACH ENTSTAND EINE GESELLSCHAFT VON SUPERHELDEN, IN DER DIE MEISTEN MENSCHEN IRGENDEINE BESONDERE VERANLAGUNG BESITZEN. ALLERDINGS FÜHRTE DIESE »PARANORMALITÄT« AUCH ZU EINER ZUNAHME DER KRIMINALITÄT UND SCHLIESSLICH ZU EINER KATASTROPHALEN SITUATION, WELCHER DER STAAT MACHTLOS GEGENÜBERSTAND. DAS WAR DER ZEITPUNKT, ZU DEM AUS DER BEVÖLKERUNG PERSONEN HERVORTRATEN, DIE DEM BÖSEN DIE STIRN BOTEN. SIE AGIERTEN WIE DIE SUPERHELDEN AUS COMICS UND SCHLIESSLICH WURDE IHRE TÄTIGKEIT ZU EINER ALLGEMEIN ANERKANNTEN ÖFFENTLICHEN ARBEIT, UM DIE SICHERHEIT IM ALLTAG ZU GEWÄHRLEISTEN. DIES IST DIE GESCHICHTE EINES JUNGEN »OHNE MACKE«, DER EIN GROSSER HELDENFAN IST UND SICH DURCH DIE BEGEGNUNG MIT EINEM DER BESTEN VON IHNEN SELBST ZUM HELDEN ENTWICKELT.

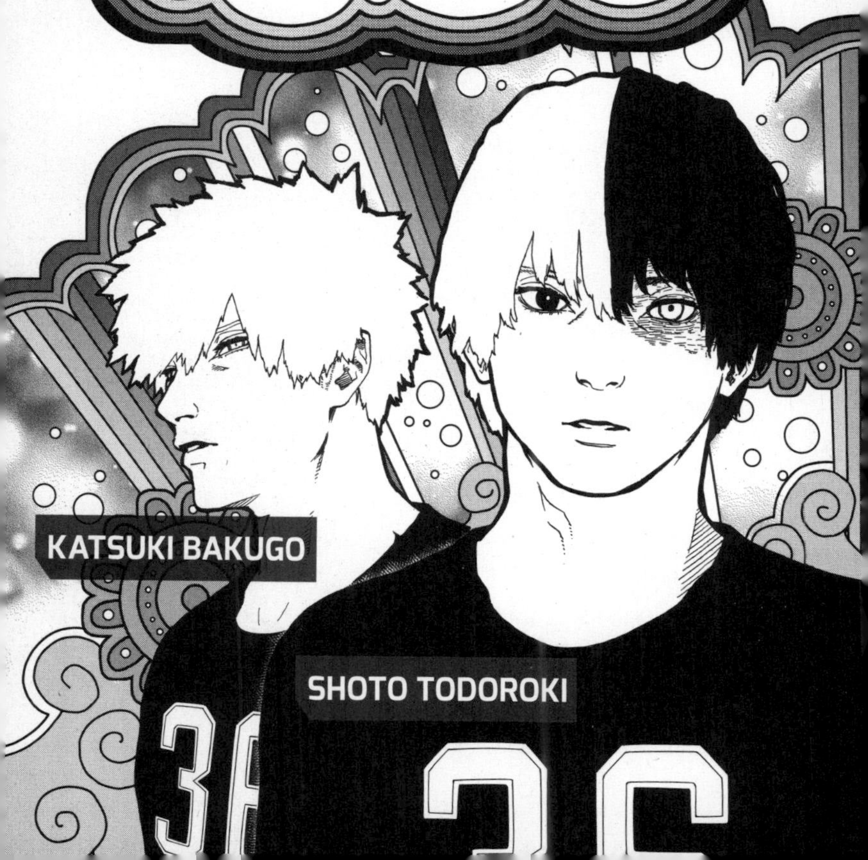

Vol. 36 DOPPEL-FLASHFIRE

MY HERO ACADEMIA

CONTENTS

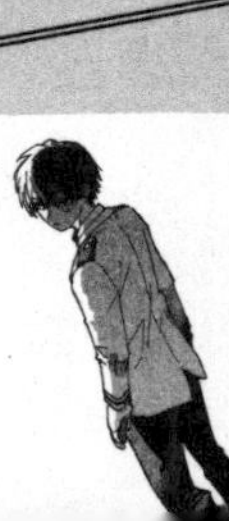

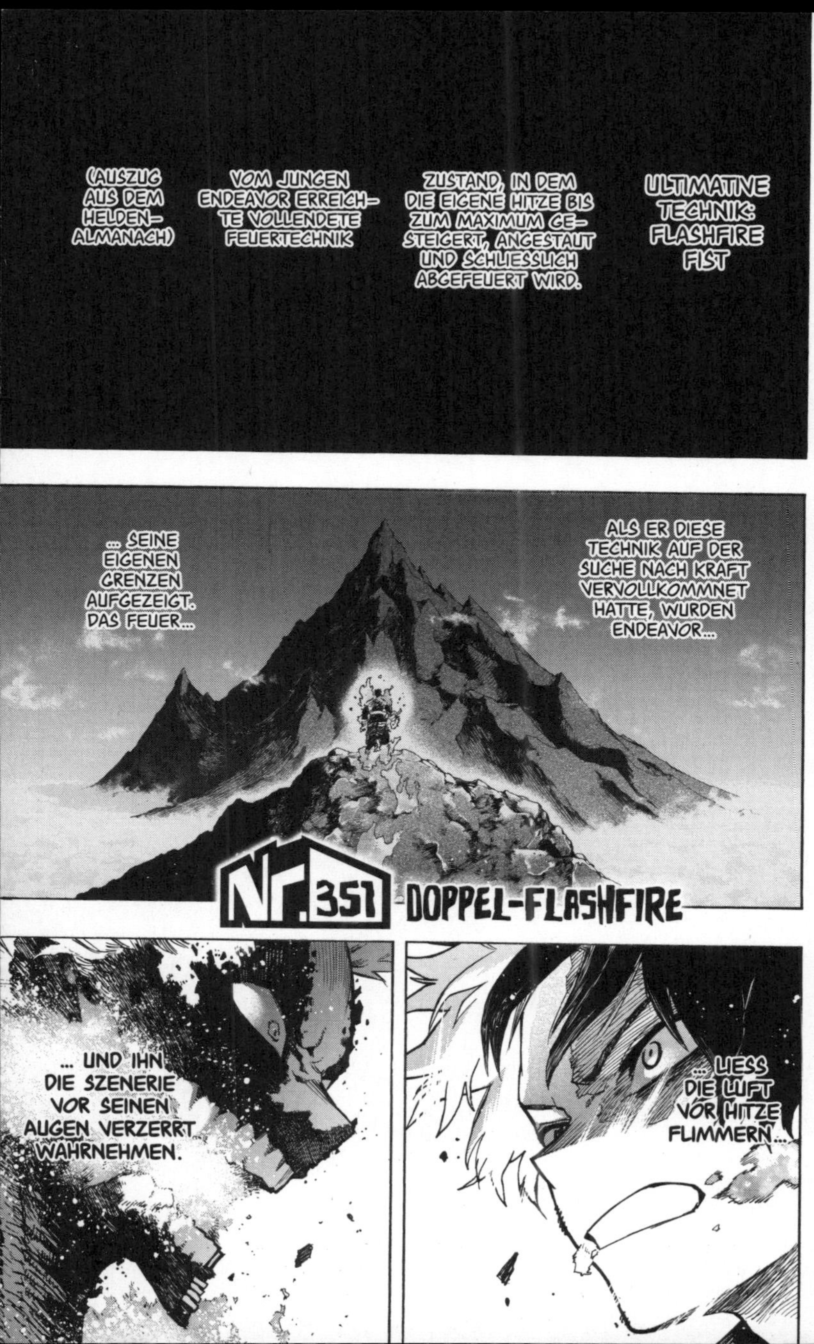
ULTIMATIVE TECHNIK: FLASHFIRE FIST
ZUSTAND, IN DEM DIE EIGENE HITZE BIS ZUM MAXIMUM GE-STEIGERT, ANGESTAUT UND SCHLIESSLICH ABGEFEUERT WIRD.
VOM JUNGEN ENDEAVOR ERREICH-TE VOLLENDETE FEUERTECHNIK
(AUSZUG AUS DEM HELDEN-ALMANACH)
ALS ER DIESE TECHNIK AUF DER SUCHE NACH KRAFT VERVOLLKOMMNET HATTE, WURDEN ENDEAVOR...
... SEINE EIGENEN GRENZEN AUFGEZEIGT. DAS FEUER...
NR. 351 DOPPEL-FLASHFIRE
... LIESS DIE LUFT VOR HITZE FLIMMERN...
... UND IHN DIE SZENERIE VOR SEINEN AUGEN VERZERRT WAHRNEHMEN.

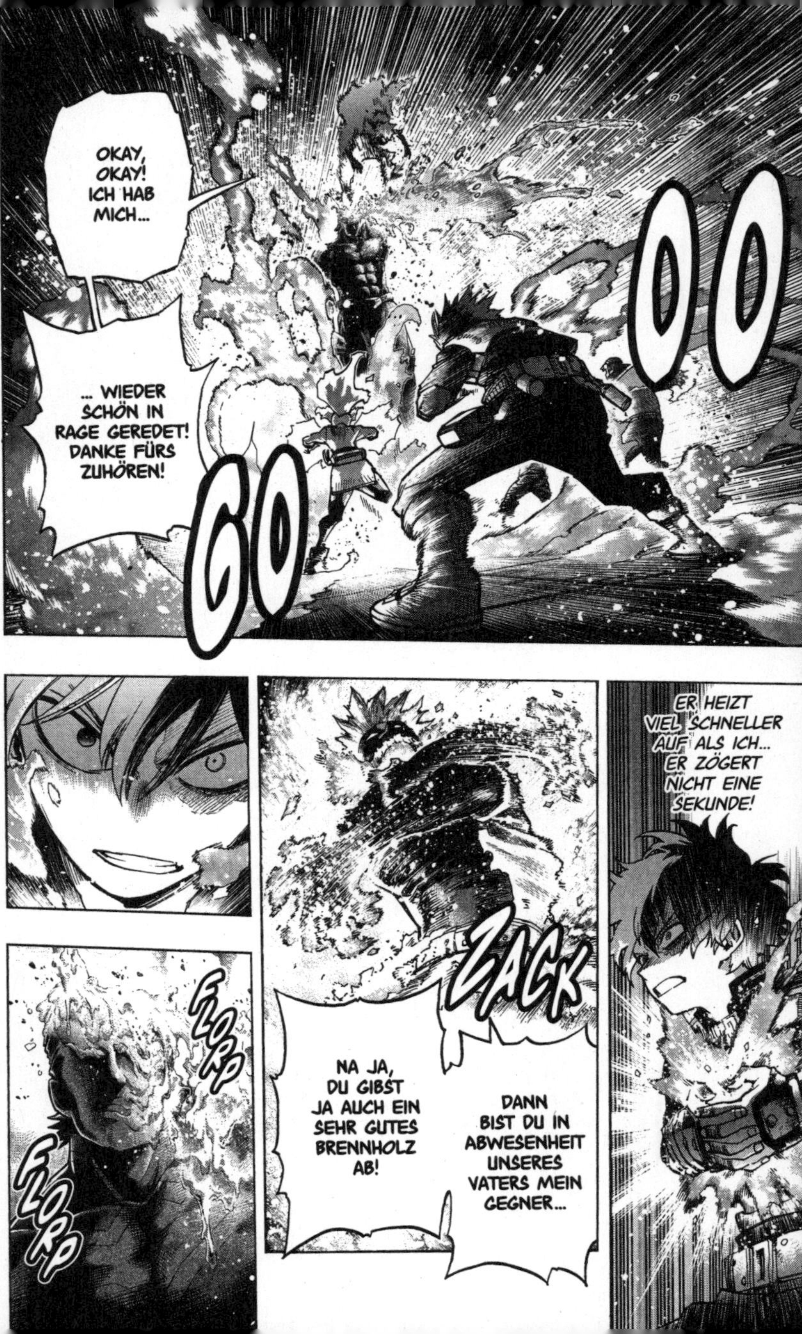
OKAY, OKAY! ICH HAB MICH...
... WIEDER SCHÖN IN RAGE GEREDET! DANKE FÜRS ZUHÖREN!
GOOO
ER HEIZT VIEL SCHNELLER AUF ALS ICH... ER ZÖGERT NICHT EINE SEKUNDE!
ZACK
NA JA, DU GIBST JA AUCH EIN SEHR GUTES BRENNHOLZ AB!
DANN BIST DU IN ABWESENHEIT UNSERES VATERS MEIN GEGNER...
FLORP
FLORP

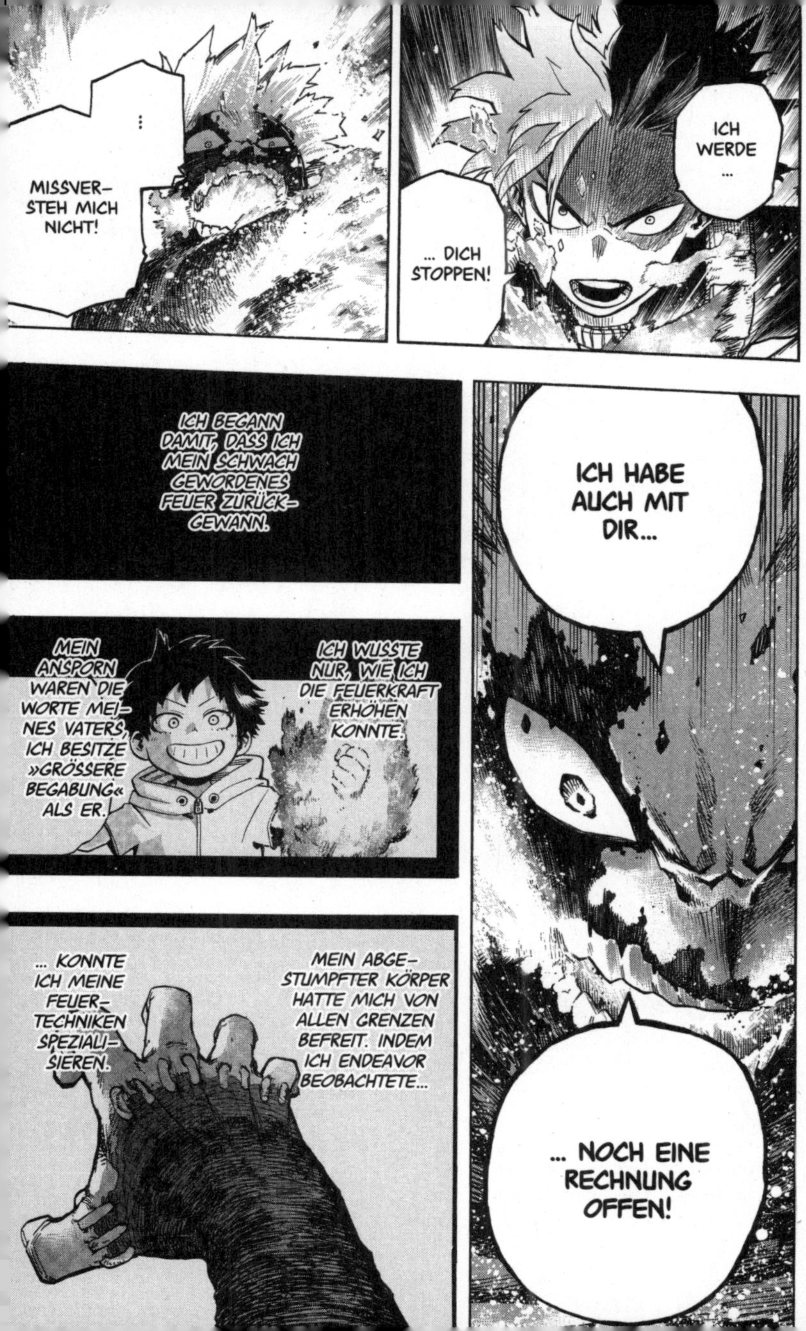

ICH WERDE …
… DICH STOPPEN!
…
MISSVER-STEH MICH NICHT!
ICH HABE AUCH MIT DIR…
… NOCH EINE RECHNUNG OFFEN!
ICH BEGANN DAMIT, DASS ICH MEIN SCHWACH GEWORDENES FEUER ZURÜCK-GEWANN.
ICH WUSSTE NUR, WIE ICH DIE FEUERKRAFT ERHÖHEN KONNTE.
MEIN ANSPORN WAREN DIE WORTE MEI-NES VATERS, ICH BESITZE »GRÖSSERE BEGABUNG« ALS ER.
MEIN ABGE-STUMPFTER KÖRPER HATTE MICH VON ALLEN GRENZEN BEFREIT. INDEM ICH ENDEAVOR BEOBACHTETE…
… KONNTE ICH MEINE FEUER-TECHNIKEN SPEZIALI-SIEREN.

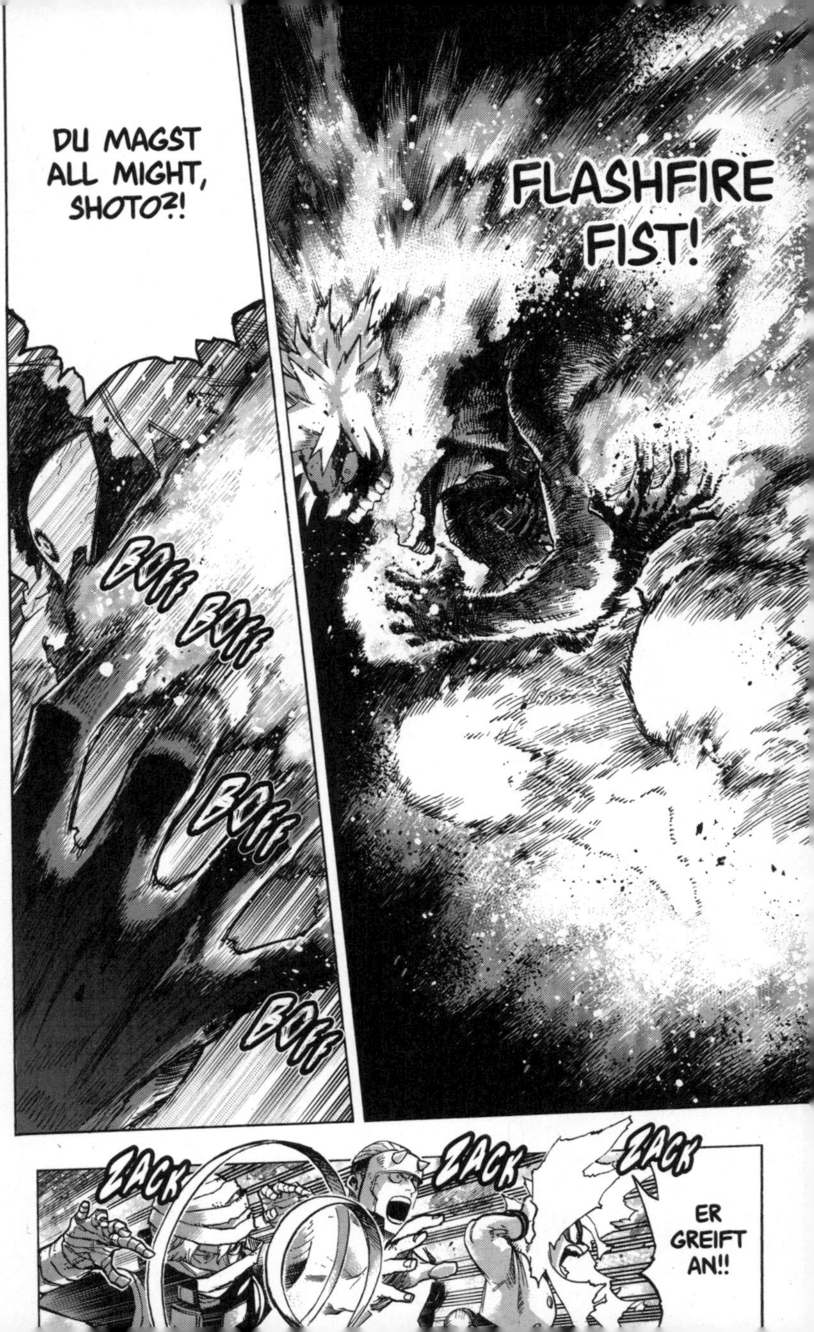

FLASHFIRE FIST!
DU MAGST ALL MIGHT, SHOTO?!
BOFF BOFF
BOFF
BOFF
ZACK
ZACK
ZACK
ER GREIFT AN!!

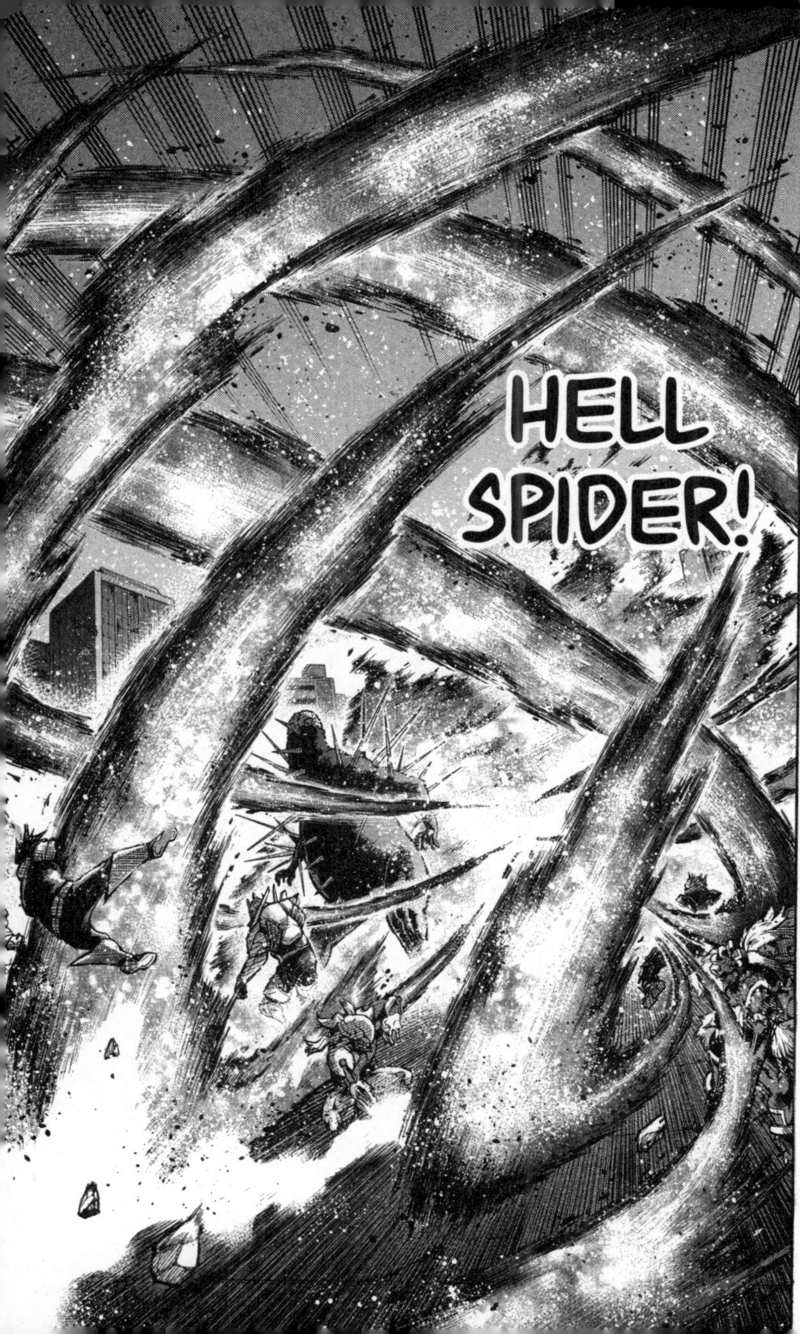
HELL SPIDER!

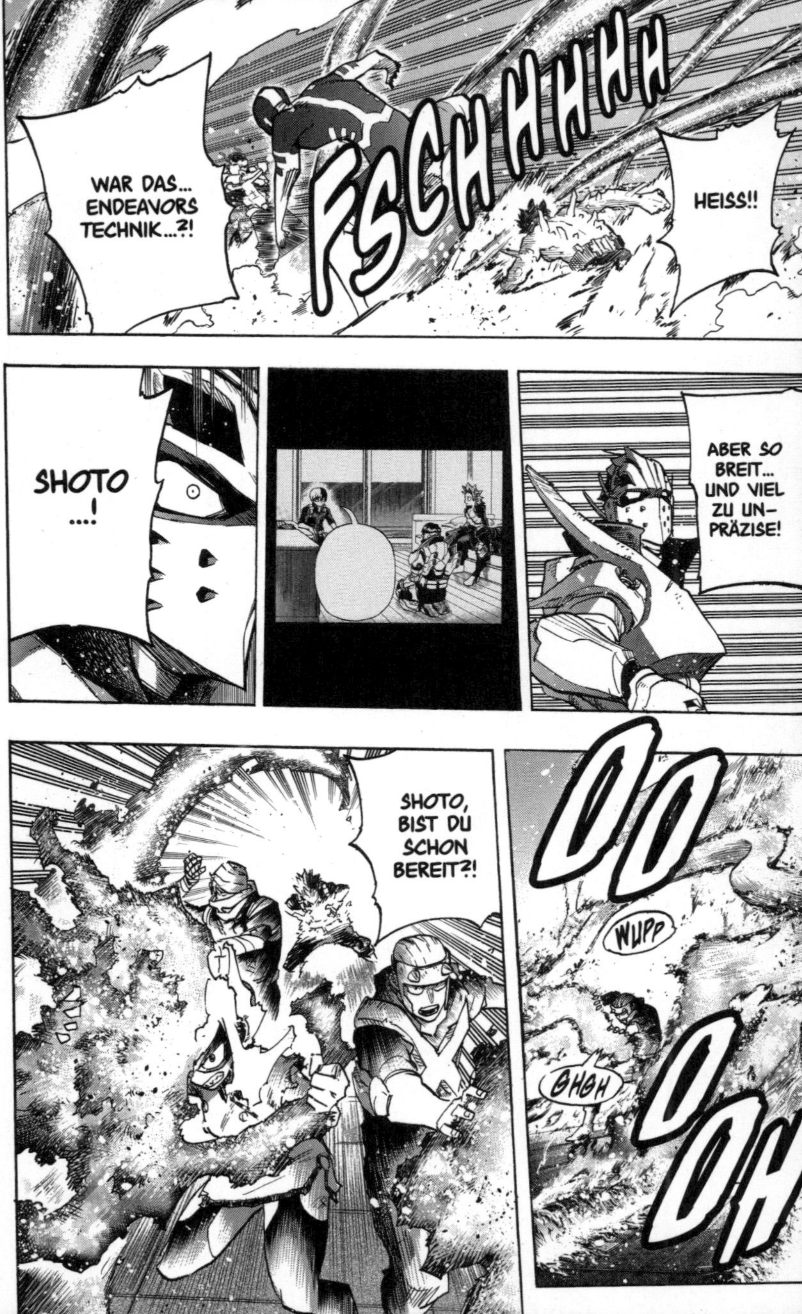
HEISS!!
FSCHHHHHH
WAR DAS... ENDEAVORS TECHNIK...?!
ABER SO BREIT... UND VIEL ZU UN-PRÄZISE!
SHOTO ...!
OOOOH
WUPP
BHGH
SHOTO, BIST DU SCHON BEREIT?!

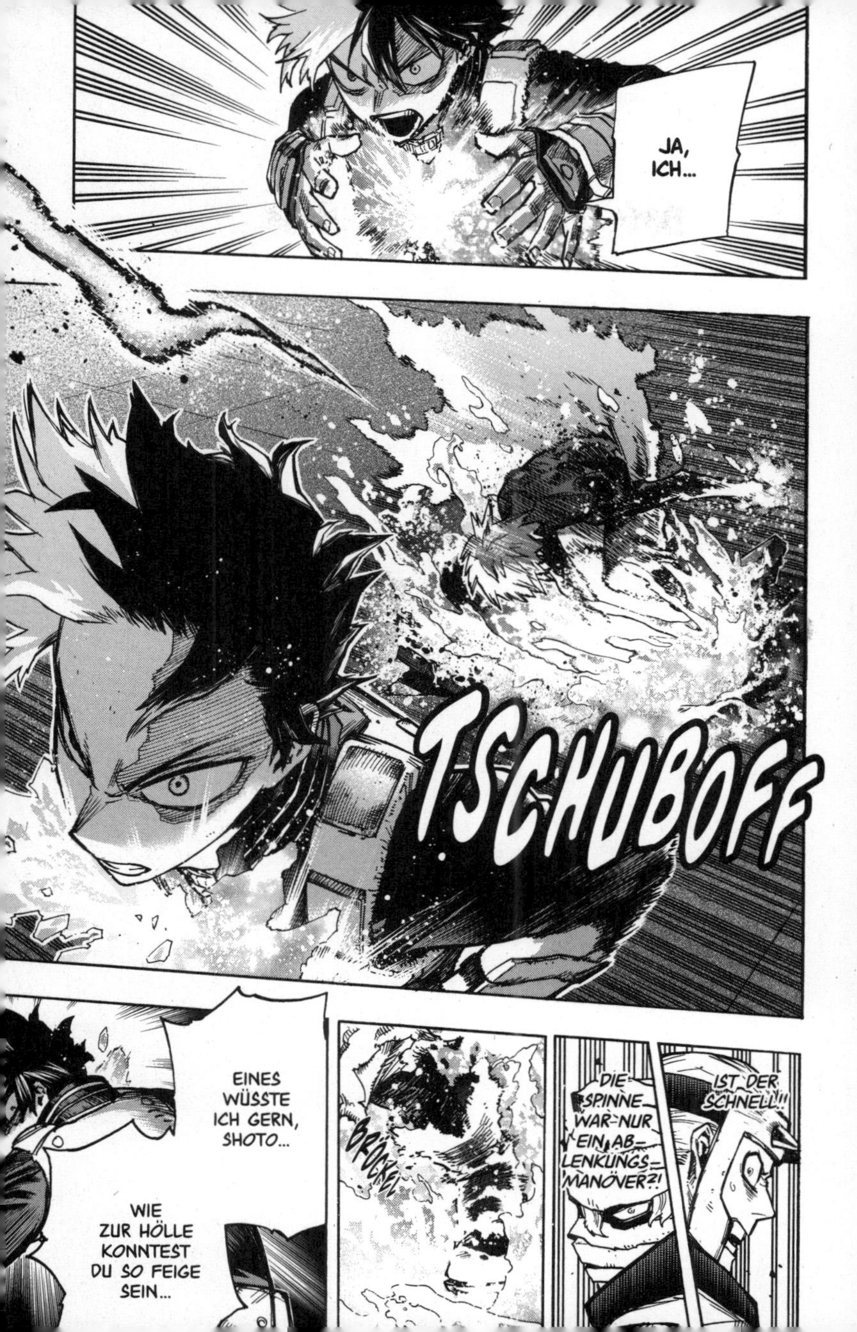
JA, ICH...
TSCHUBOFF
IST DER SCHNELL!!
DIE SPINNE WAR NUR EIN ABLENKUNGSMANÖVER?!
BRÖCKEL
EINES WÜSSTE ICH GERN, SHOTO...
WIE ZUR HÖLLE KONNTEST DU SO FEIGE SEIN...

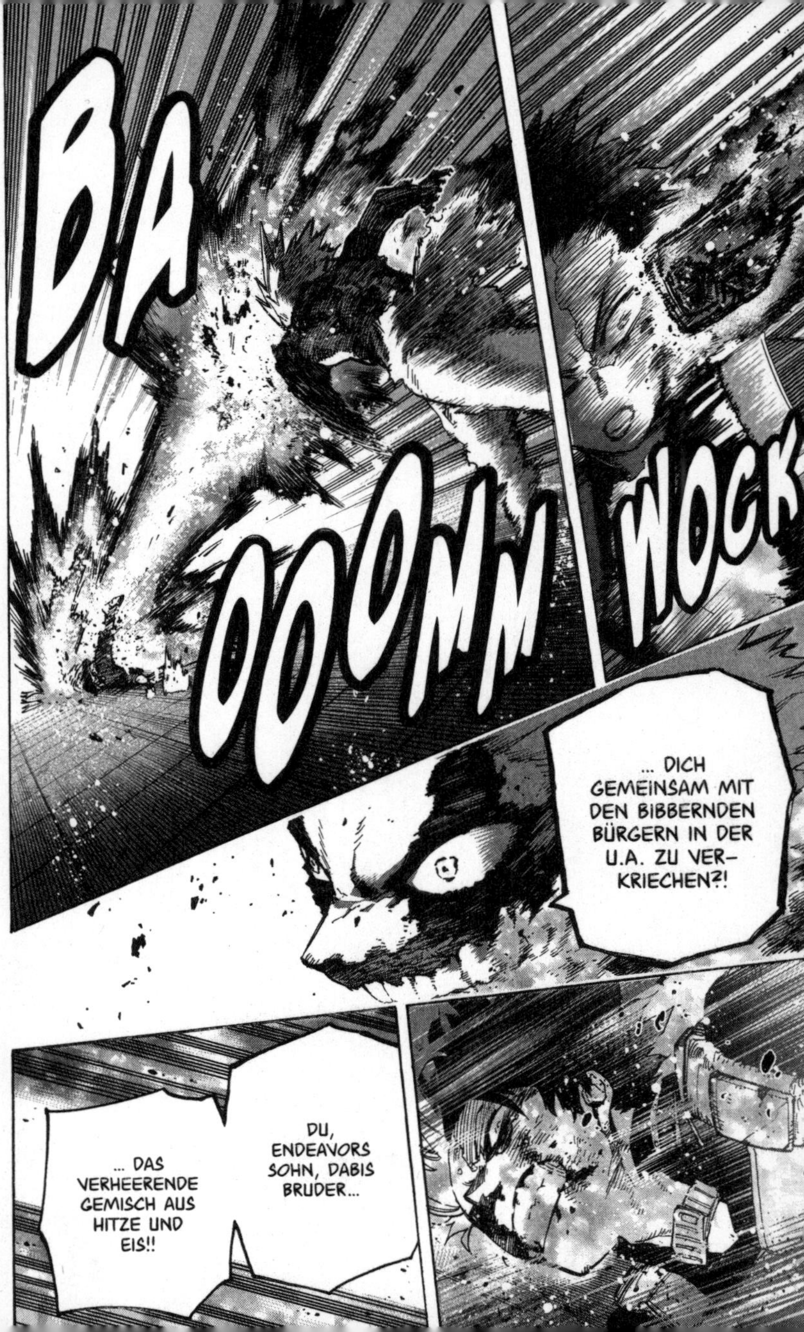
WOCK
BAOOOMM
... DICH GEMEINSAM MIT DEN BIBBERNDEN BÜRGERN IN DER U.A. ZU VER-KRIECHEN?!
DU, ENDEAVORS SOHN, DABIS BRUDER ...
... DAS VERHEERENDE GEMISCH AUS HITZE UND EIS!!

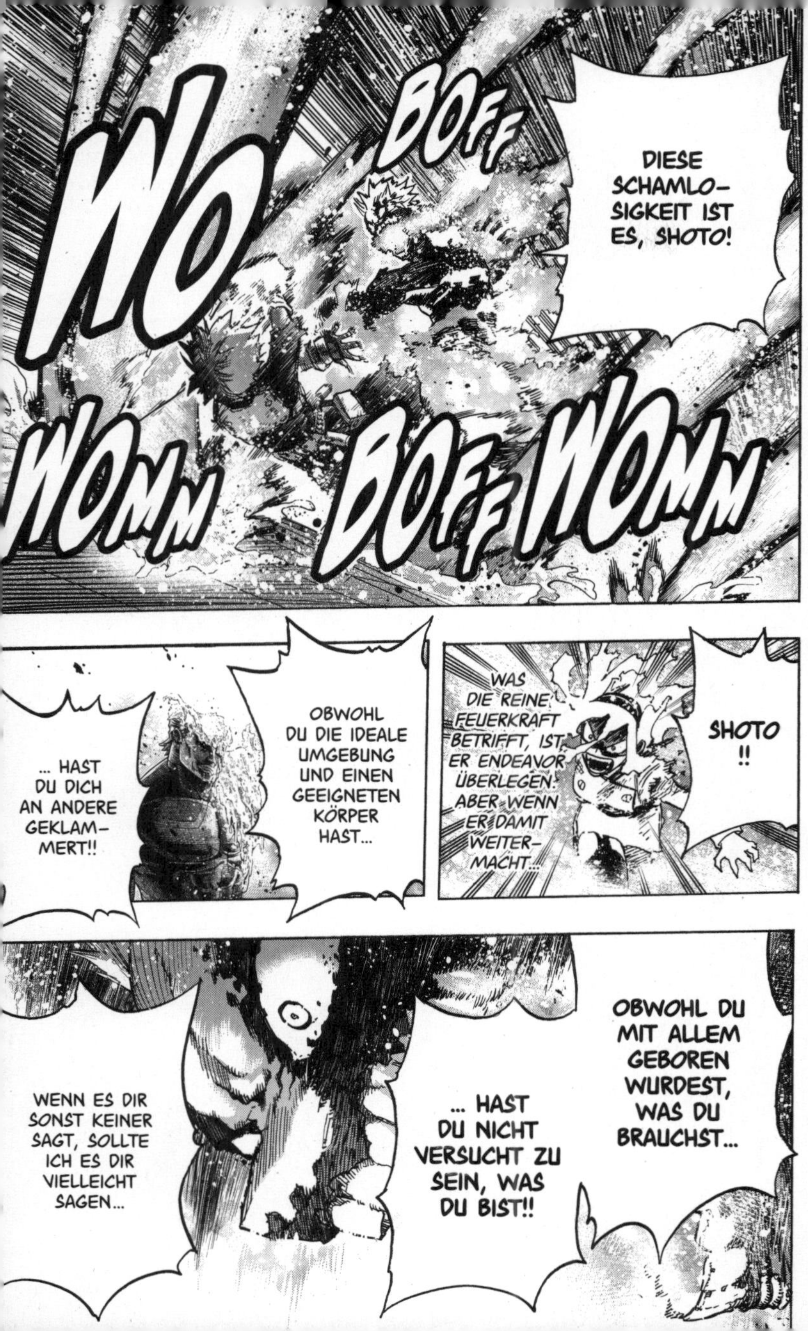
WO
BOFF
DIESE SCHAMLOSIGKEIT IST ES, SHOTO!
WOMM
BOFF
WOMM
SHOTO!!
WAS DIE REINE FEUERKRAFT BETRIFFT, IST ER ENDEAVOR ÜBERLEGEN. ABER WENN ER DAMIT WEITERMACHT...
OBWOHL DU DIE IDEALE UMGEBUNG UND EINEN GEEIGNETEN KÖRPER HAST...
... HAST DU DICH AN ANDERE GEKLAMMERT!!
OBWOHL DU MIT ALLEM GEBOREN WURDEST, WAS DU BRAUCHST...
... HAST DU NICHT VERSUCHT ZU SEIN, WAS DU BIST!!
WENN ES DIR SONST KEINER SAGT, SOLLTE ICH ES DIR VIELLEICHT SAGEN...

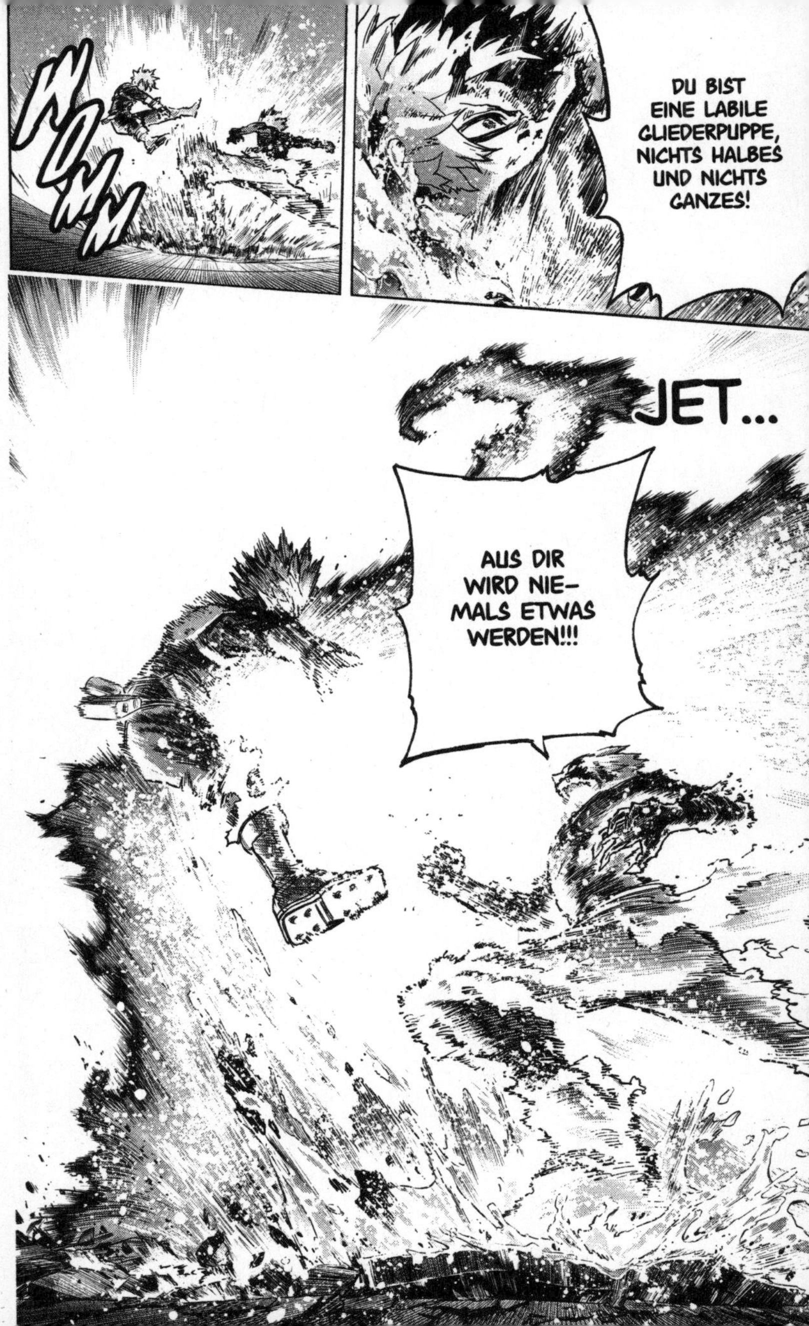
DU BIST EINE LABILE GLIEDERPUPPE, NICHTS HALBES UND NICHTS GANZES!
WOMM
JET...
AUS DIR WIRD NIE-MALS ETWAS WERDEN!!!

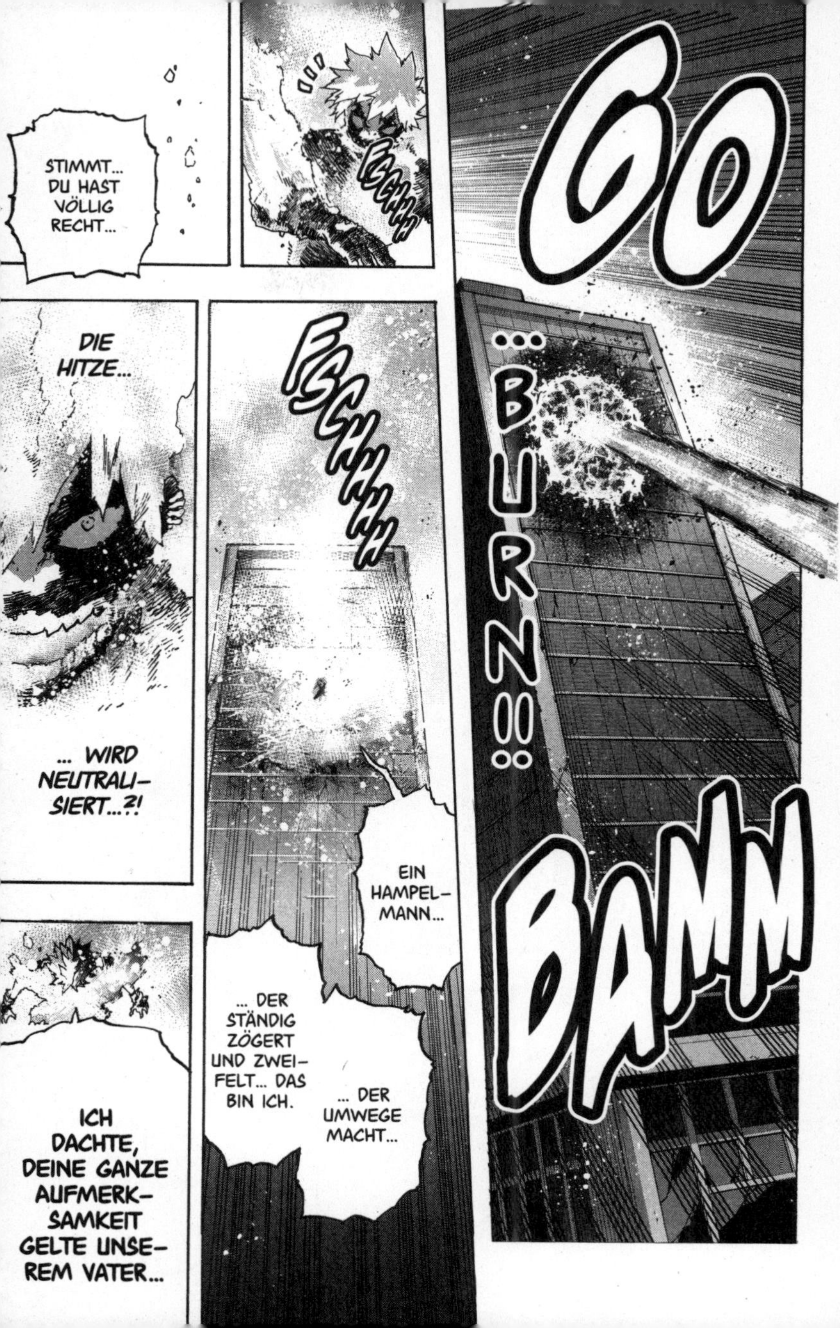
GO
...BURN!!
BAMM
FSCHHH
STIMMT... DU HAST VÖLLIG RECHT...
FSCHHHHH
EIN HAMPELMANN...
... DER STÄNDIG ZÖGERT UND ZWEIFELT... DAS BIN ICH.
... DER UMWEGE MACHT...
DIE HITZE...
... WIRD NEUTRALISIERT...?!
ICH DACHTE, DEINE GANZE AUFMERKSAMKEIT GELTE UNSEREM VATER...

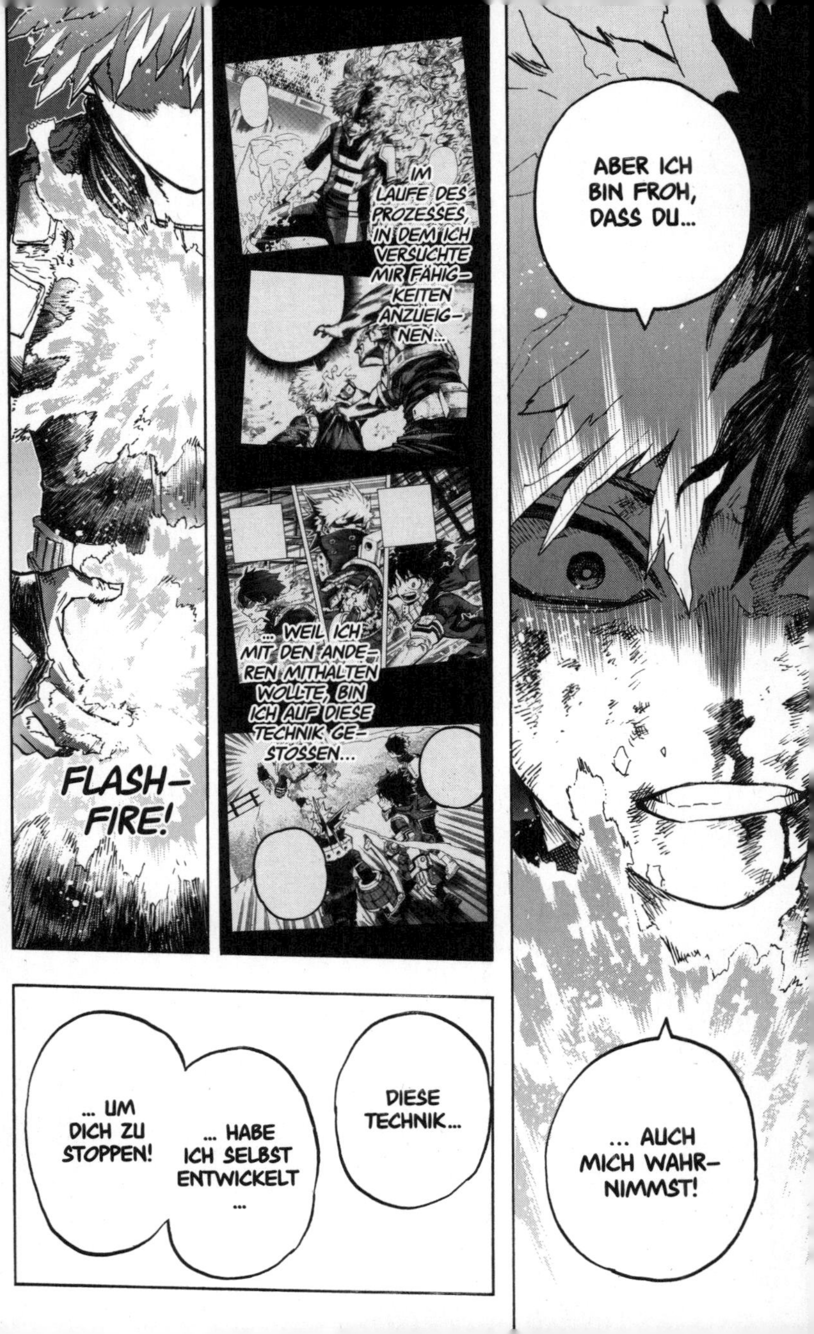
ABER ICH BIN FROH, DASS DU...
... AUCH MICH WAHRNIMMST!
IM LAUFE DES PROZESSES, IN DEM ICH VERSUCHTE MIR FÄHIGKEITEN ANZUEIGNEN...
... WEIL ICH MIT DEN ANDEREN MITHALTEN WOLLTE, BIN ICH AUF DIESE TECHNIK GESTOSSEN...
FLASH-FIRE!
DIESE TECHNIK...
... HABE ICH SELBST ENTWICKELT ...
... UM DICH ZU STOPPEN!

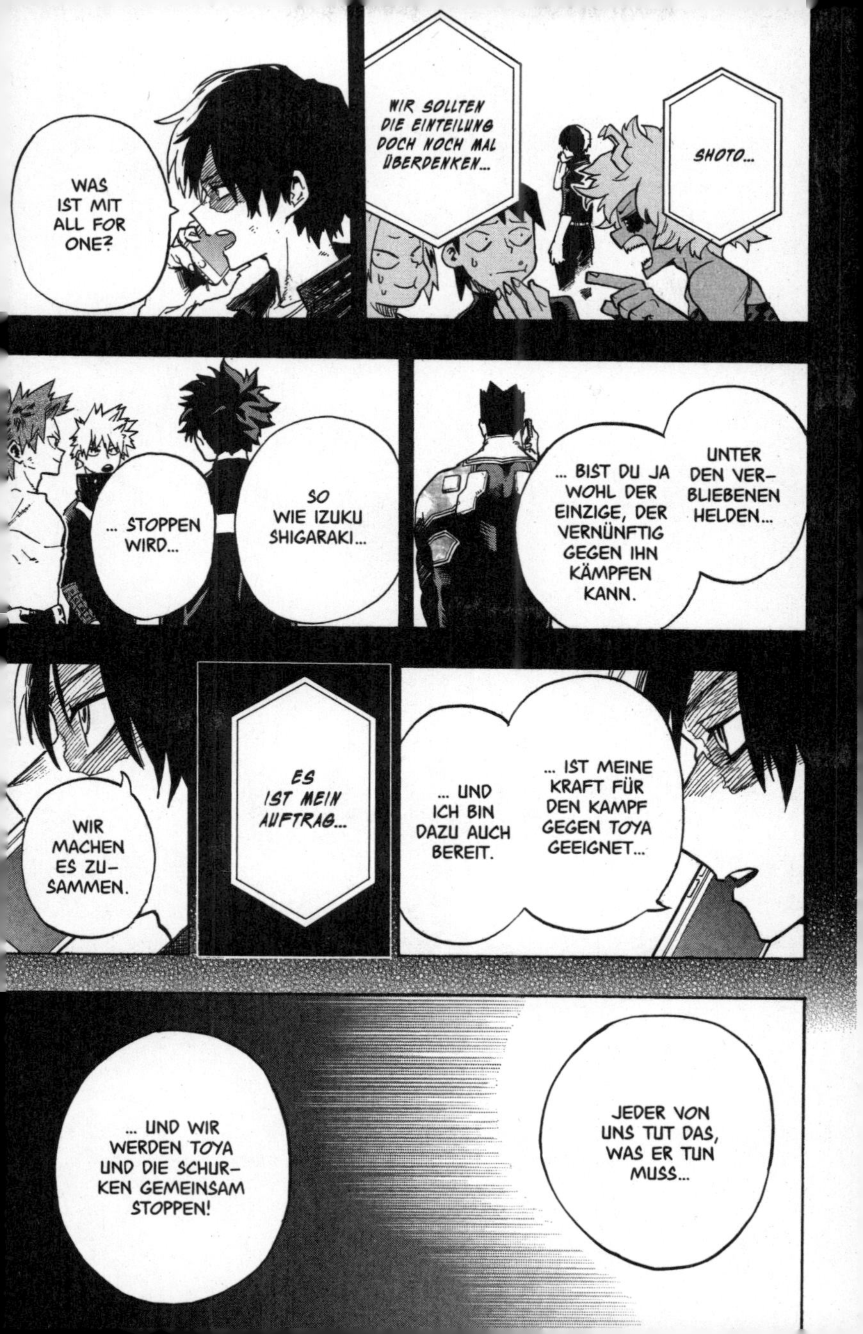
SHOTO...
WIR SOLLTEN DIE EINTEILUNG DOCH NOCH MAL ÜBERDENKEN...
WAS IST MIT ALL FOR ONE?
UNTER DEN VERBLIEBENEN HELDEN...
... BIST DU JA WOHL DER EINZIGE, DER VERNÜNFTIG GEGEN IHN KÄMPFEN KANN.
SO WIE IZUKU SHIGARAKI...
... STOPPEN WIRD...
... IST MEINE KRAFT FÜR DEN KAMPF GEGEN TOYA GEEIGNET...
... UND ICH BIN DAZU AUCH BEREIT.
ES IST MEIN AUFTRAG...
WIR MACHEN ES ZUSAMMEN.
JEDER VON UNS TUT DAS, WAS ER TUN MUSS...
... UND WIR WERDEN TOYA UND DIE SCHURKEN GEMEINSAM STOPPEN!

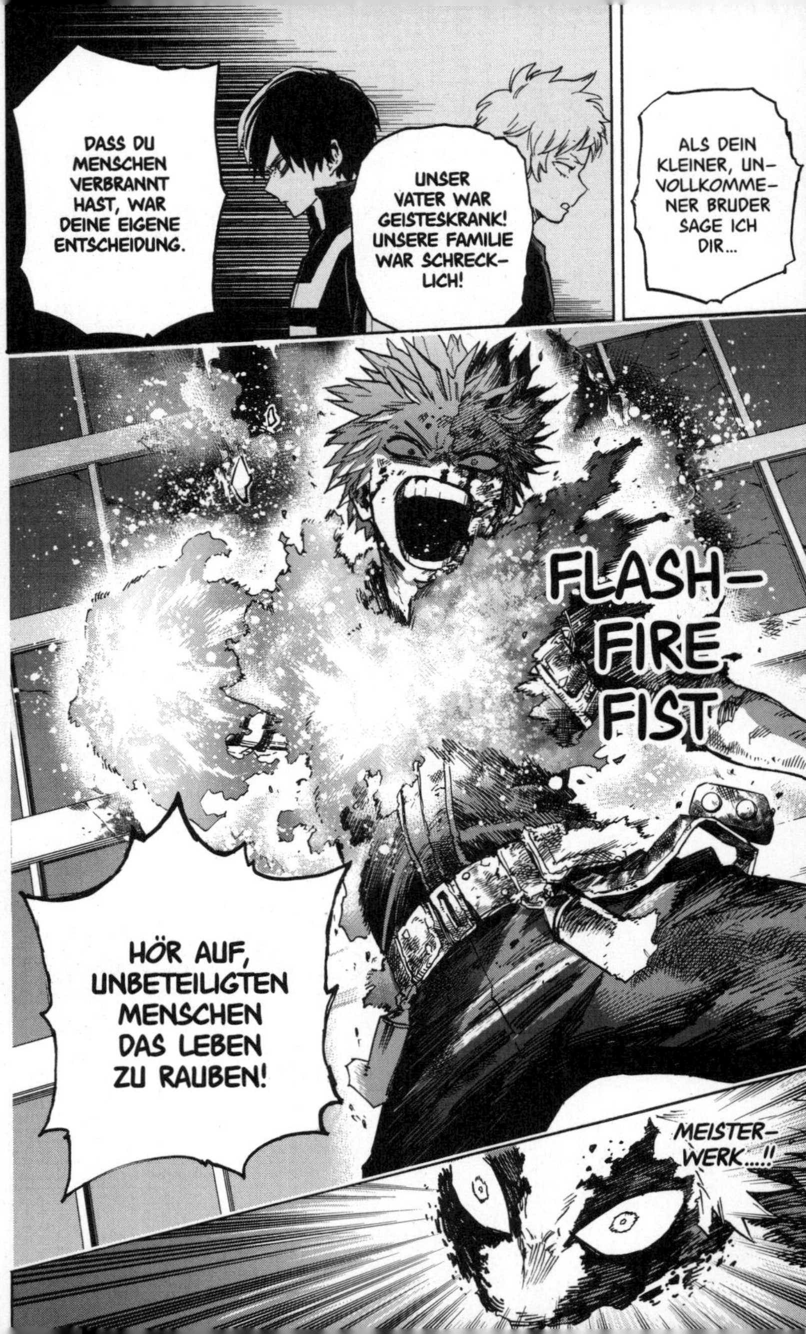
ALS DEIN KLEINER, UNVOLLKOMMENER BRUDER SAGE ICH DIR...
UNSER VATER WAR GEISTESKRANK! UNSERE FAMILIE WAR SCHRECKLICH!
DASS DU MENSCHEN VERBRANNT HAST, WAR DEINE EIGENE ENTSCHEIDUNG.
FLASH-FIRE-FIST
HÖR AUF, UNBETEILIGTEN MENSCHEN DAS LEBEN ZU RAUBEN!
MEISTER-WERK...!!

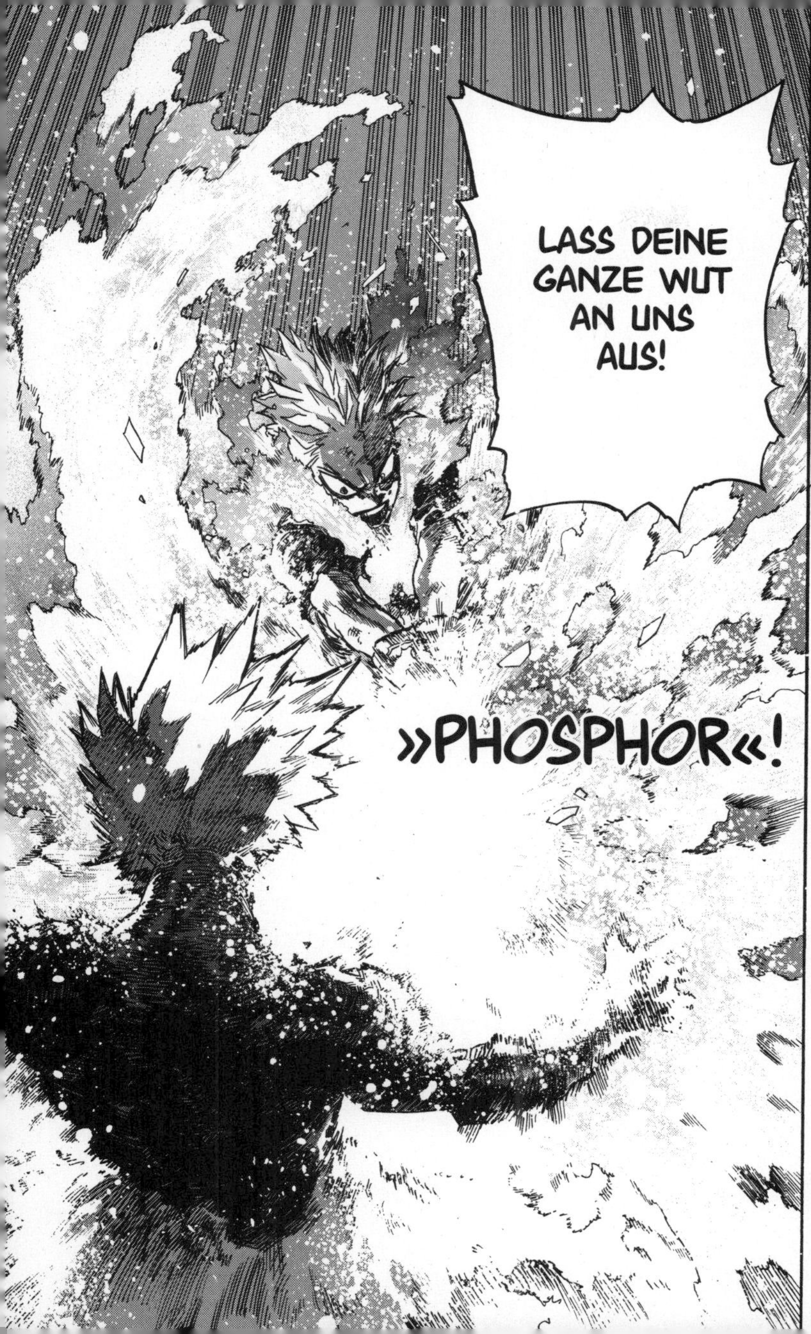
LASS DEINE GANZE WUT AN UNS AUS!
»PHOSPHOR«!

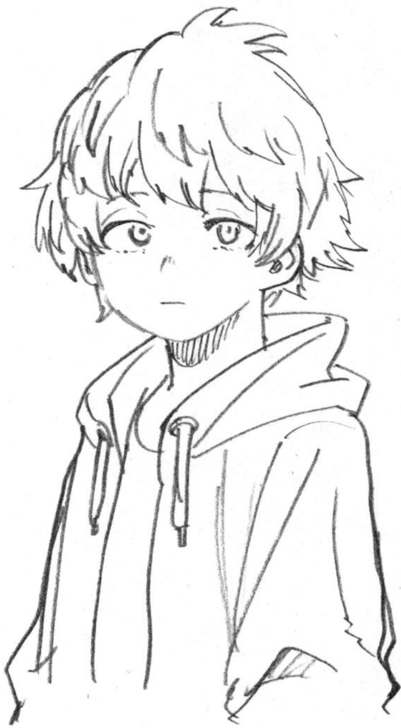

Die Anlage für Kälte ist lediglich stärker ausgeprägt. Das bedeutet nicht, dass er keinerlei Widerstandskraft gegen Flammen besitzt.

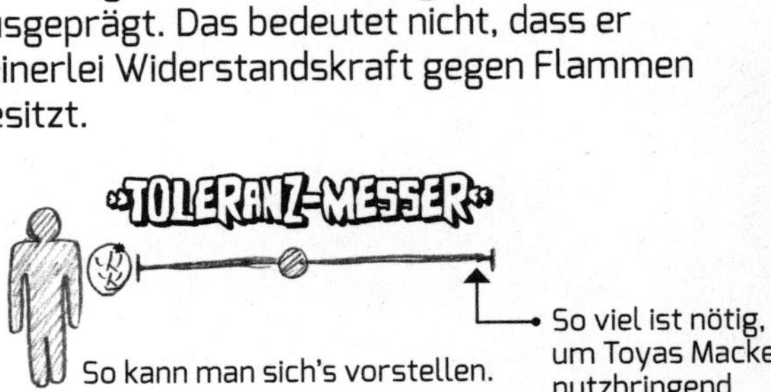

* FLAMMEN

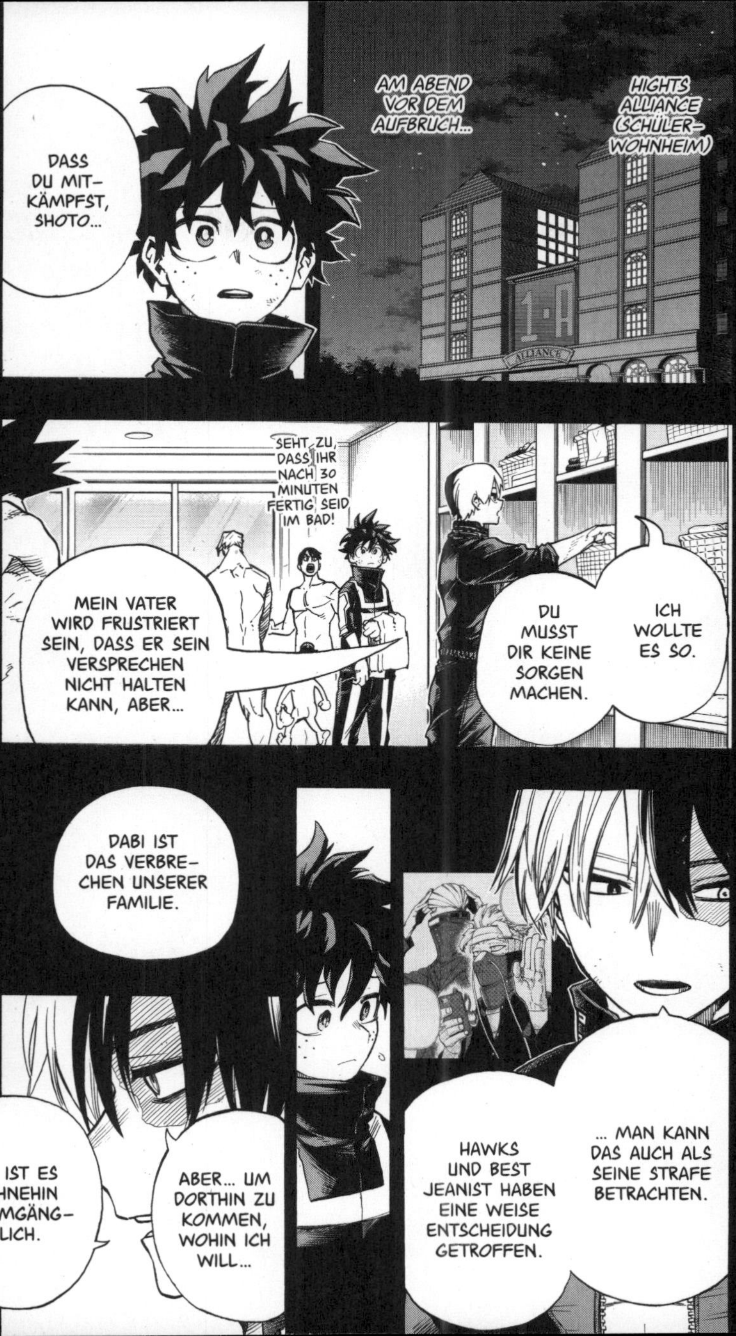
HIGHTS ALLIANCE (SCHÜLER-WOHNHEIM)
AM ABEND VOR DEM AUFBRUCH...
DASS DU MIT-KÄMPFST, SHOTO...
ICH WOLLTE ES SO.
DU MUSST DIR KEINE SORGEN MACHEN.
SEHT ZU, DASS IHR NACH 30 MINUTEN FERTIG SEID IM BAD!
MEIN VATER WIRD FRUSTRIERT SEIN, DASS ER SEIN VERSPRECHEN NICHT HALTEN KANN, ABER...
DABI IST DAS VERBRE-CHEN UNSERER FAMILIE.
... MAN KANN DAS AUCH ALS SEINE STRAFE BETRACHTEN.
HAWKS UND BEST JEANIST HABEN EINE WEISE ENTSCHEIDUNG GETROFFEN.
ABER... UM DORTHIN ZU KOMMEN, WOHIN ICH WILL...
... IST ES OHNEHIN UNUMGÄNG-LICH.

Nr. 352 Ultimative Technik

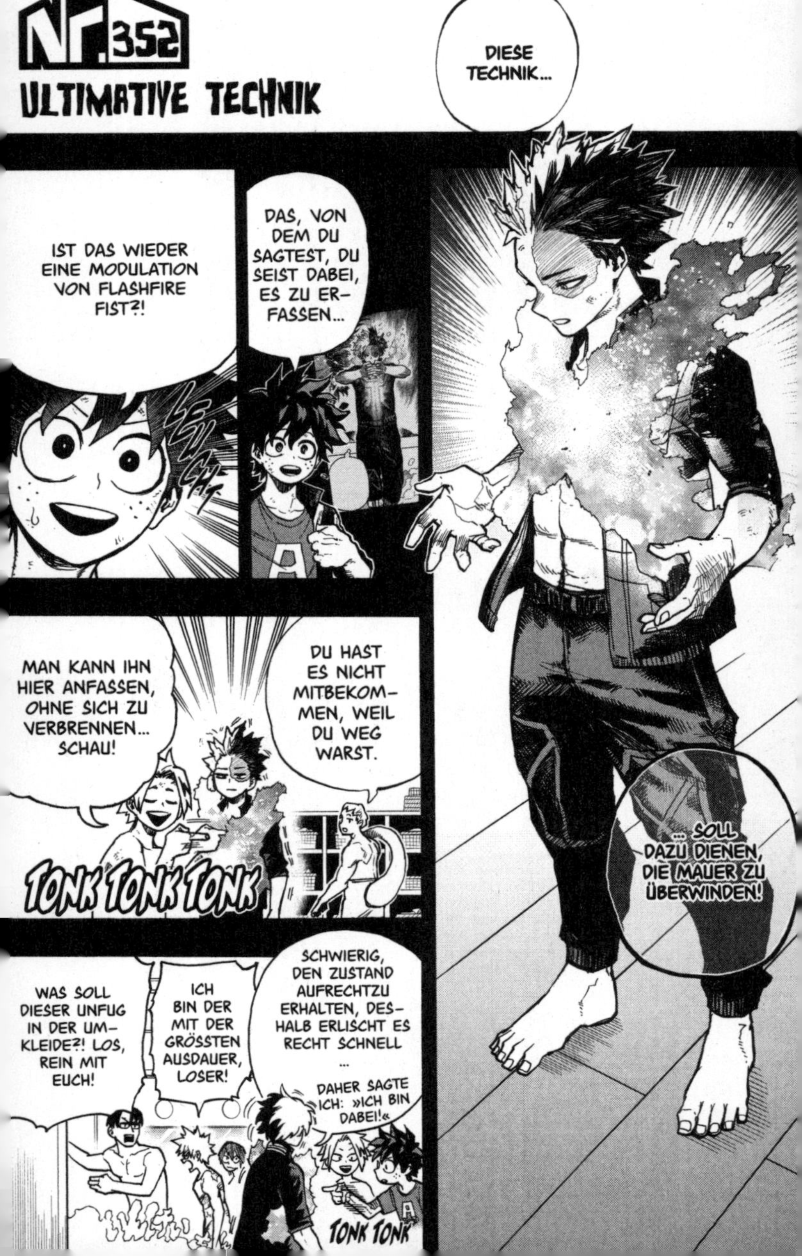

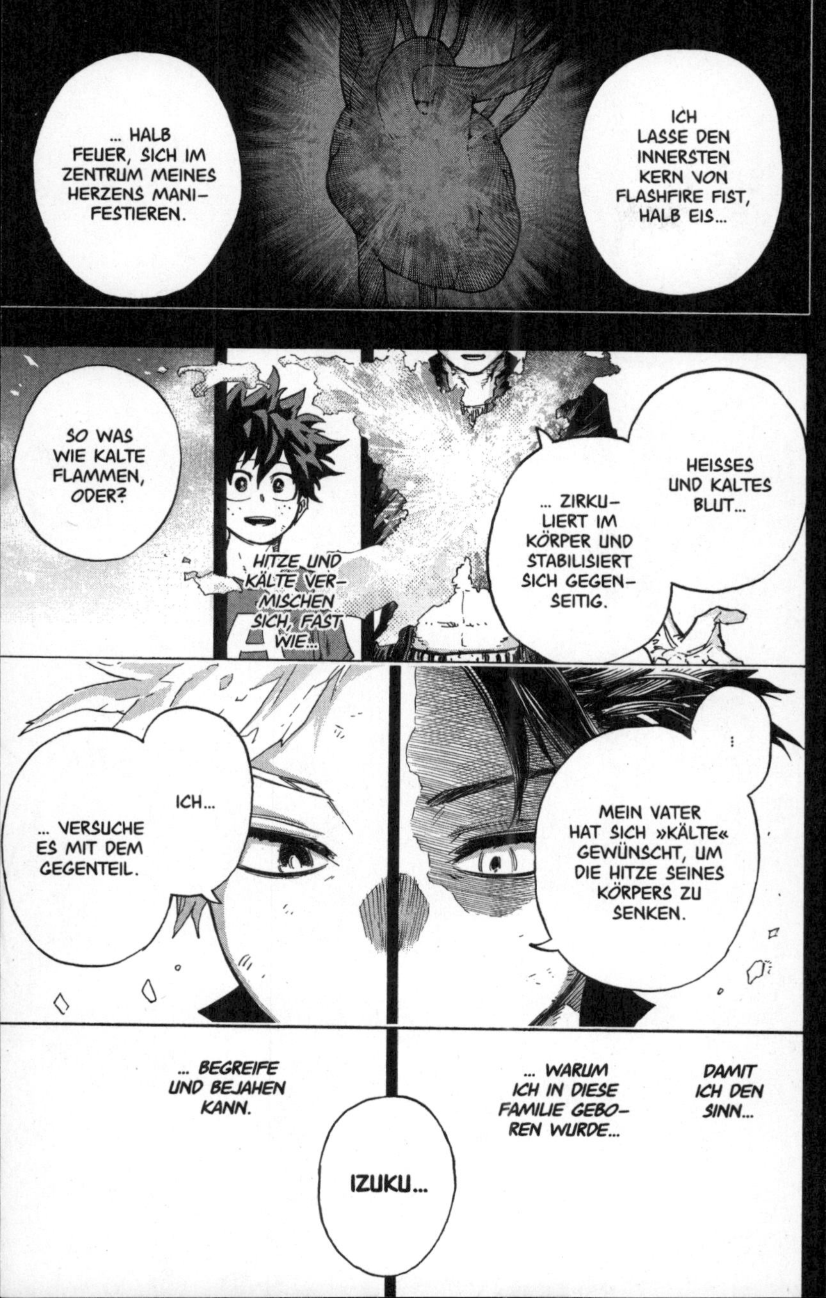
ICH LASSE DEN INNERSTEN KERN VON FLASHFIRE FIST, HALB EIS...
... HALB FEUER, SICH IM ZENTRUM MEINES HERZENS MANI- FESTIEREN.
HEISSES UND KALTES BLUT...
... ZIRKU- LIERT IM KÖRPER UND STABILISIERT SICH GEGEN- SEITIG.
HITZE UND KÄLTE VER- MISCHEN SICH, FAST WIE...
SO WAS WIE KALTE FLAMMEN, ODER?
...
MEIN VATER HAT SICH »KÄLTE« GEWÜNSCHT, UM DIE HITZE SEINES KÖRPERS ZU SENKEN.
ICH...
... VERSUCHE ES MIT DEM GEGENTEIL.
DAMIT ICH DEN SINN...
... WARUM ICH IN DIESE FAMILIE GEBO- REN WURDE...
... BEGREIFE UND BEJAHEN KANN.
IZUKU...

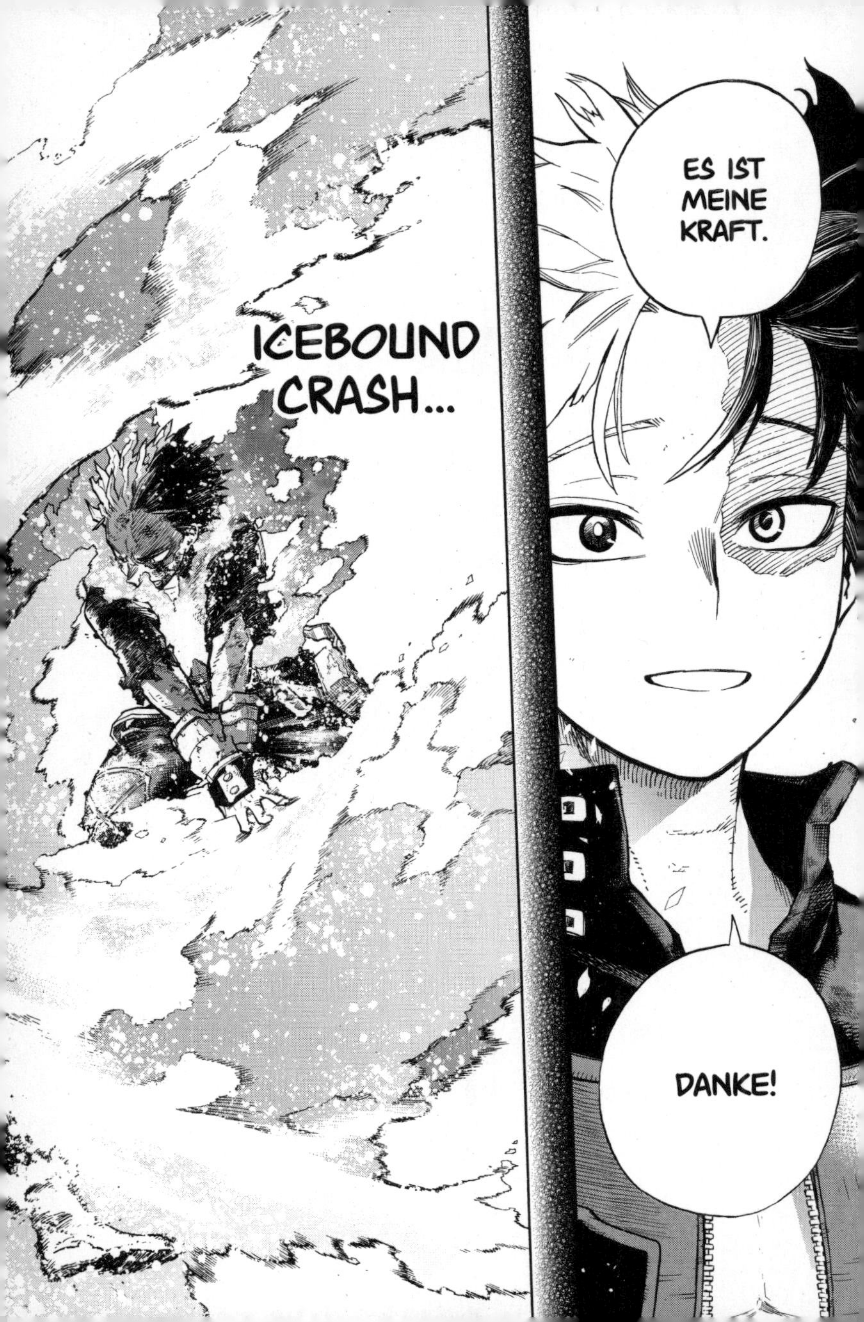
ES IST MEINE KRAFT.
DANKE!
ICEBOUND CRASH...

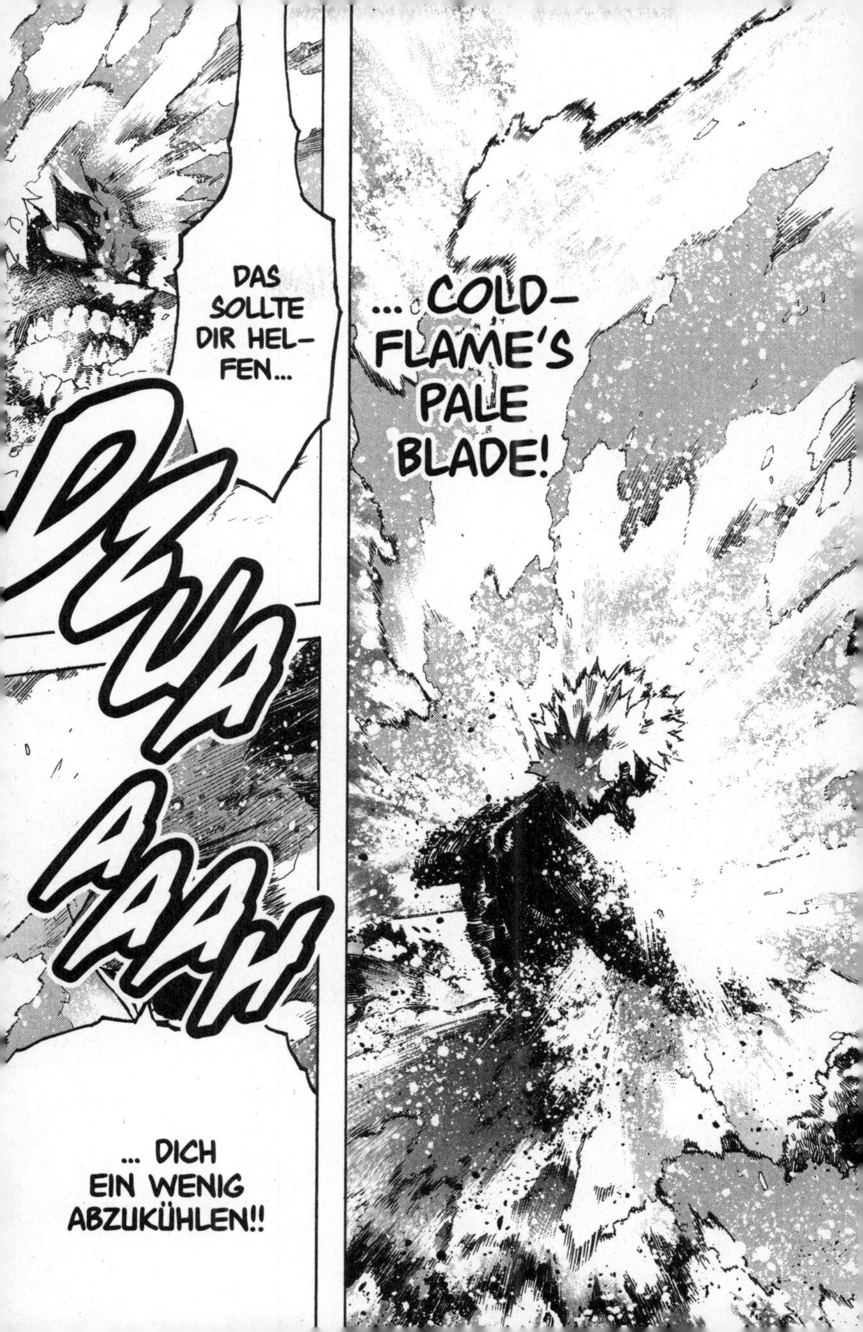

... COLD-FLAME'S PALE BLADE!
DAS SOLLTE DIR HEL-FEN...
... DICH EIN WENIG ABZUKÜHLEN!!

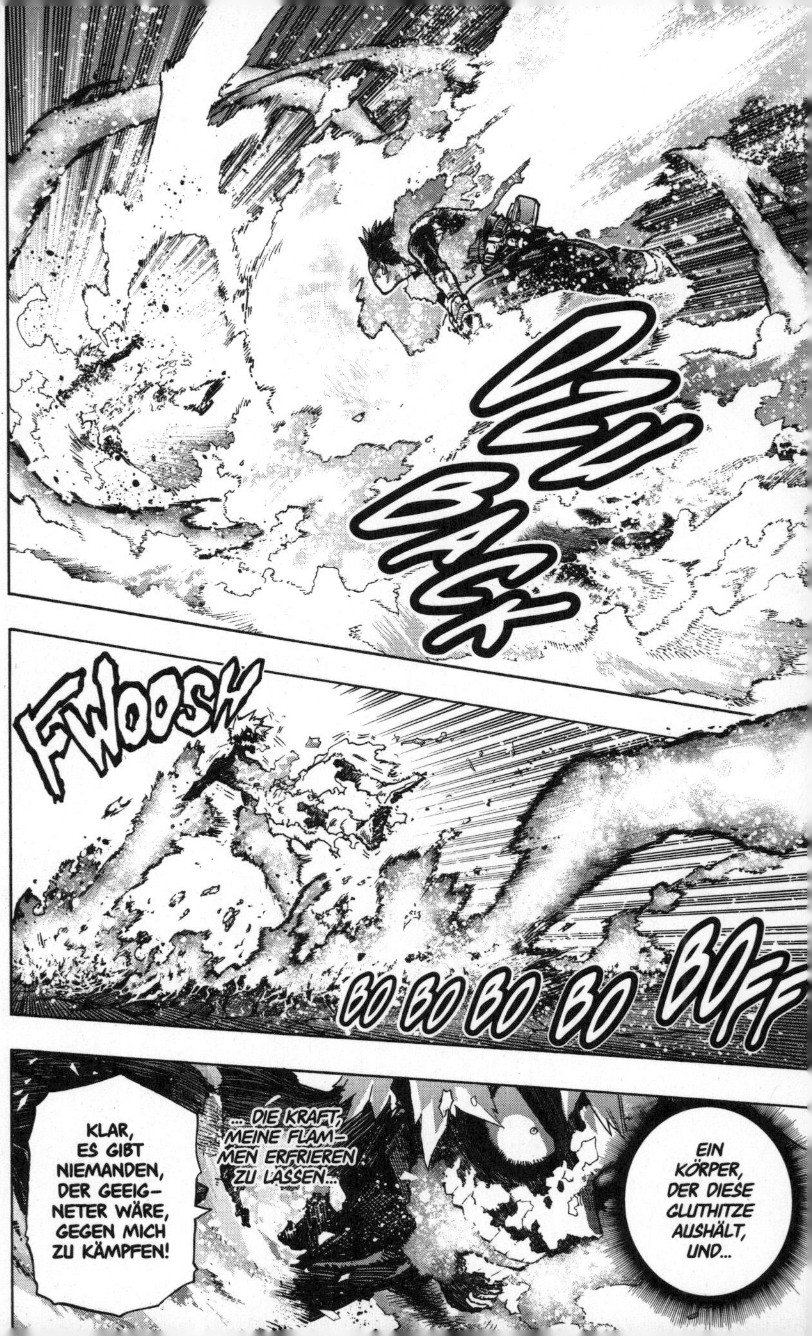
FWOOSH
BO BO BO BO BO BOFF
EIN KÖRPER, DER DIESE GLUTHITZE AUSHÄLT, UND...
... DIE KRAFT, MEINE FLAMMEN ERFRIEREN ZU LASSEN...
KLAR, ES GIBT NIEMANDEN, DER GEEIGNETER WÄRE, GEGEN MICH ZU KÄMPFEN!

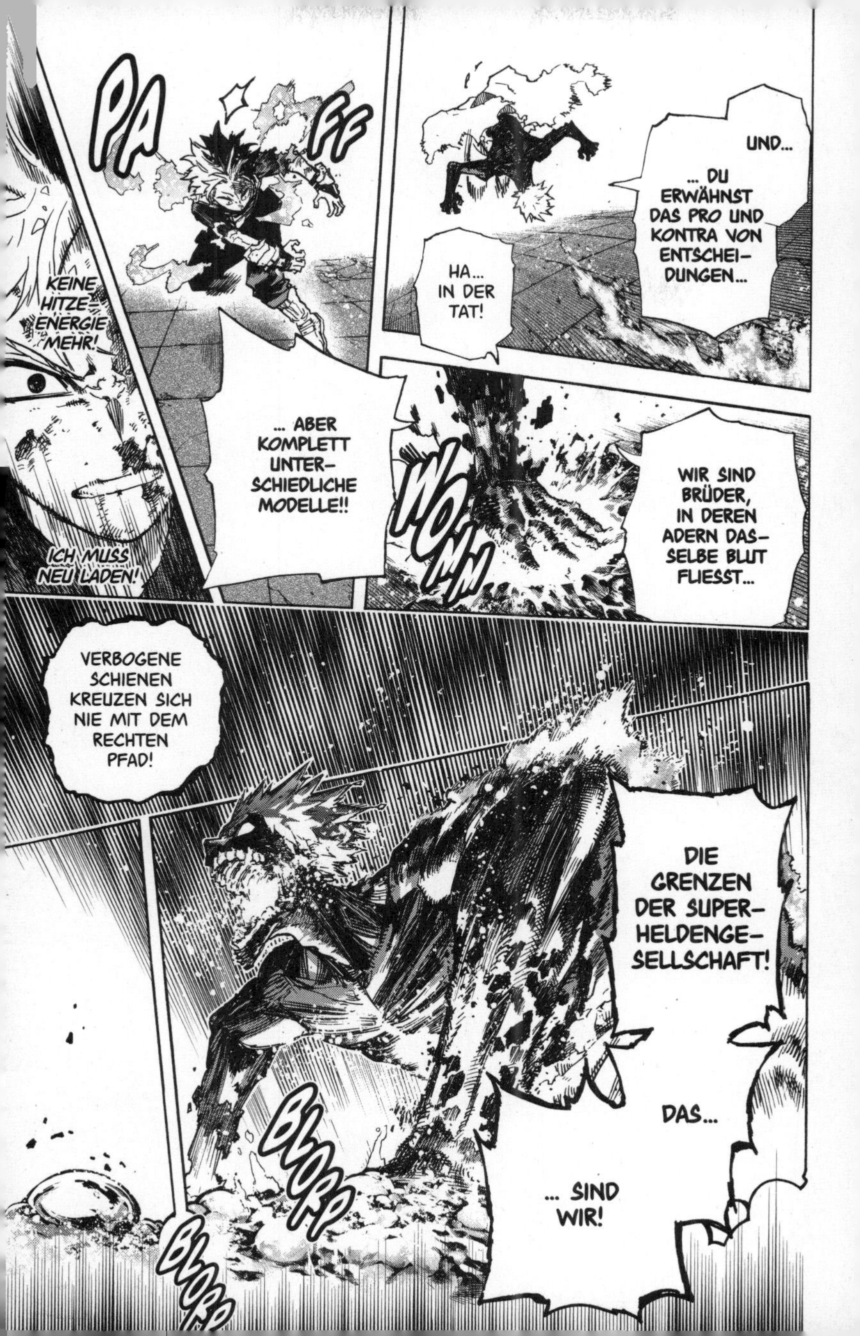
UND...
... DU ERWÄHNST DAS PRO UND KONTRA VON ENTSCHEIDUNGEN...
HA... IN DER TAT!
PAFF
KEINE HITZE-ENERGIE MEHR!
ICH MUSS NEU LADEN!
WIR SIND BRÜDER, IN DEREN ADERN DASSELBE BLUT FLIESST...
WOMM
... ABER KOMPLETT UNTERSCHIEDLICHE MODELLE!!
DIE GRENZEN DER SUPERHELDENGESELLSCHAFT!
DAS...
... SIND WIR!
VERBOGENE SCHIENEN KREUZEN SICH NIE MIT DEM RECHTEN PFAD!
BLUBB
BLUBB

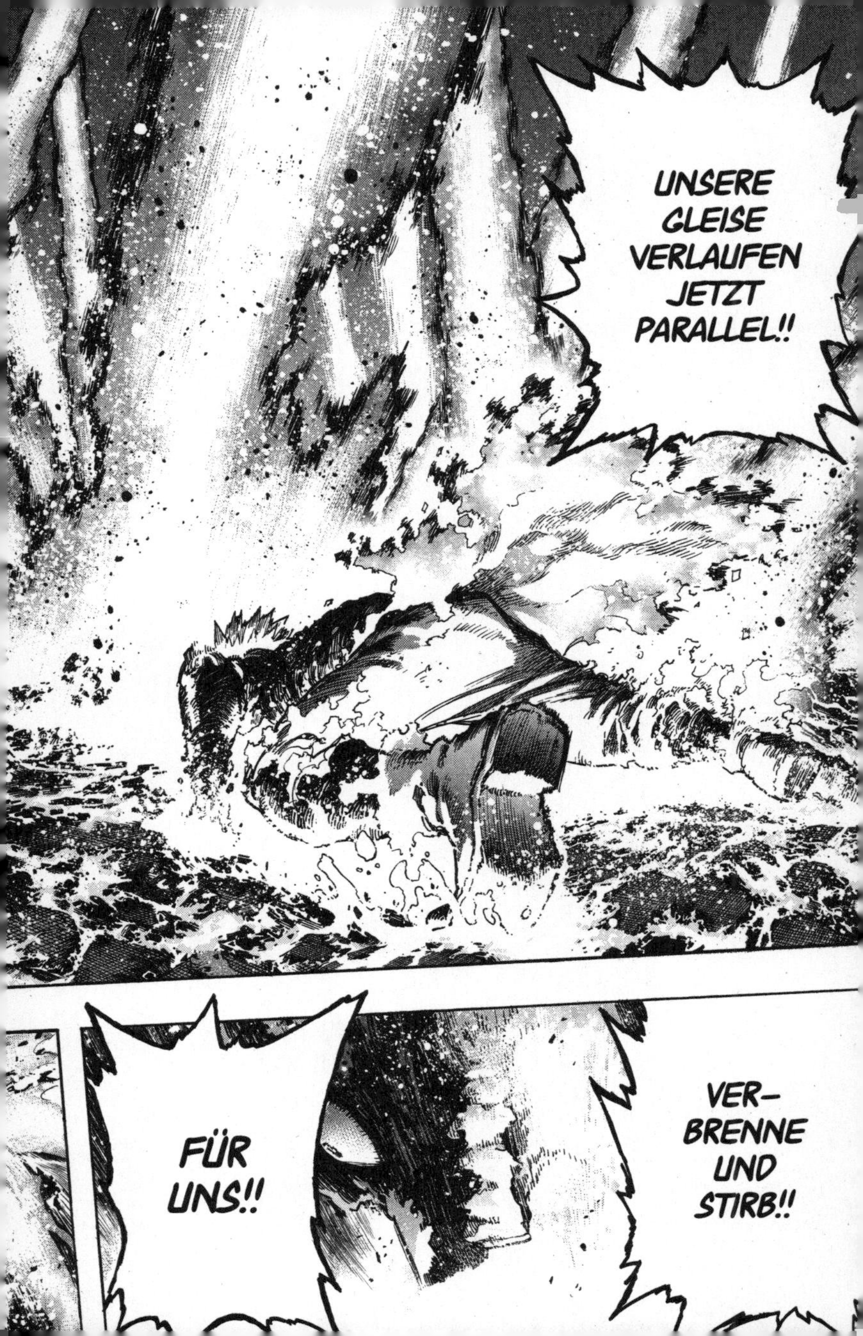
UNSERE GLEISE VERLAUFEN JETZT PARALLEL!!
VER-BRENNE UND STIRB!!
FÜR UNS!!

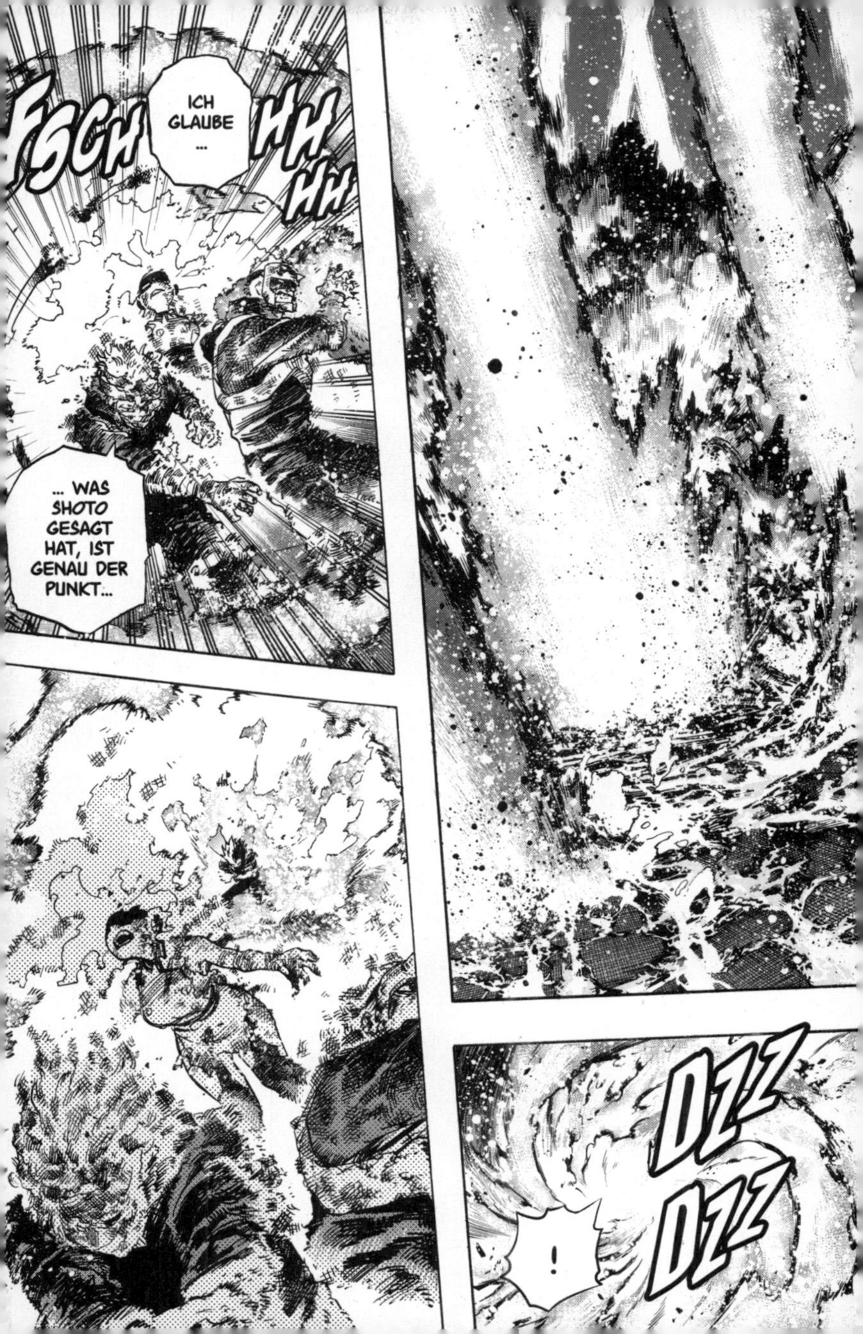
TSCHHHHH
ICH GLAUBE ...
... WAS SHOTO GESAGT HAT, IST GENAU DER PUNKT...
DZZ DZZ
!

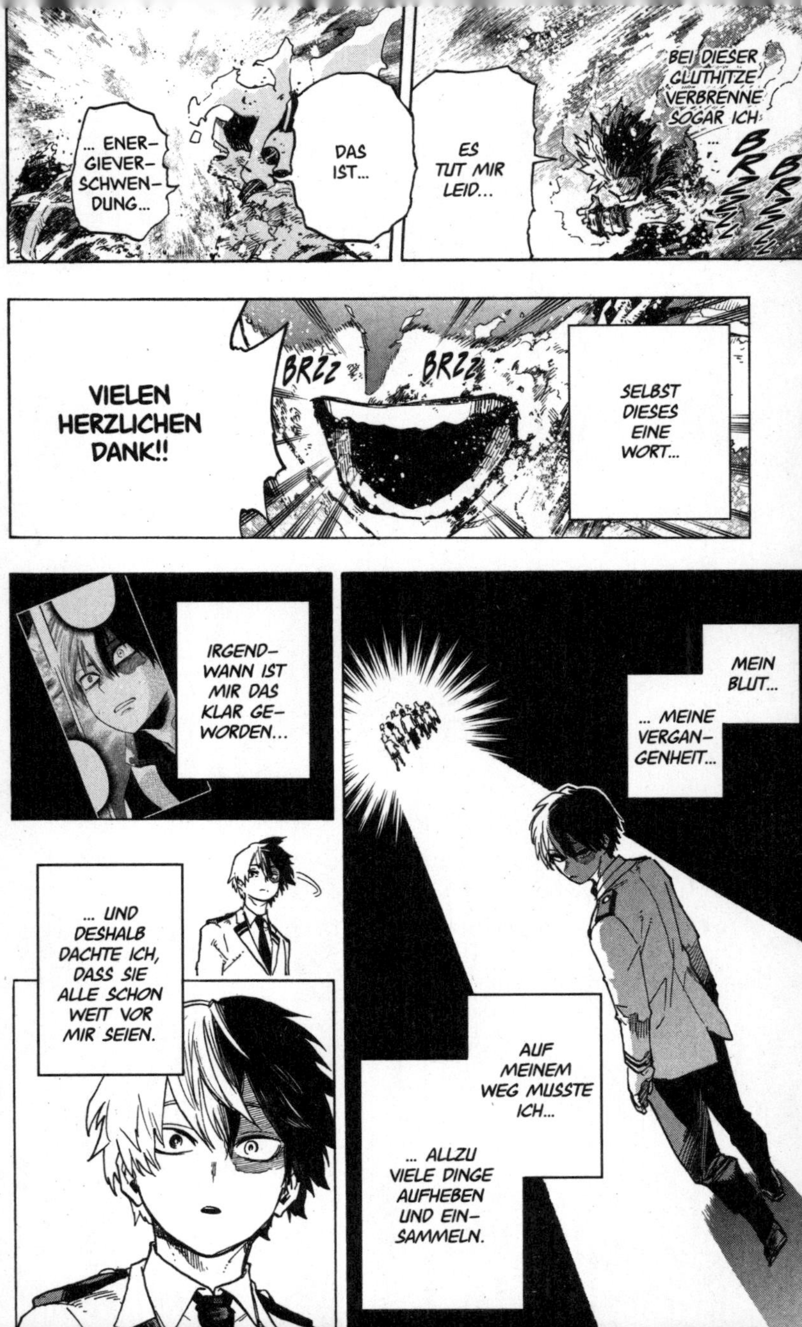

BEI DIESER GLUTHITZE VERBRENNE SOGAR ICH …
BRZZZZ BRZZZZ
ES TUT MIR LEID…
DAS IST…
… ENERGIEVERSCHWENDUNG…
SELBST DIESES EINE WORT…
BRZZ BRZZ
VIELEN HERZLICHEN DANK!!
MEIN BLUT…
… MEINE VERGANGENHEIT…
IRGENDWANN IST MIR DAS KLAR GEWORDEN…
AUF MEINEM WEG MUSSTE ICH…
… ALLZU VIELE DINGE AUFHEBEN UND EINSAMMELN.
… UND DESHALB DACHTE ICH, DASS SIE ALLE SCHON WEIT VOR MIR SEIEN.

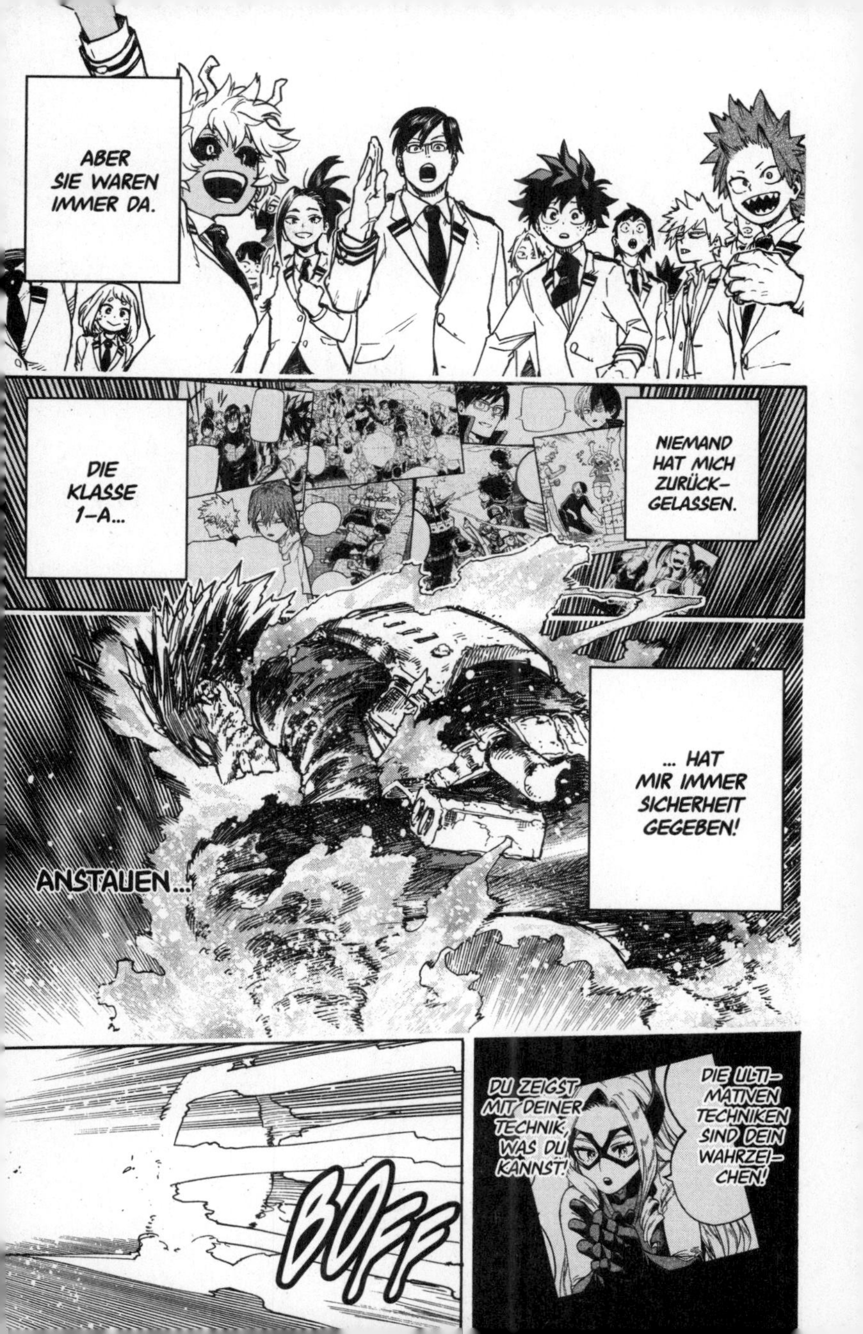
ABER SIE WAREN IMMER DA.
DIE KLASSE 1-A...
NIEMAND HAT MICH ZURÜCK-GELASSEN.
... HAT MIR IMMER SICHERHEIT GEGEBEN!
ANSTAUEN...
DIE ULTI-MATIVEN TECHNIKEN SIND DEIN WAHRZEI-CHEN!
DU ZEIGST MIT DEINER TECHNIK, WAS DU KANNST!
BOFF

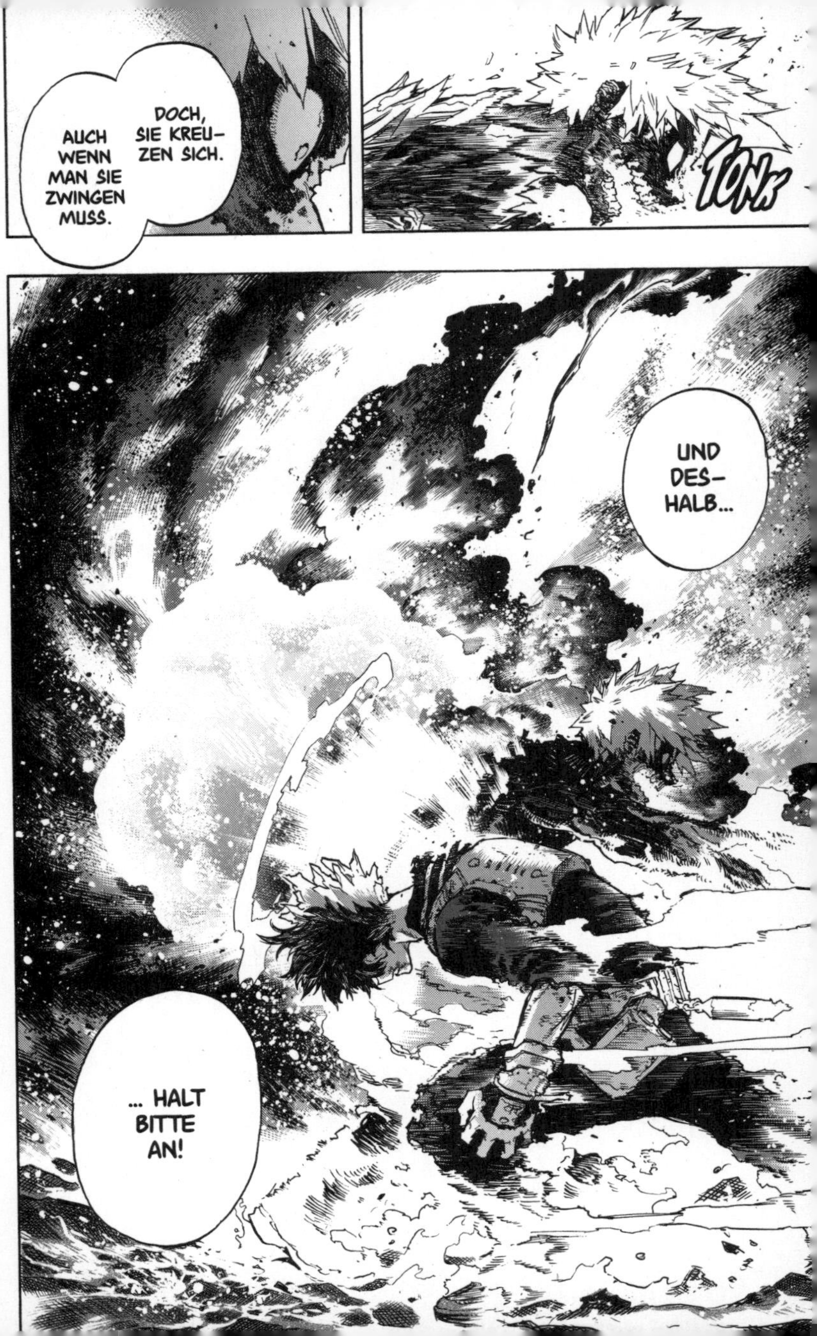
TONK
DOCH, SIE KREU-ZEN SICH.
AUCH WENN MAN SIE ZWINGEN MUSS.
UND DES-HALB...
... HALT BITTE AN!

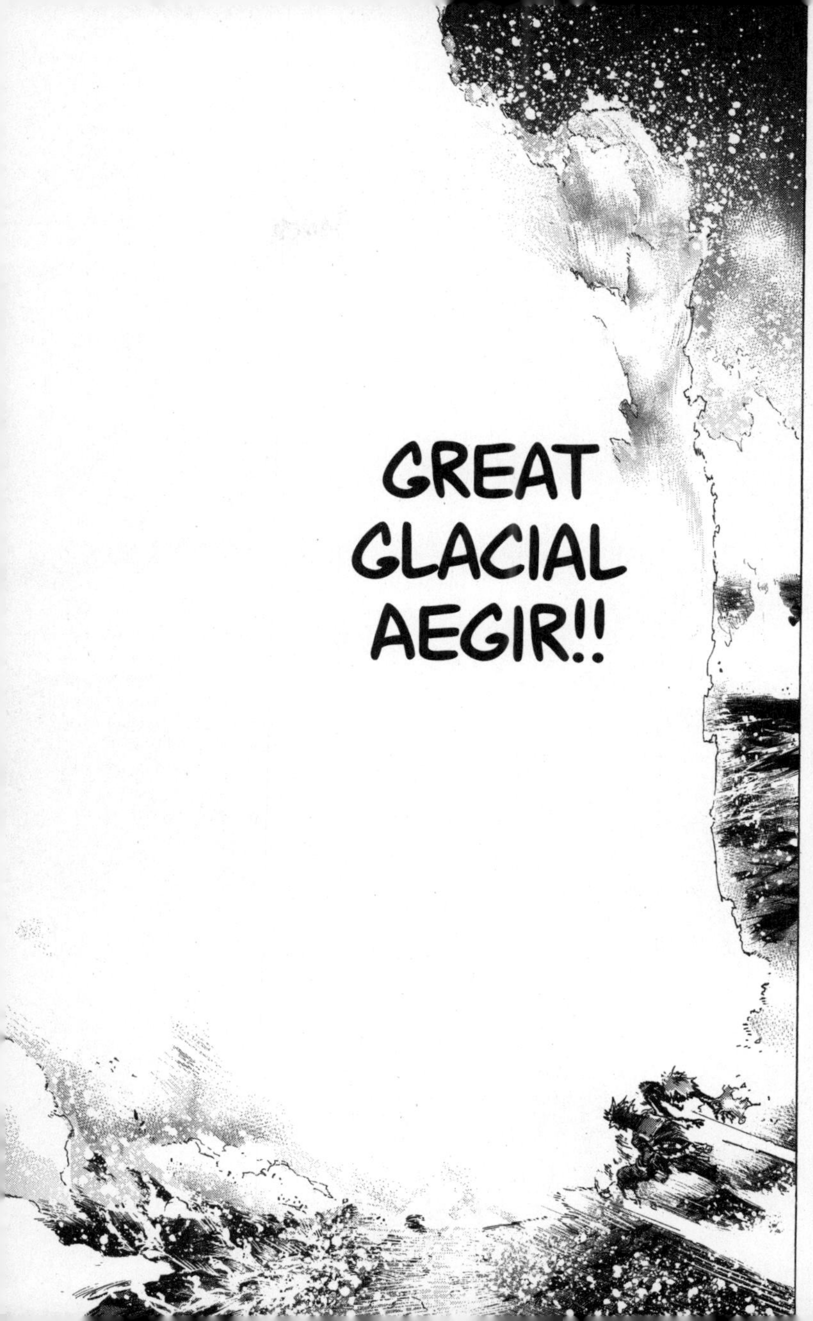
GREAT GLACIAL AEGIR!!

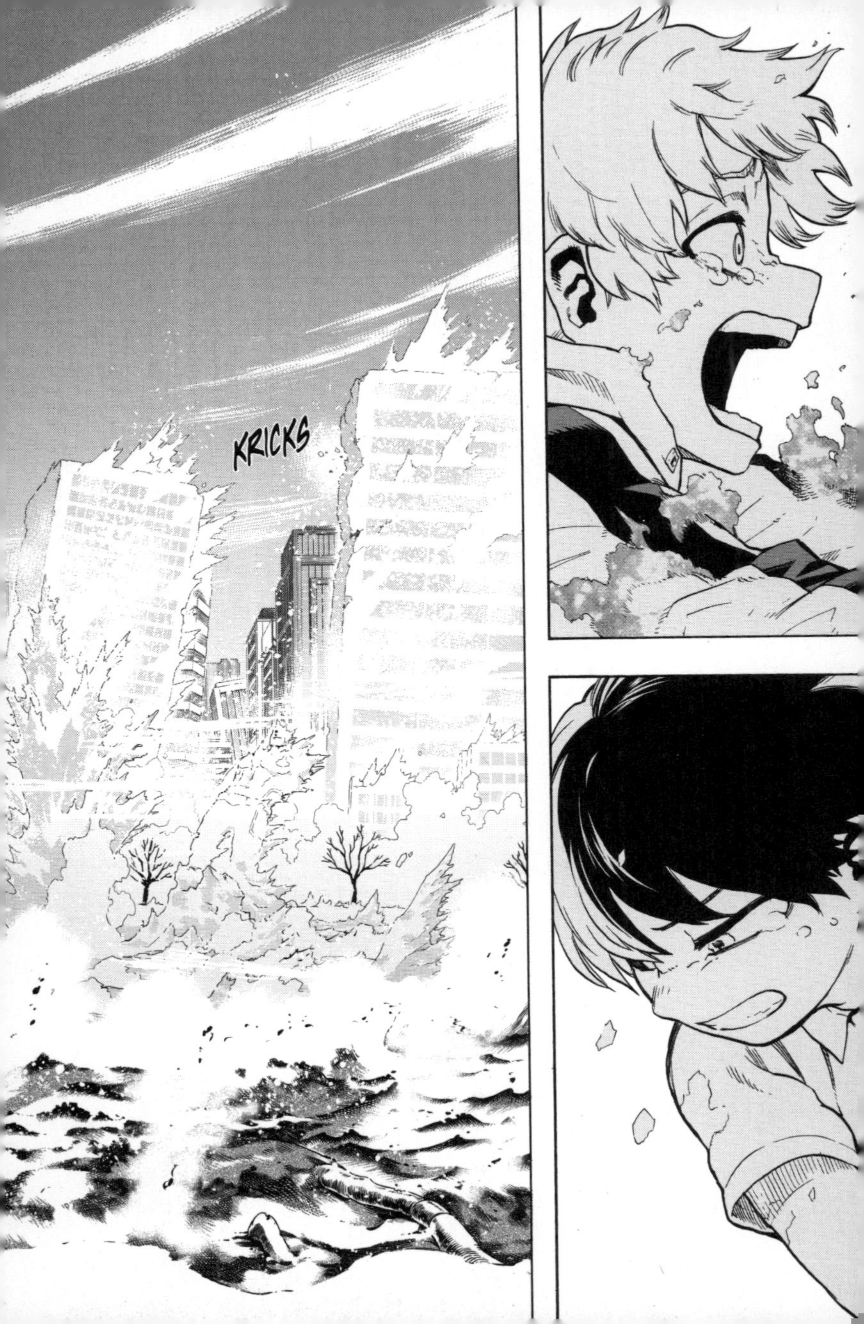
KRICKS

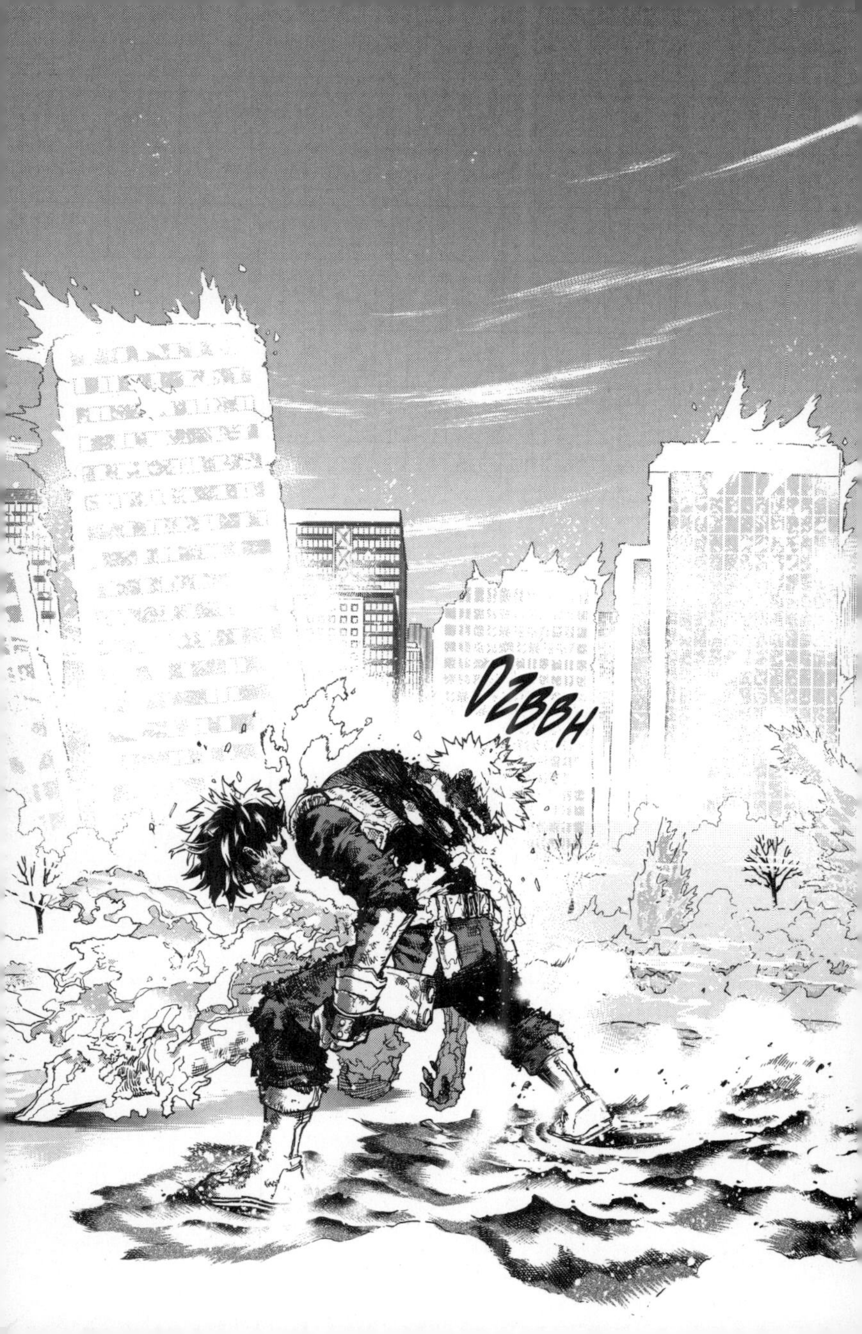
DZBBH

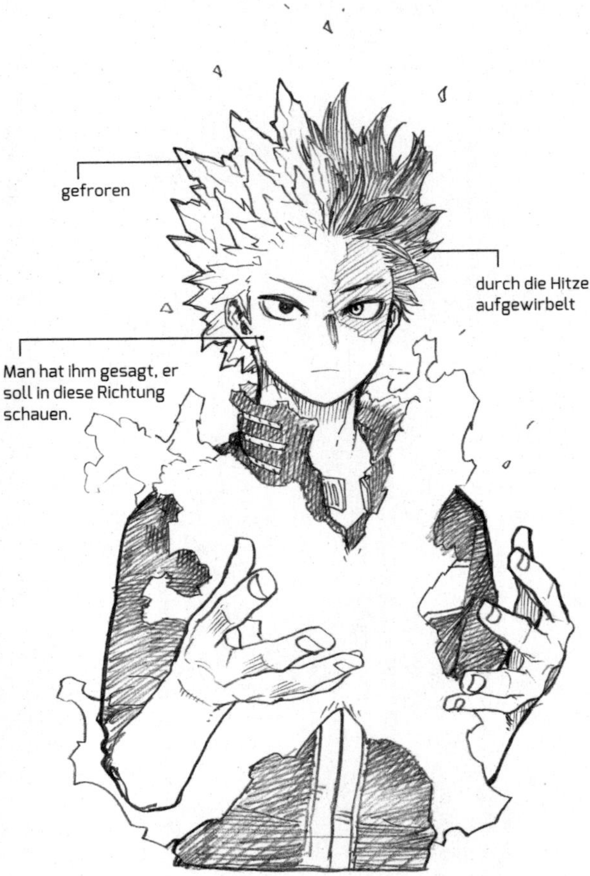

Flashfire Fist »Phosphor«

Selbst bei einem Output, der das Limit überschreitet, kann er seine Körpertemperatur stabil halten, verbraucht dabei allerdings extrem viel Kraft.

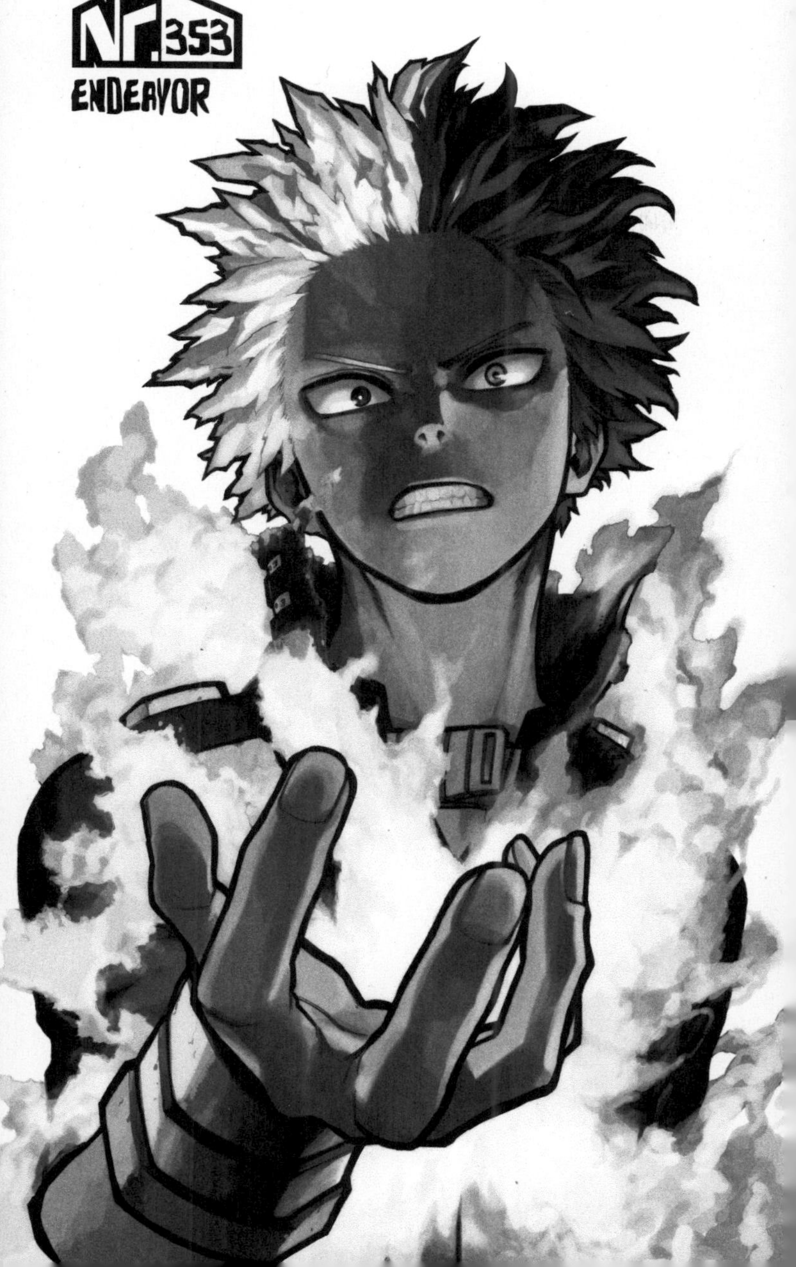
Nr. 353
ENDEAVOR

MY HERO ACADEMIA

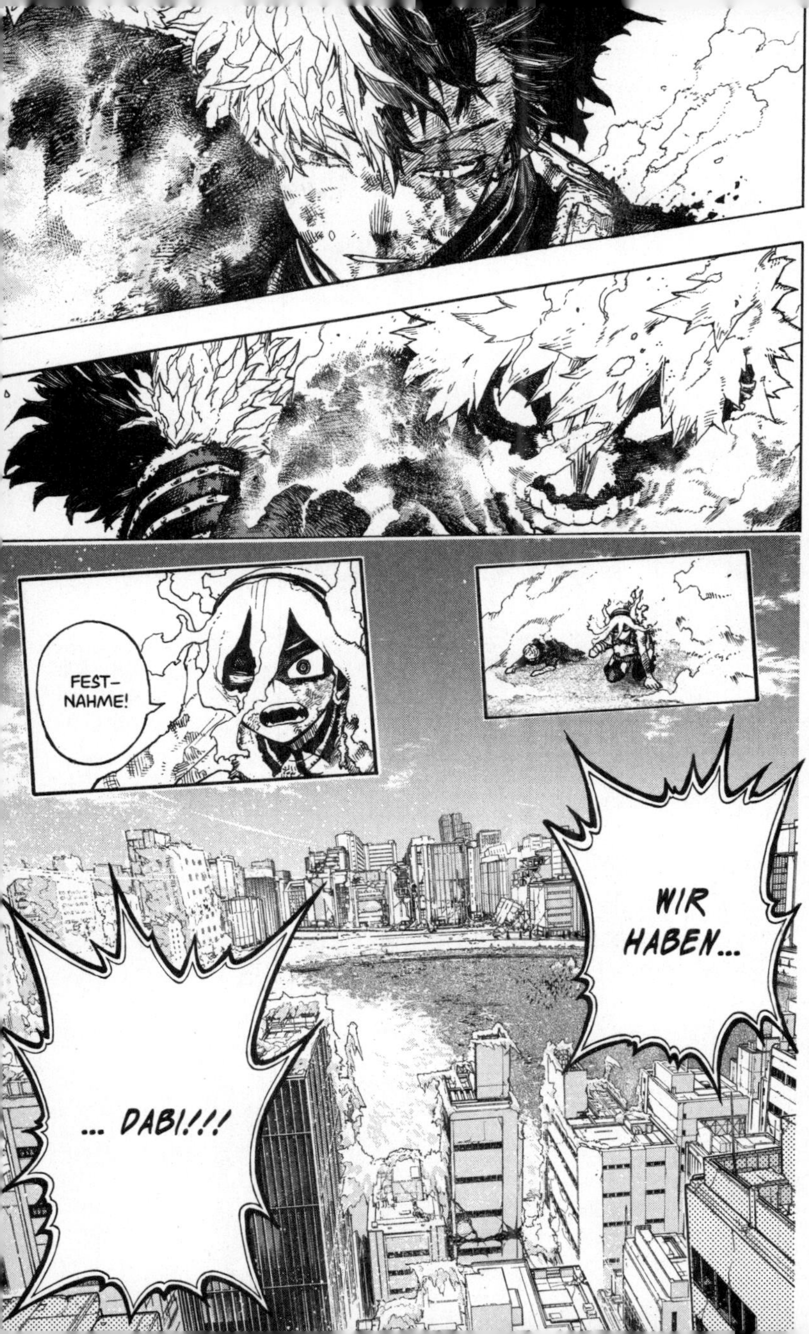
FEST-
NAHME!
WIR
HABEN...
... DABI!!!

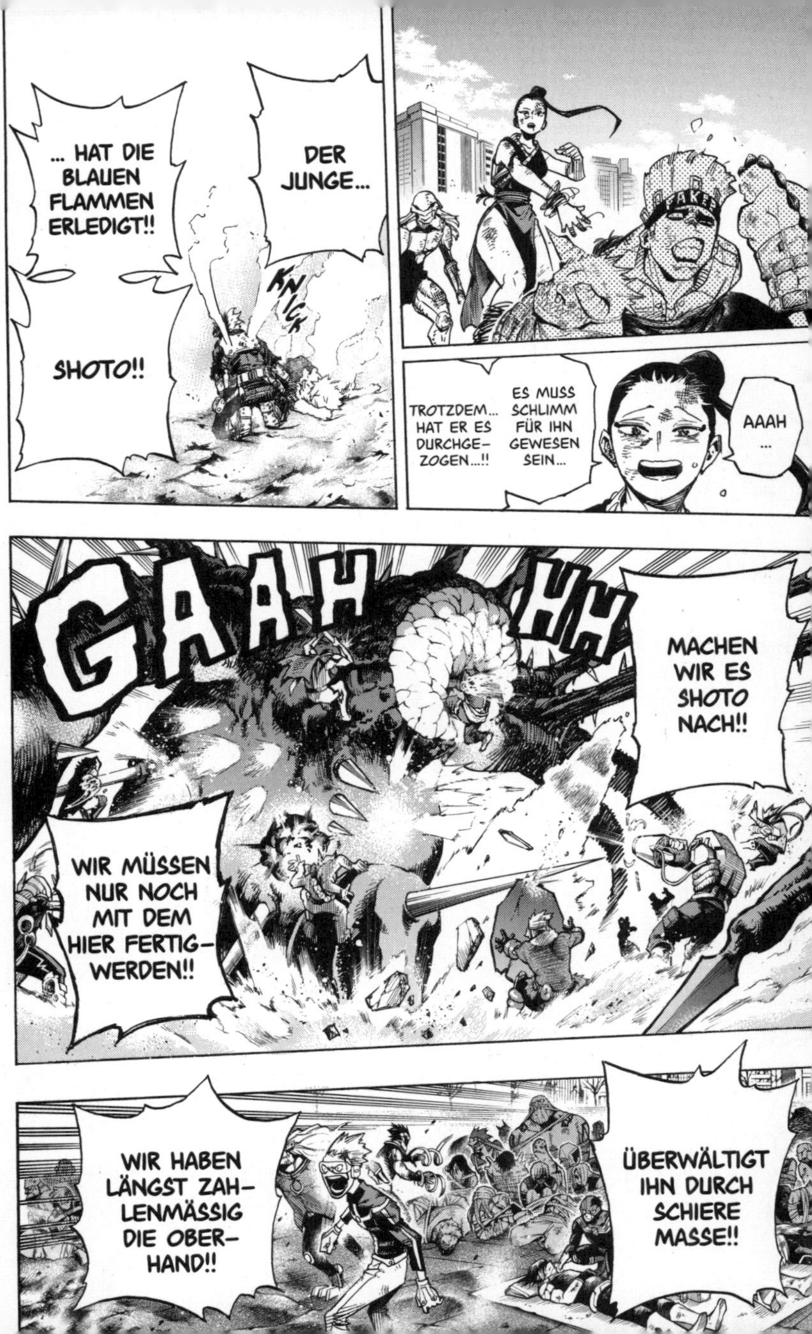
AAAH ...
ES MUSS SCHLIMM FÜR IHN GEWESEN SEIN...
TROTZDEM... HAT ER ES DURCHGEZOGEN...!!
DER JUNGE...
... HAT DIE BLAUEN FLAMMEN ERLEDIGT!!
KNICK
SHOTO!!
GAAHHH
MACHEN WIR ES SHOTO NACH!!
WIR MÜSSEN NUR NOCH MIT DEM HIER FERTIGWERDEN!!
ÜBERWÄLTIGT IHN DURCH SCHIERE MASSE!!
WIR HABEN LÄNGST ZAHLENMÄSSIG DIE OBERHAND!!

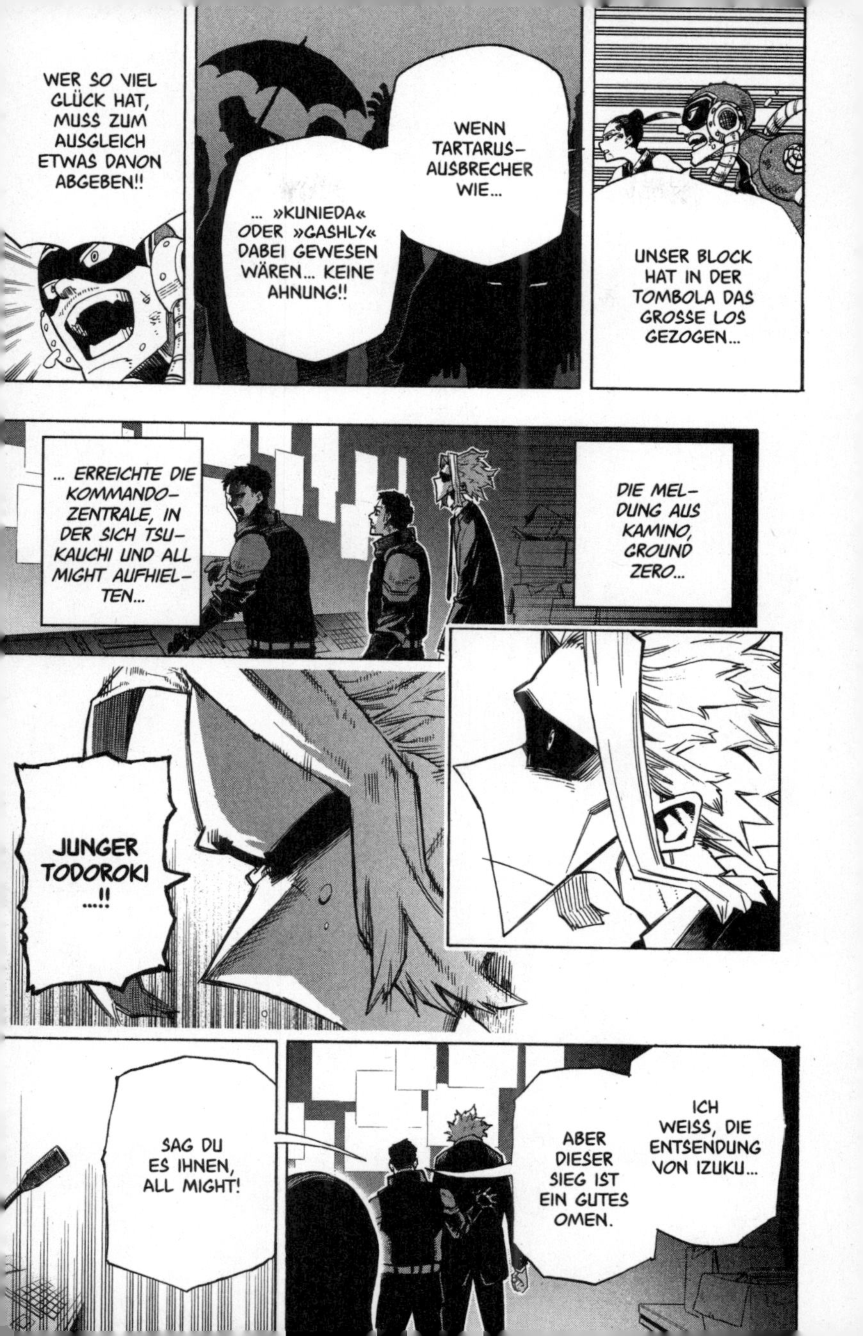
UNSER BLOCK HAT IN DER TOMBOLA DAS GROSSE LOS GEZOGEN...
WENN TARTARUS-AUSBRECHER WIE...
... »KUNIEDA« ODER »GASHLY« DABEI GEWESEN WÄREN... KEINE AHNUNG!!
WER SO VIEL GLÜCK HAT, MUSS ZUM AUSGLEICH ETWAS DAVON ABGEBEN!!
DIE MELDUNG AUS KAMINO, GROUND ZERO...
... ERREICHTE DIE KOMMANDOZENTRALE, IN DER SICH TSUKAUCHI UND ALL MIGHT AUFHIELTEN...
JUNGER TODOROKI ...!!
ICH WEISS, DIE ENTSENDUNG VON IZUKU...
ABER DIESER SIEG IST EIN GUTES OMEN.
SAG DU ES IHNEN, ALL MIGHT!

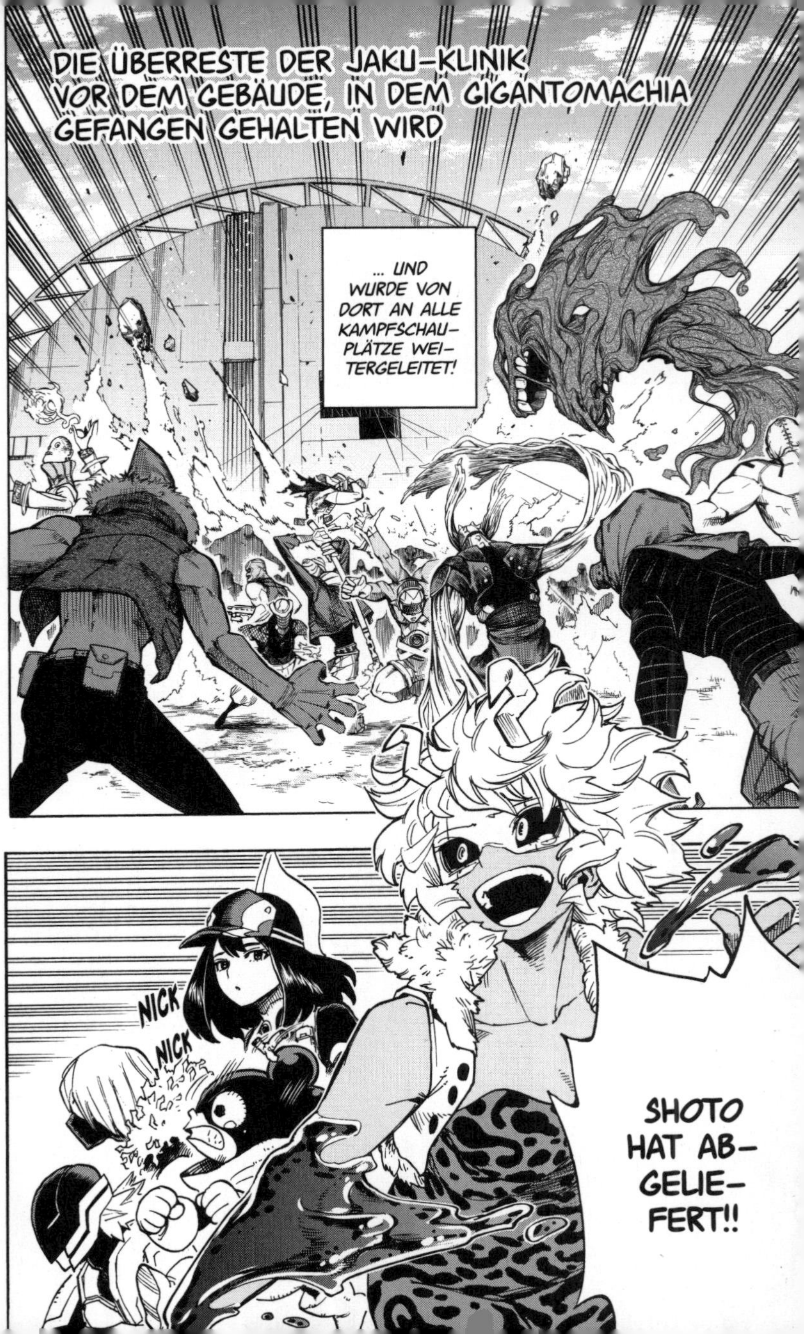
DIE ÜBERRESTE DER JAKU-KLINIK
VOR DEM GEBÄUDE, IN DEM GIGANTOMACHIA
GEFANGEN GEHALTEN WIRD
... UND WURDE VON DORT AN ALLE KAMPFSCHAU-PLÄTZE WEI-TERGELEITET!
NICK
NICK
SHOTO HAT AB-GELIE-FERT!!

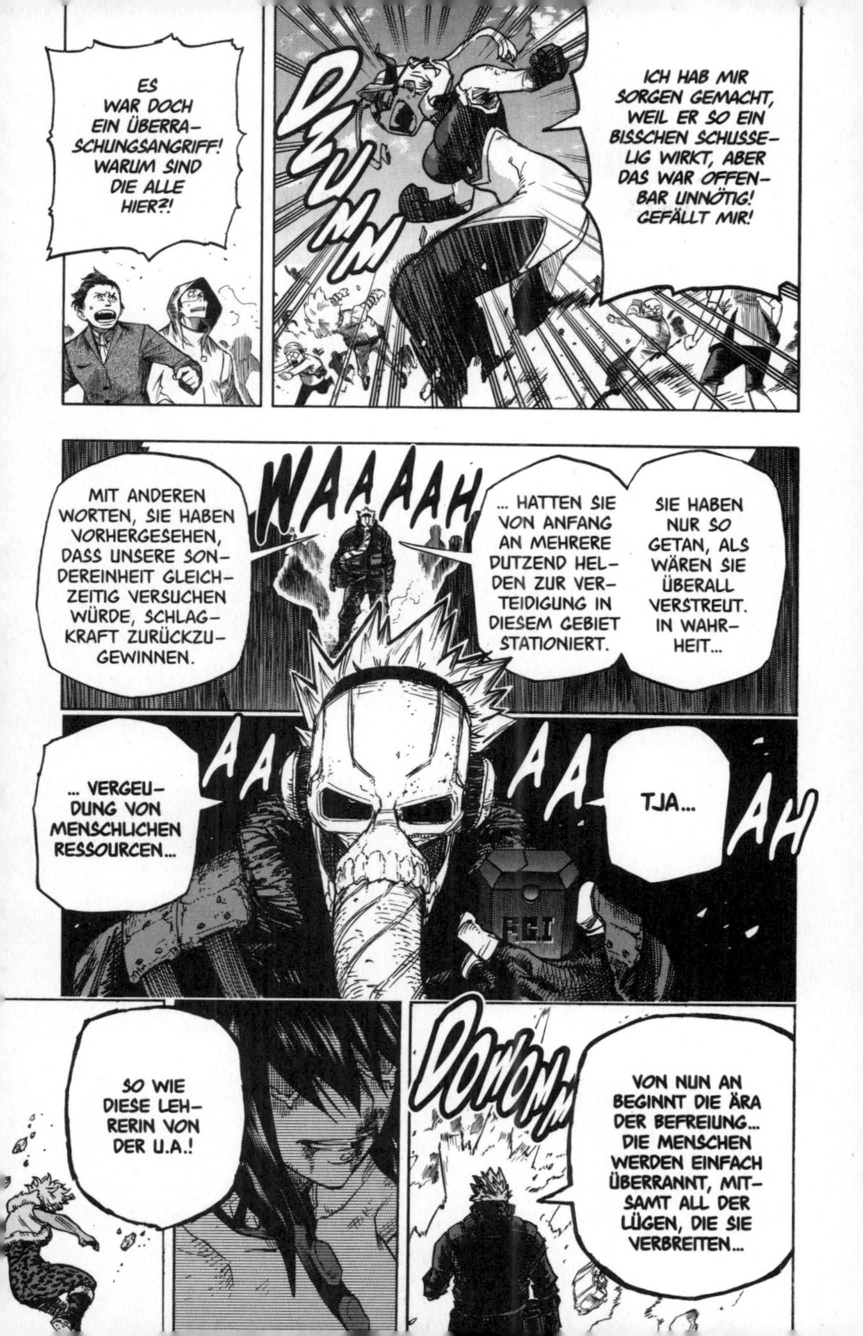
ICH HAB MIR SORGEN GEMACHT, WEIL ER SO EIN BISSCHEN SCHUSSELIG WIRKT, ABER DAS WAR OFFENBAR UNNÖTIG! GEFÄLLT MIR!
DUMMM
ES WAR DOCH EIN ÜBERRASCHUNGSANGRIFF! WARUM SIND DIE ALLE HIER⁈
SIE HABEN NUR SO GETAN, ALS WÄREN SIE ÜBERALL VERSTREUT. IN WAHRHEIT...
... HATTEN SIE VON ANFANG AN MEHRERE DUTZEND HELDEN ZUR VERTEIDIGUNG IN DIESEM GEBIET STATIONIERT.
WAAAAH
MIT ANDEREN WORTEN, SIE HABEN VORHERGESEHEN, DASS UNSERE SONDEREINHEIT GLEICHZEITIG VERSUCHEN WÜRDE, SCHLAGKRAFT ZURÜCKZUGEWINNEN.
AAAAAH
TJA...
... VERGEUDUNG VON MENSCHLICHEN RESSOURCEN...
VON NUN AN BEGINNT DIE ÄRA DER BEFREIUNG... DIE MENSCHEN WERDEN EINFACH ÜBERRANNT, MITSAMT ALL DER LÜGEN, DIE SIE VERBREITEN...
DOWOMM
SO WIE DIESE LEHRERIN VON DER U.A.!

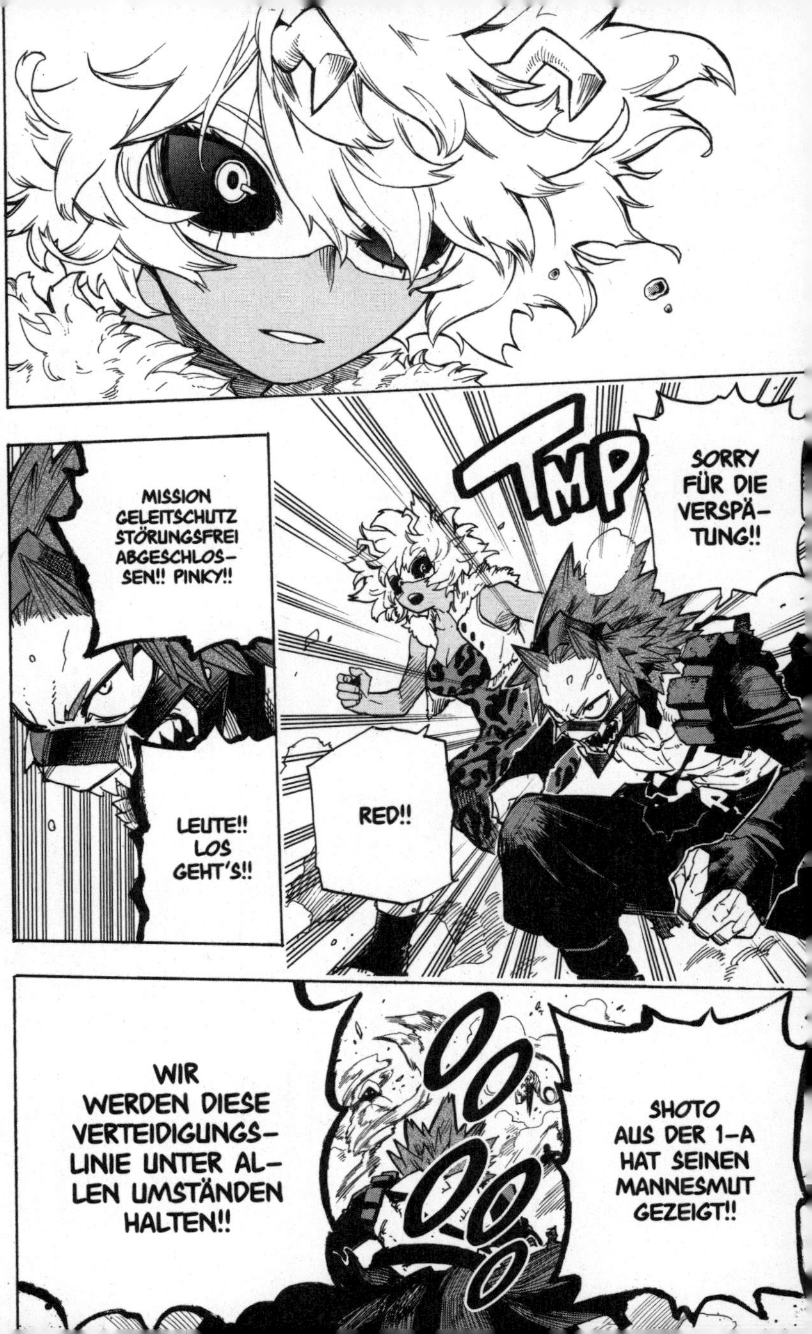
TMP
SORRY FÜR DIE VERSPÄTUNG!!
RED!!
MISSION GELEITSCHUTZ STÖRUNGSFREI ABGESCHLOSSEN!! PINKY!!
LEUTE!! LOS GEHT'S!!
SHOTO AUS DER 1-A HAT SEINEN MANNESMUT GEZEIGT!!
OOOOO
WIR WERDEN DIESE VERTEIDIGUNGSLINIE UNTER ALLEN UMSTÄNDEN HALTEN!!

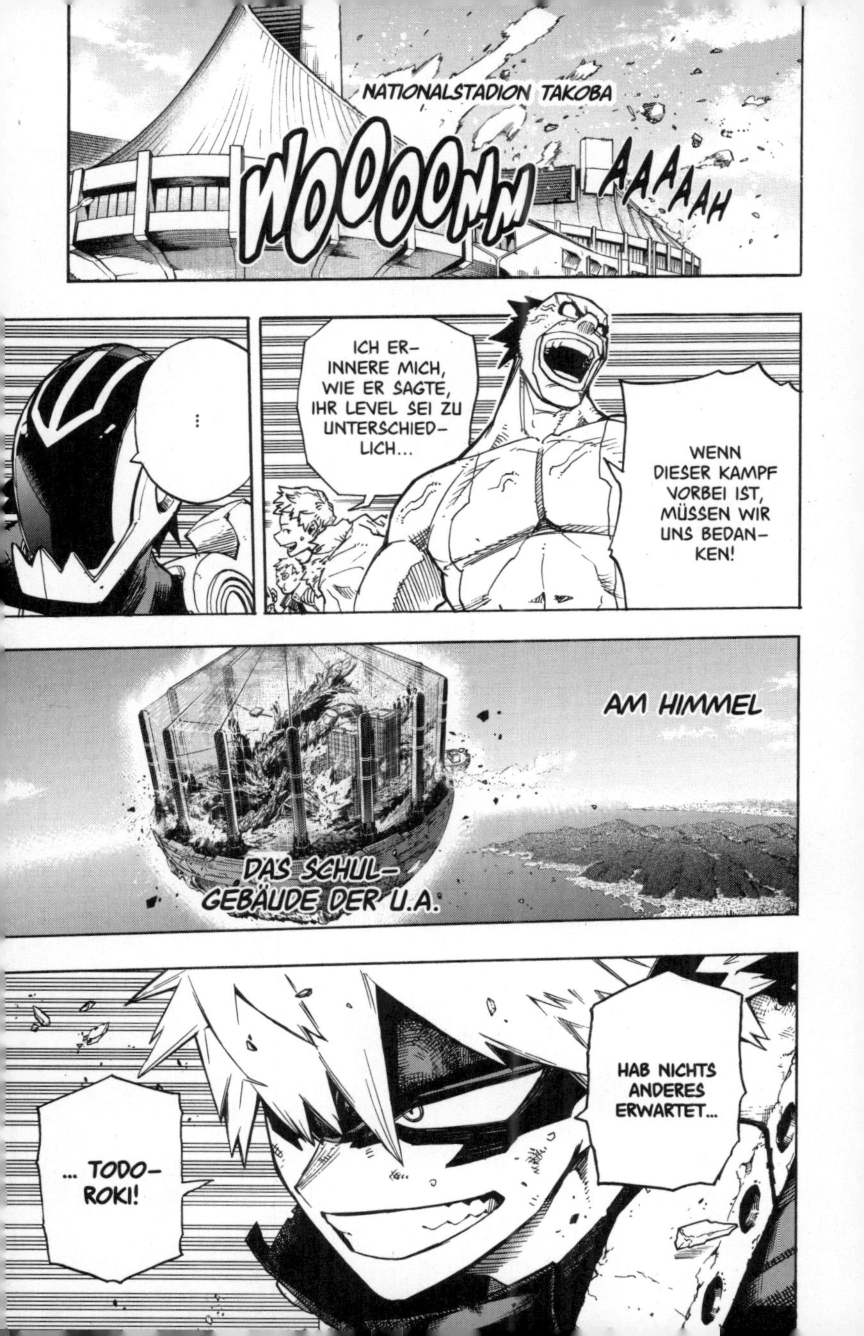
NATIONALSTADION TAKOBA
WOOOOMM
AAAAAH
WENN DIESER KAMPF VORBEI IST, MÜSSEN WIR UNS BEDANKEN!
ICH ERINNERE MICH, WIE ER SAGTE, IHR LEVEL SEI ZU UNTERSCHIEDLICH...
...
AM HIMMEL
DAS SCHULGEBÄUDE DER U.A.
HAB NICHTS ANDERES ERWARTET...
... TODOROKI!

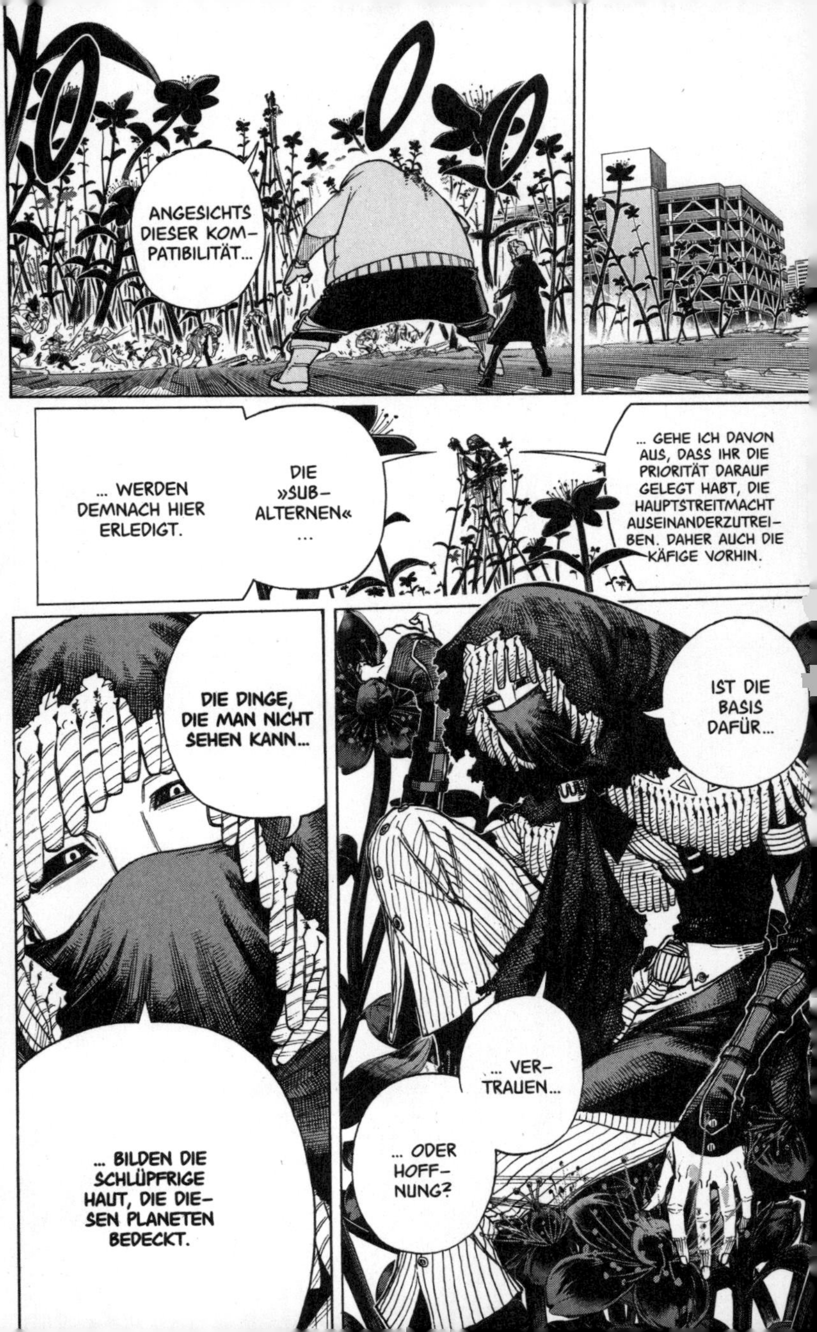
ANGESICHTS DIESER KOMPATIBILITÄT...
... GEHE ICH DAVON AUS, DASS IHR DIE PRIORITÄT DARAUF GELEGT HABT, DIE HAUPTSTREITMACHT AUSEINANDERZUTREIBEN. DAHER AUCH DIE KÄFIGE VORHIN.
DIE »SUBALTERNEN« ...
... WERDEN DEMNACH HIER ERLEDIGT.
IST DIE BASIS DAFÜR...
... VERTRAUEN...
... ODER HOFFNUNG?
DIE DINGE, DIE MAN NICHT SEHEN KANN...
... BILDEN DIE SCHLÜPFRIGE HAUT, DIE DIESEN PLANETEN BEDECKT.

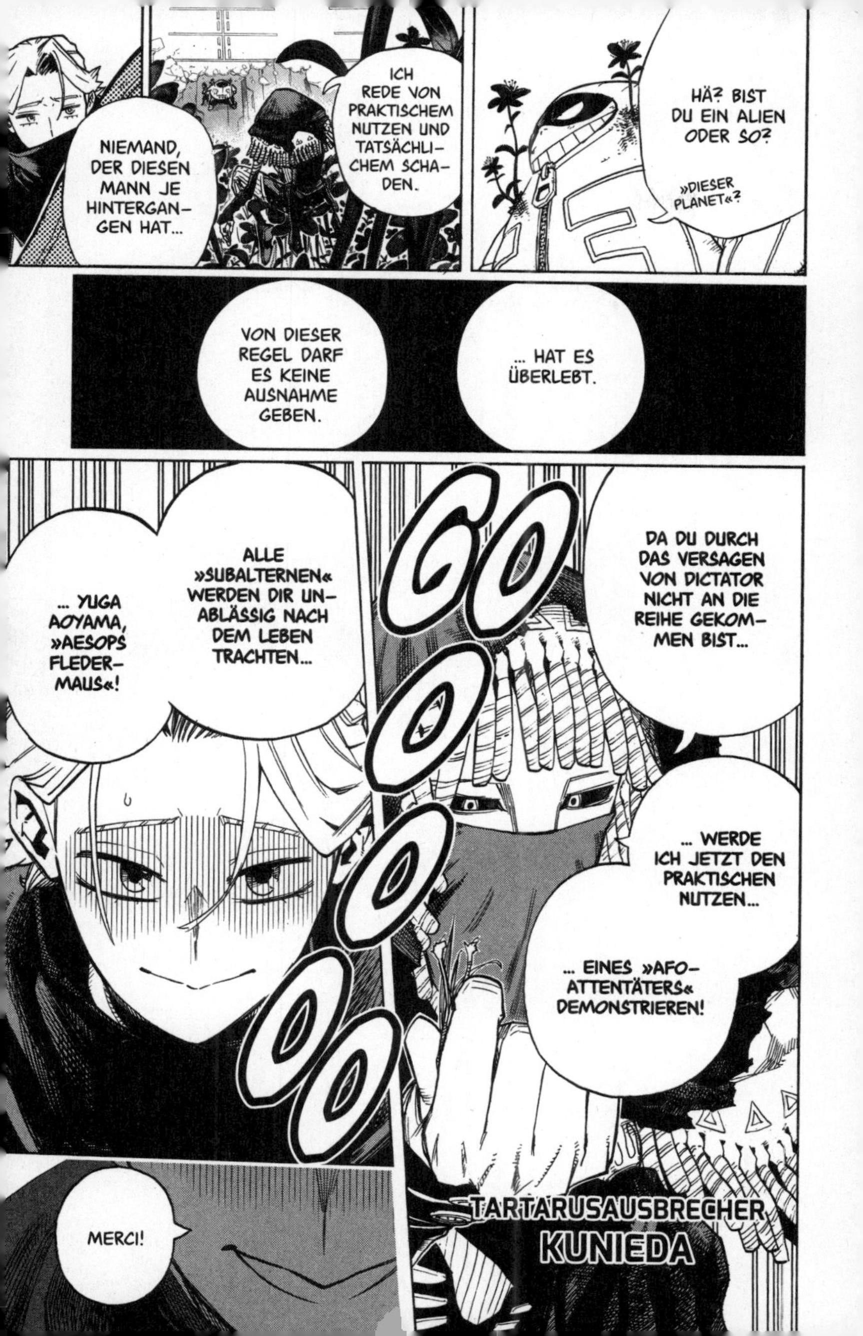

HÄ? BIST DU EIN ALIEN ODER SO?
»DIESER PLANET«?
ICH REDE VON PRAKTISCHEM NUTZEN UND TATSÄCHLICHEM SCHADEN.
NIEMAND, DER DIESEN MANN JE HINTERGANGEN HAT...
... HAT ES ÜBERLEBT.
VON DIESER REGEL DARF ES KEINE AUSNAHME GEBEN.
DA DU DURCH DAS VERSAGEN VON DICTATOR NICHT AN DIE REIHE GEKOMMEN BIST...
... WERDE ICH JETZT DEN PRAKTISCHEN NUTZEN...
... EINES »AFO-ATTENTÄTERS« DEMONSTRIEREN!
GOOOOOO
TARTARUSAUSBRECHER
KUNIEDA
ALLE »SUBALTERNEN« WERDEN DIR UNABLÄSSIG NACH DEM LEBEN TRACHTEN...
... YUGA AOYAMA, »AESOPS FLEDERMAUS«!
MERCI!

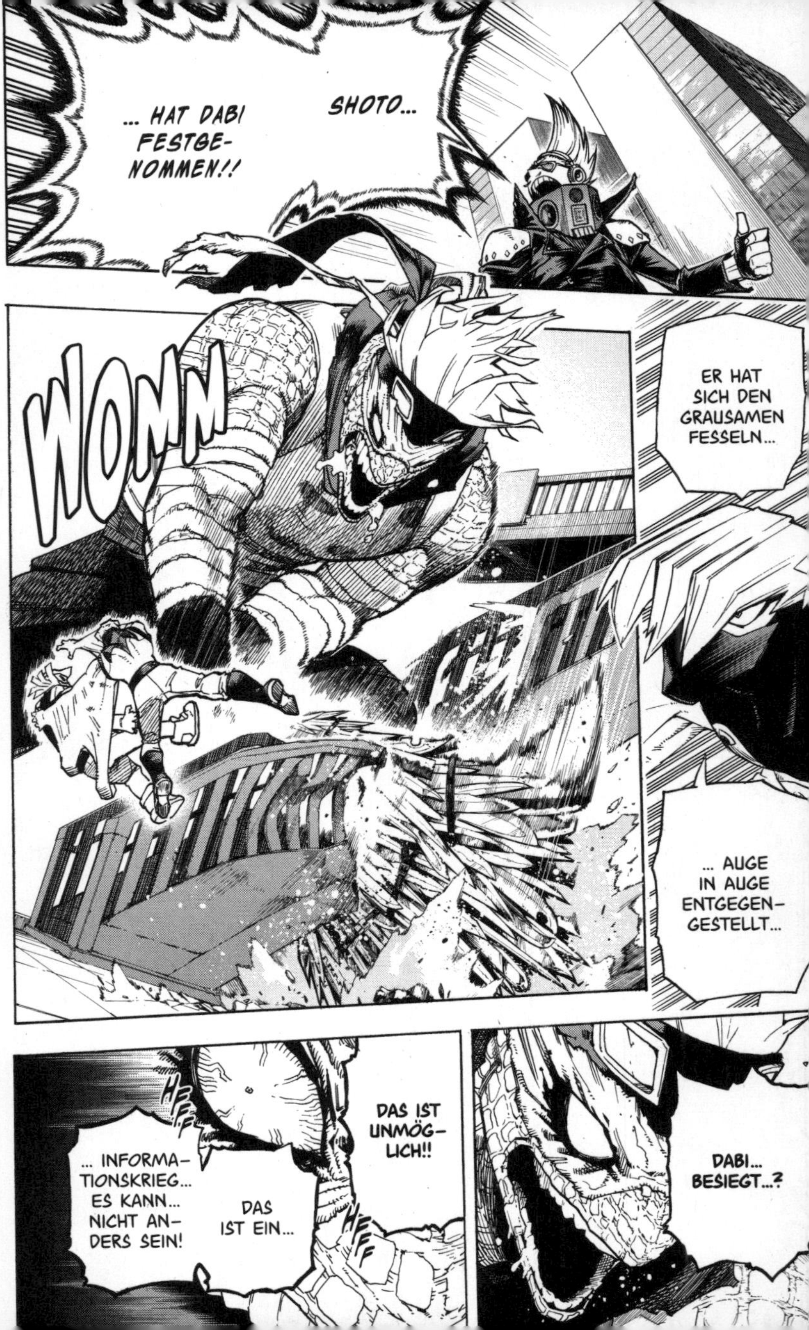
SHOTO...
... HAT DABI FESTGENOMMEN!!
ER HAT SICH DEN GRAUSAMEN FESSELN...
WOMM
... AUGE IN AUGE ENTGEGENGESTELLT...
DABI... BESIEGT...?
DAS IST UNMÖGLICH!!
HEFF
DAS IST EIN...
... INFORMATIONSKRIEG... ES KANN... NICHT ANDERS SEIN!
HEFF

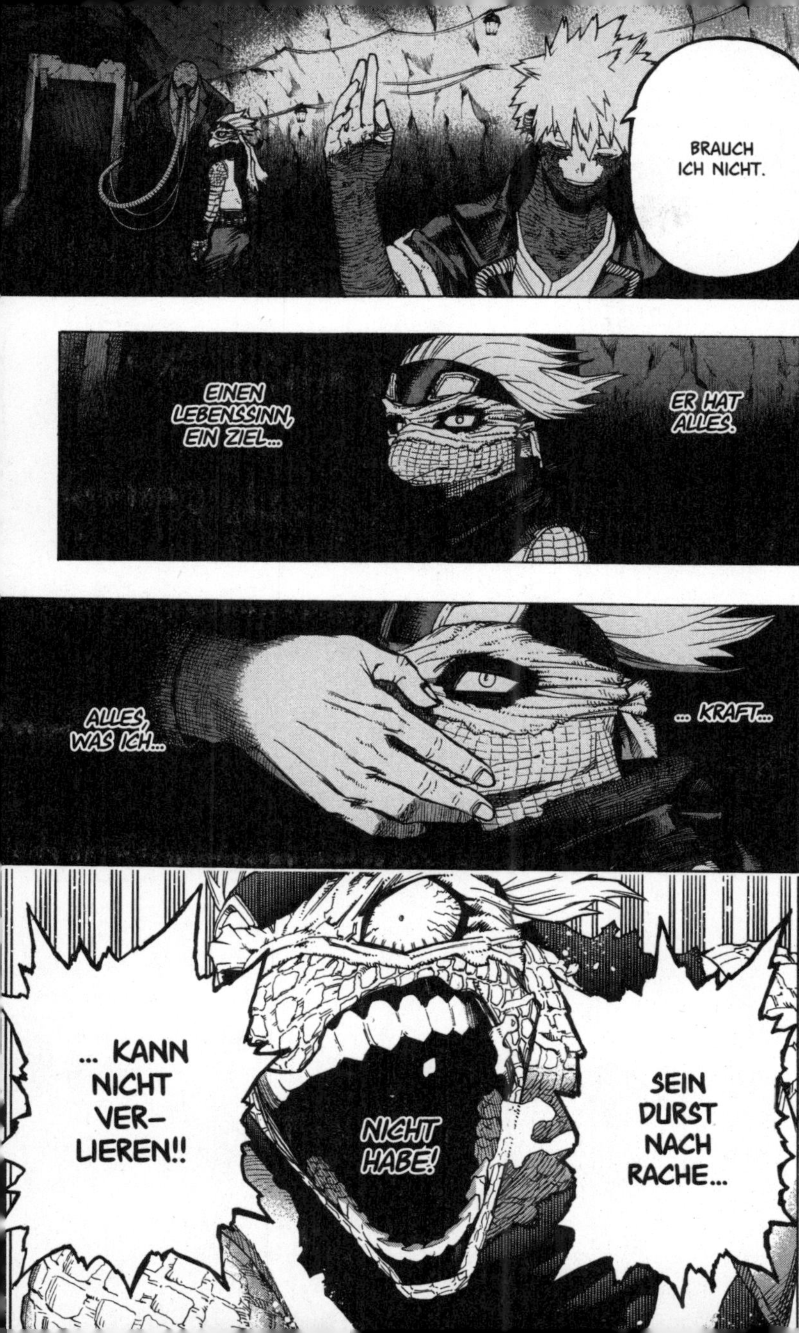
BRAUCH ICH NICHT.
ER HAT ALLES.
EINEN LEBENSSINN, EIN ZIEL...
... KRAFT...
ALLES, WAS ICH...
SEIN DURST NACH RACHE...
NICHT HABE!
... KANN NICHT VER-LIEREN!!

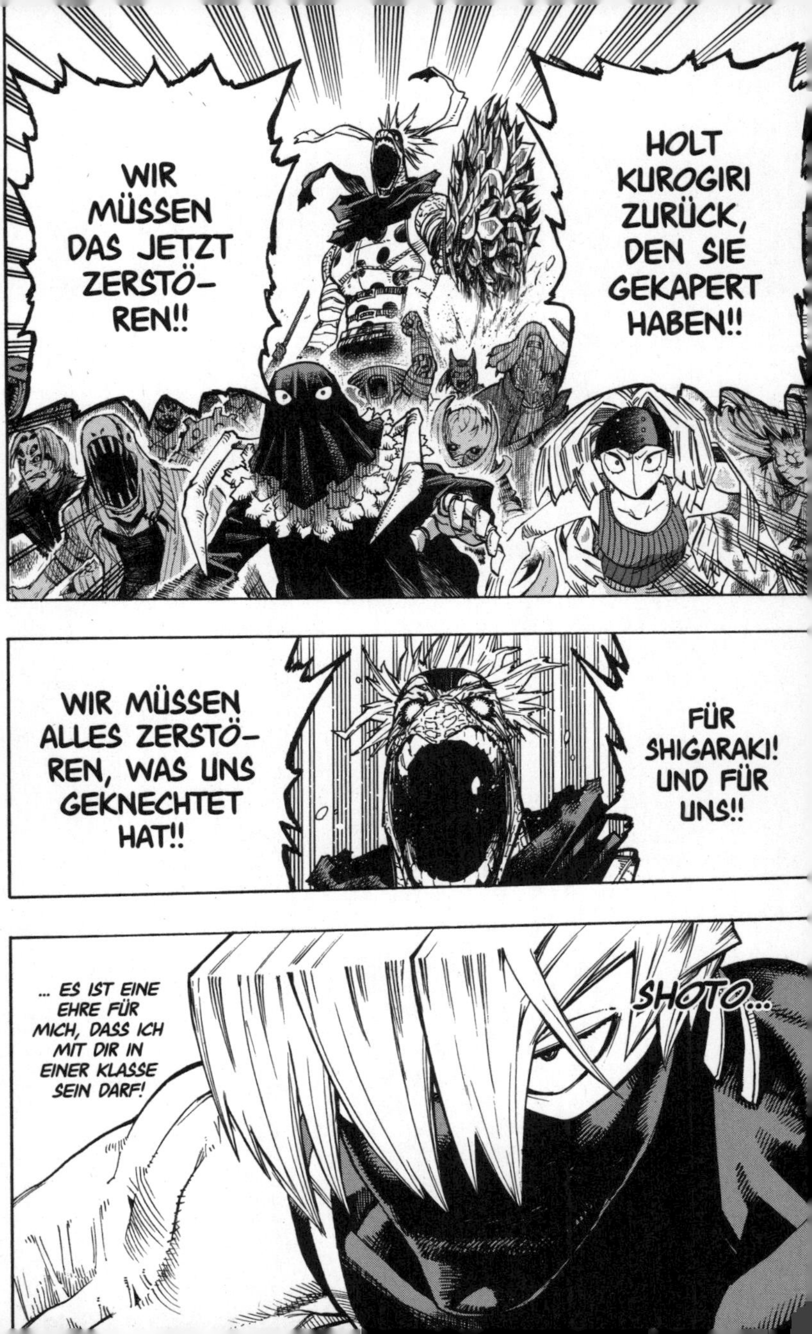
HOLT KUROGIRI ZURÜCK, DEN SIE GEKAPERT HABEN!!
WIR MÜSSEN DAS JETZT ZERSTÖ-REN!!
FÜR SHIGARAKI! UND FÜR UNS!!
WIR MÜSSEN ALLES ZERSTÖ-REN, WAS UNS GEKNECHTET HAT!!
SHOTO...
... ES IST EINE EHRE FÜR MICH, DASS ICH MIT DIR IN EINER KLASSE SEIN DARF!

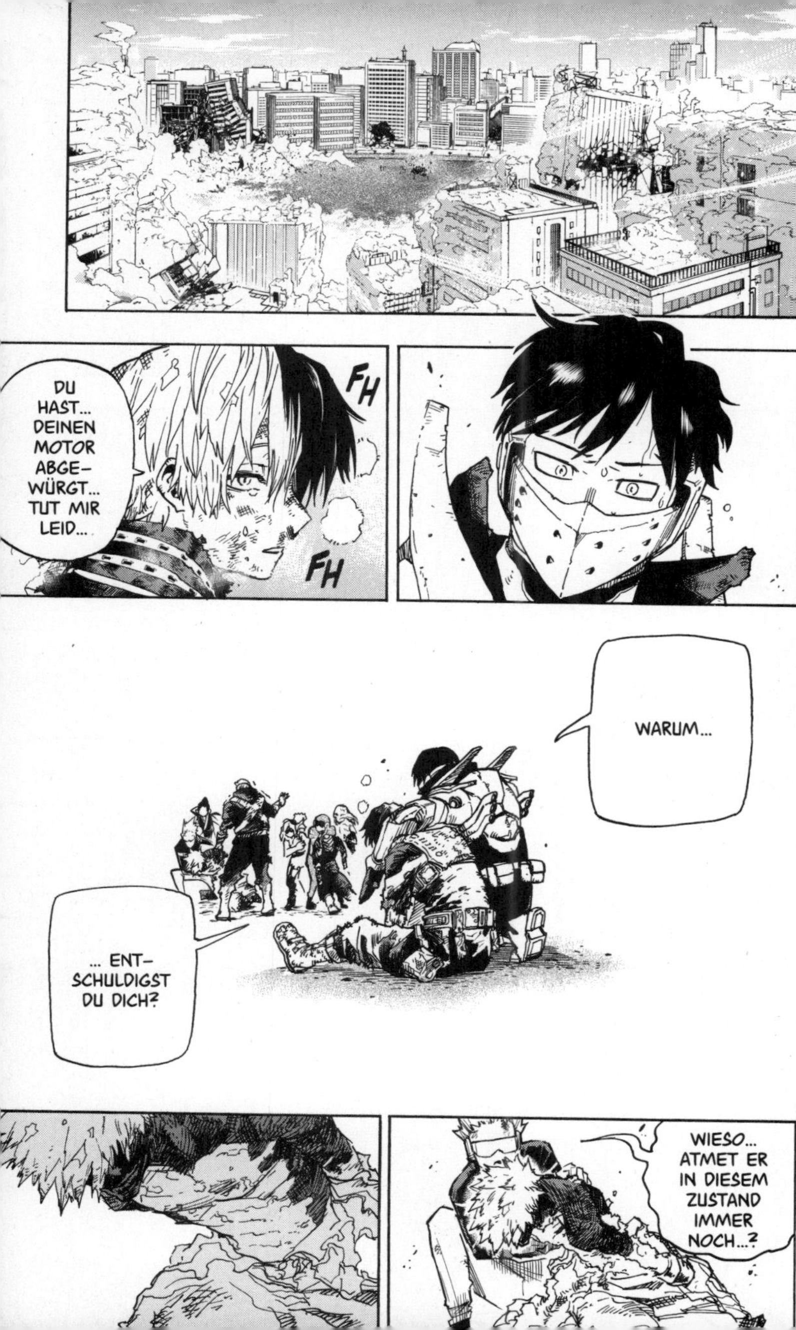
DU HAST... DEINEN MOTOR ABGE-WÜRGT... TUT MIR LEID...
FH
FH
WARUM...
... ENT-SCHULDIGST DU DICH?
WIESO... ATMET ER IN DIESEM ZUSTAND IMMER NOCH...?

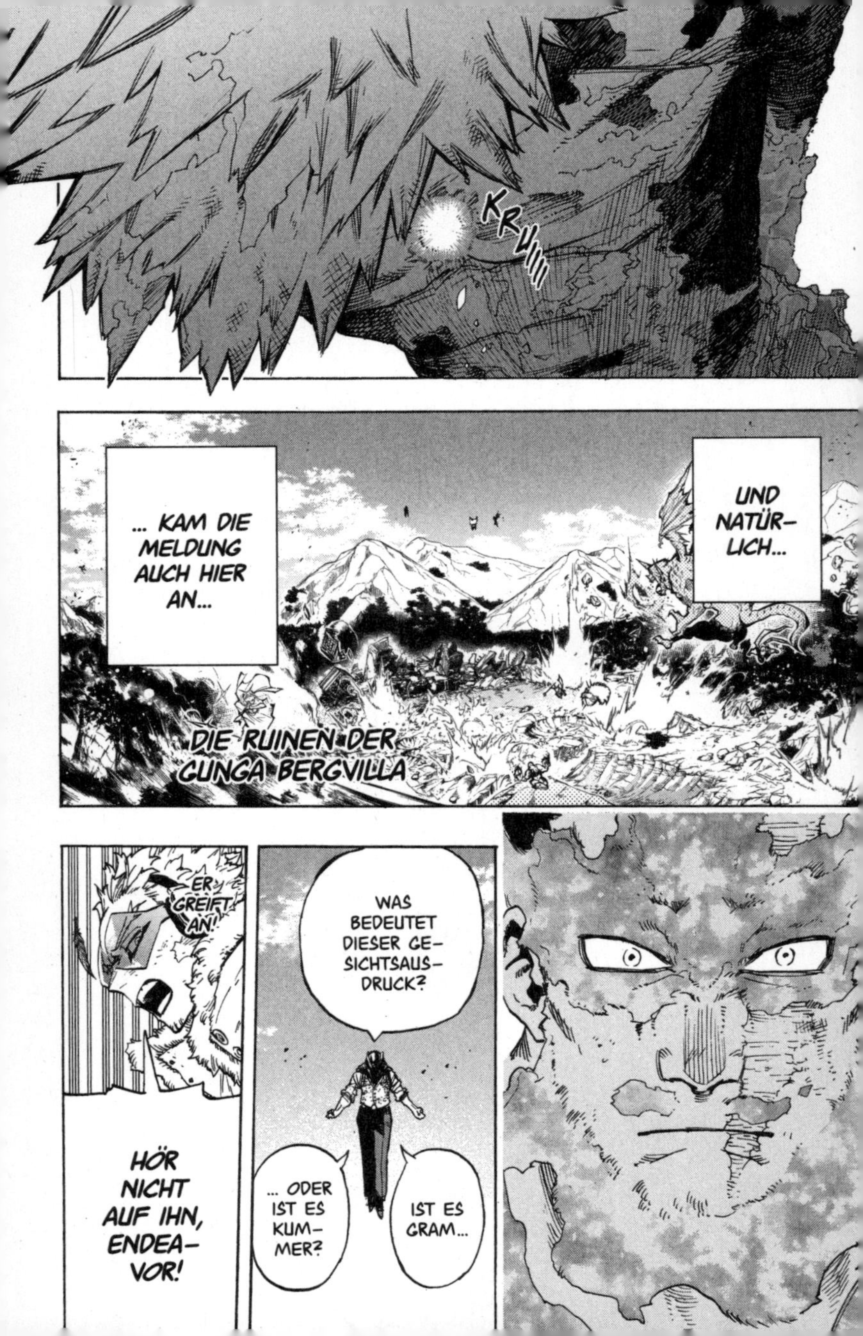

KRU!!!!
UND NATÜR-LICH...
... KAM DIE MELDUNG AUCH HIER AN...
DIE RUINEN DER GUNGA BERGVILLA
WAS BEDEUTET DIESER GE-SICHTSAUS-DRUCK?
IST ES GRAM...
... ODER IST ES KUM-MER?
ER GREIFT AN!
HÖR NICHT AUF IHN, ENDEA-VOR!

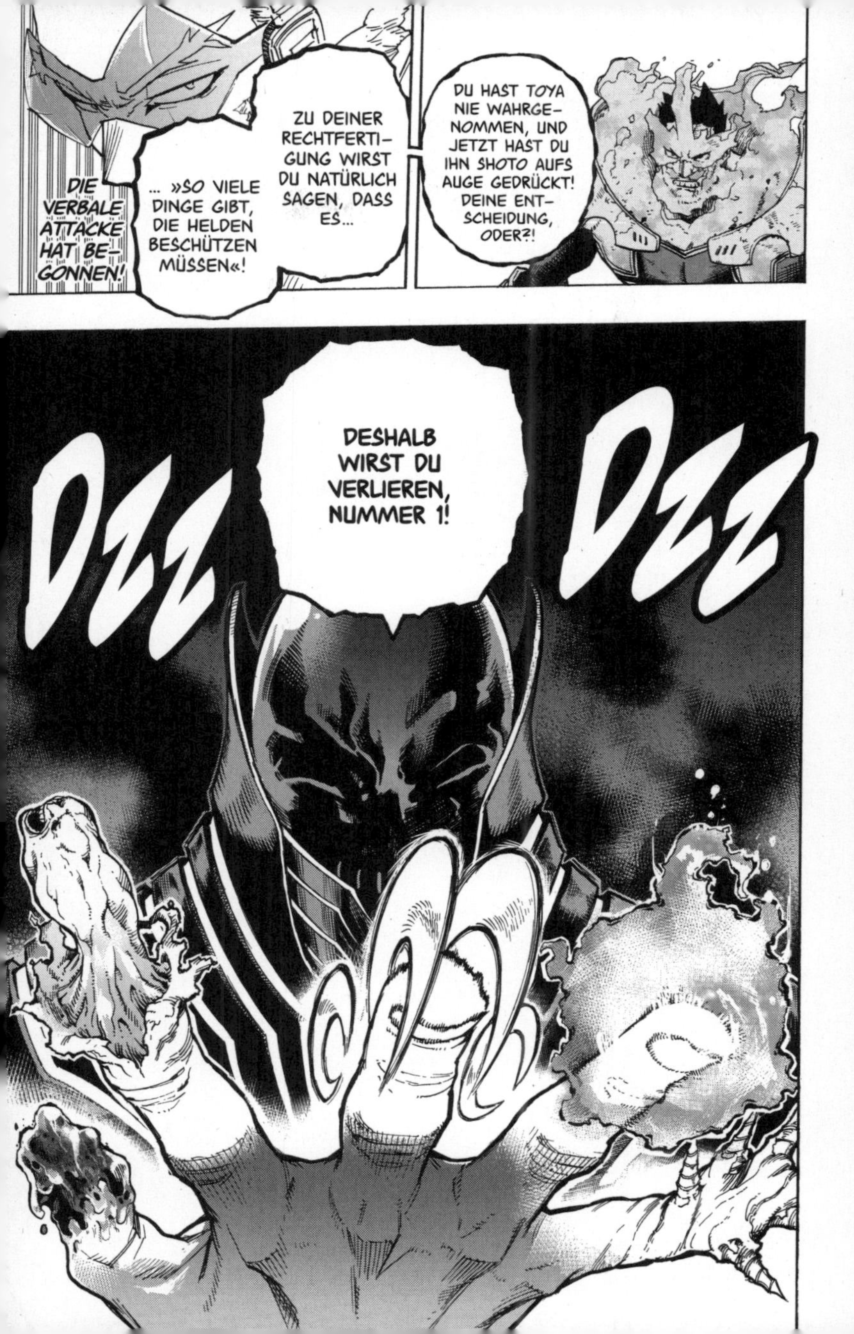
DU HAST TOYA NIE WAHRGENOMMEN, UND JETZT HAST DU IHN SHOTO AUFS AUGE GEDRÜCKT! DEINE ENTSCHEIDUNG, ODER?!
ZU DEINER RECHTFERTIGUNG WIRST DU NATÜRLICH SAGEN, DASS ES...
... »SO VIELE DINGE GIBT, DIE HELDEN BESCHÜTZEN MÜSSEN«!
DIE VERBALE ATTACKE HAT BEGONNEN!
DZZ
DZZ
DESHALB WIRST DU VERLIEREN, NUMMER 1!

THE KRIEGSLAGE

Die einzelnen Kämpfe spielen sich ungefähr in diesen Gegenden ab.

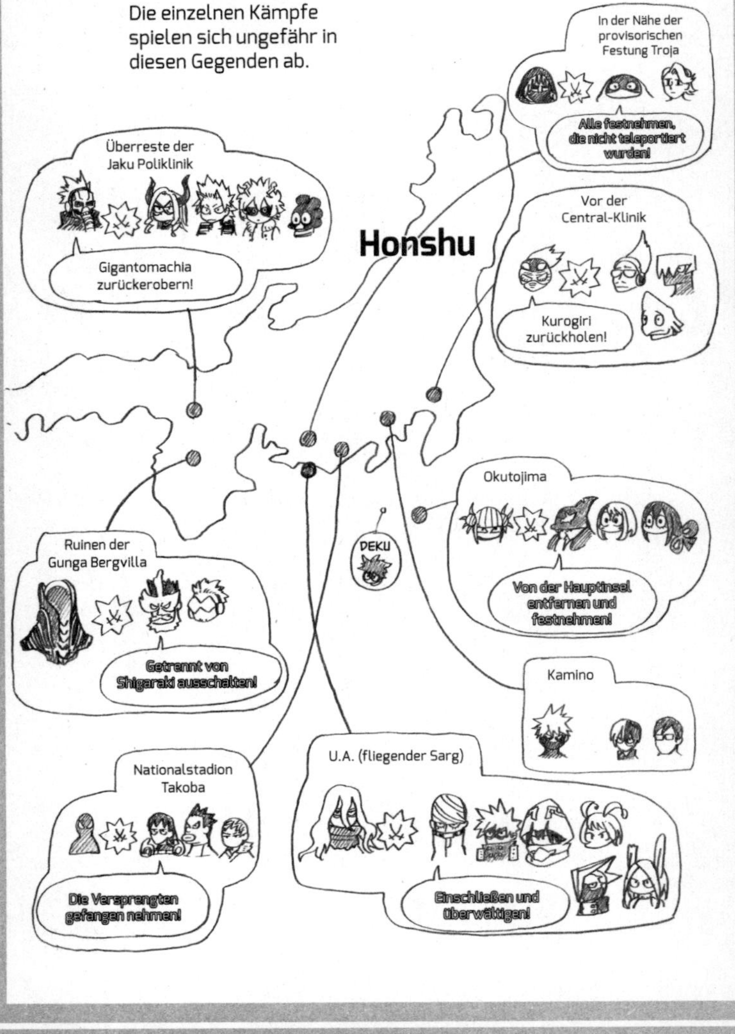

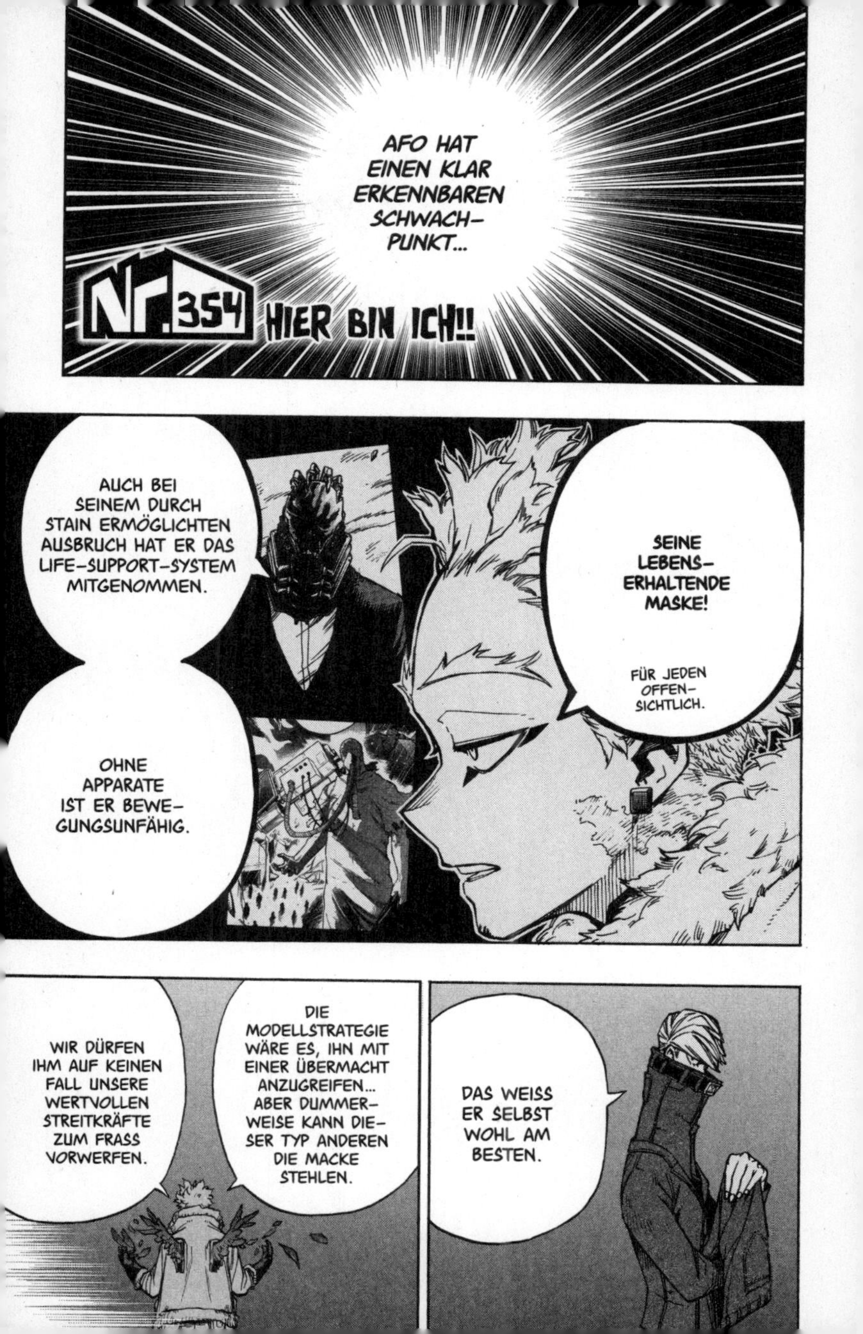
AFO HAT EINEN KLAR ERKENNBAREN SCHWACH-PUNKT...
NR. 354 HIER BIN ICH!!
SEINE LEBENS-ERHALTENDE MASKE!
FÜR JEDEN OFFEN-SICHTLICH.
AUCH BEI SEINEM DURCH STAIN ERMÖGLICHTEN AUSBRUCH HAT ER DAS LIFE-SUPPORT-SYSTEM MITGENOMMEN.
OHNE APPARATE IST ER BEWE-GUNGSUNFÄHIG.
DAS WEISS ER SELBST WOHL AM BESTEN.
DIE MODELLSTRATEGIE WÄRE ES, IHN MIT EINER ÜBERMACHT ANZUGREIFEN... ABER DUMMER-WEISE KANN DIE-SER TYP ANDEREN DIE MACKE STEHLEN.
WIR DÜRFEN IHM AUF KEINEN FALL UNSERE WERTVOLLEN STREITKRÄFTE ZUM FRASS VORWERFEN.

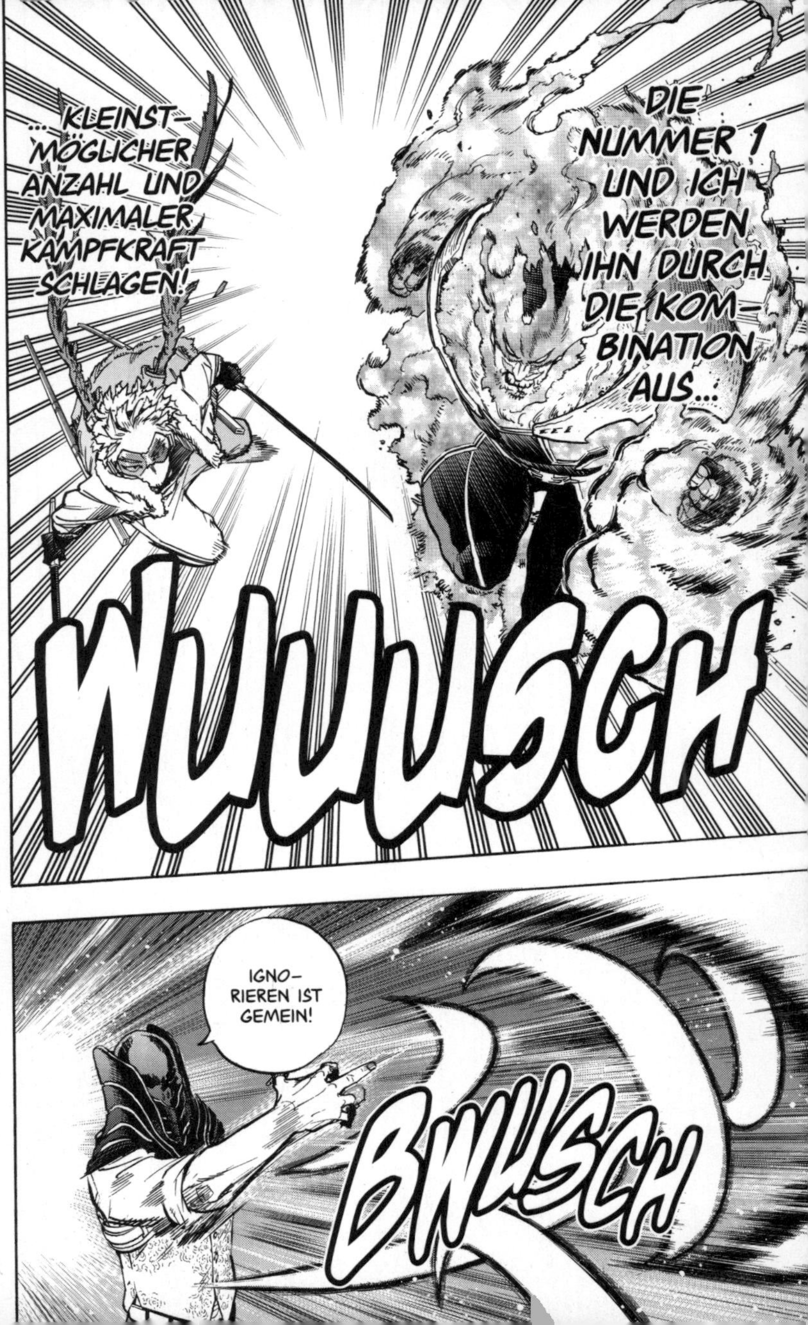
DIE NUMMER 1 UND ICH WERDEN IHN DURCH DIE KOMBINATION AUS...
... KLEINSTMÖGLICHER ANZAHL UND MAXIMALER KAMPFKRAFT SCHLAGEN!
WUUUSCH
IGNORIEREN IST GEMEIN!
BWUSCH

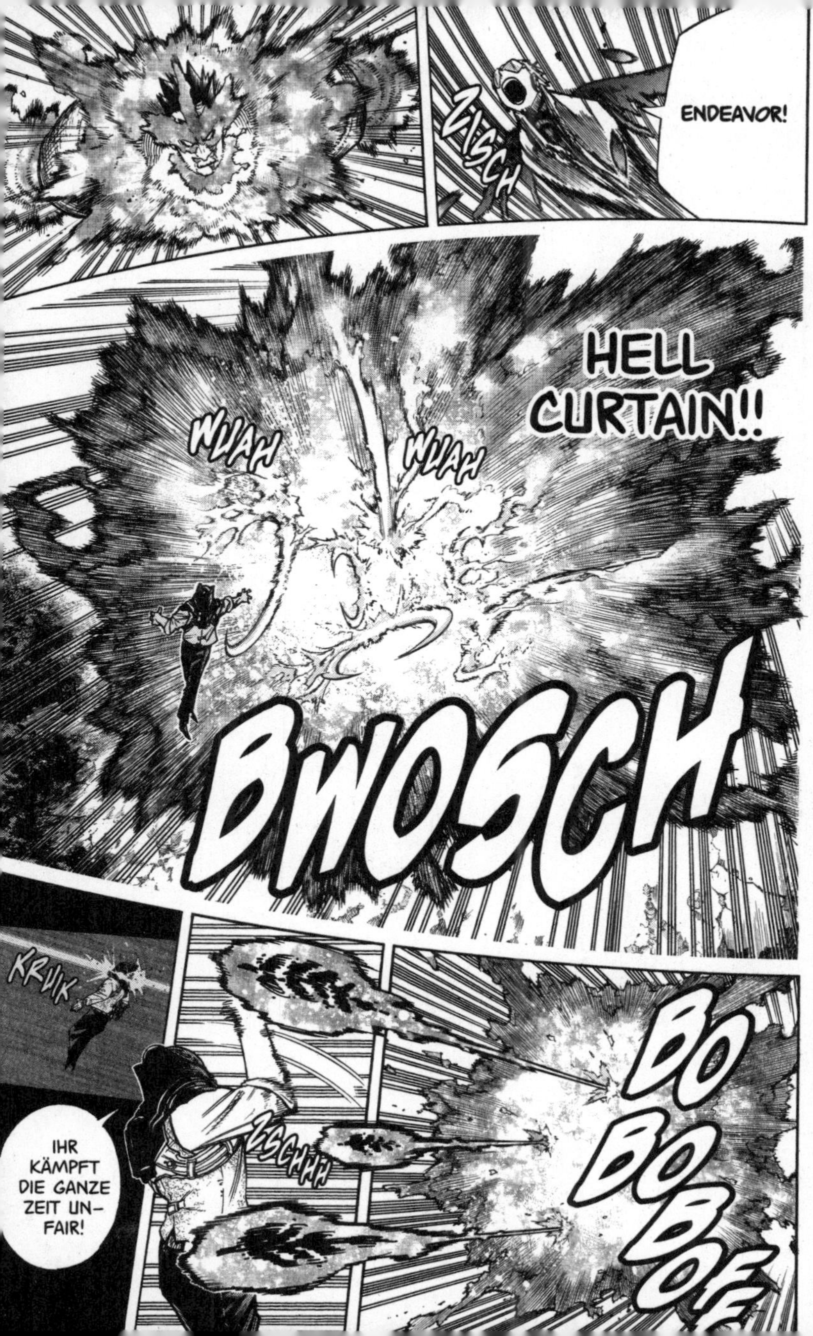
ENDEAVOR!
ZISCH
HELL CURTAIN!!
WUAH
WUAH
BWOSCH
BO BO BO BOF
ZSCHHH
IHR KÄMPFT DIE GANZE ZEIT UN-FAIR!
KRUIK

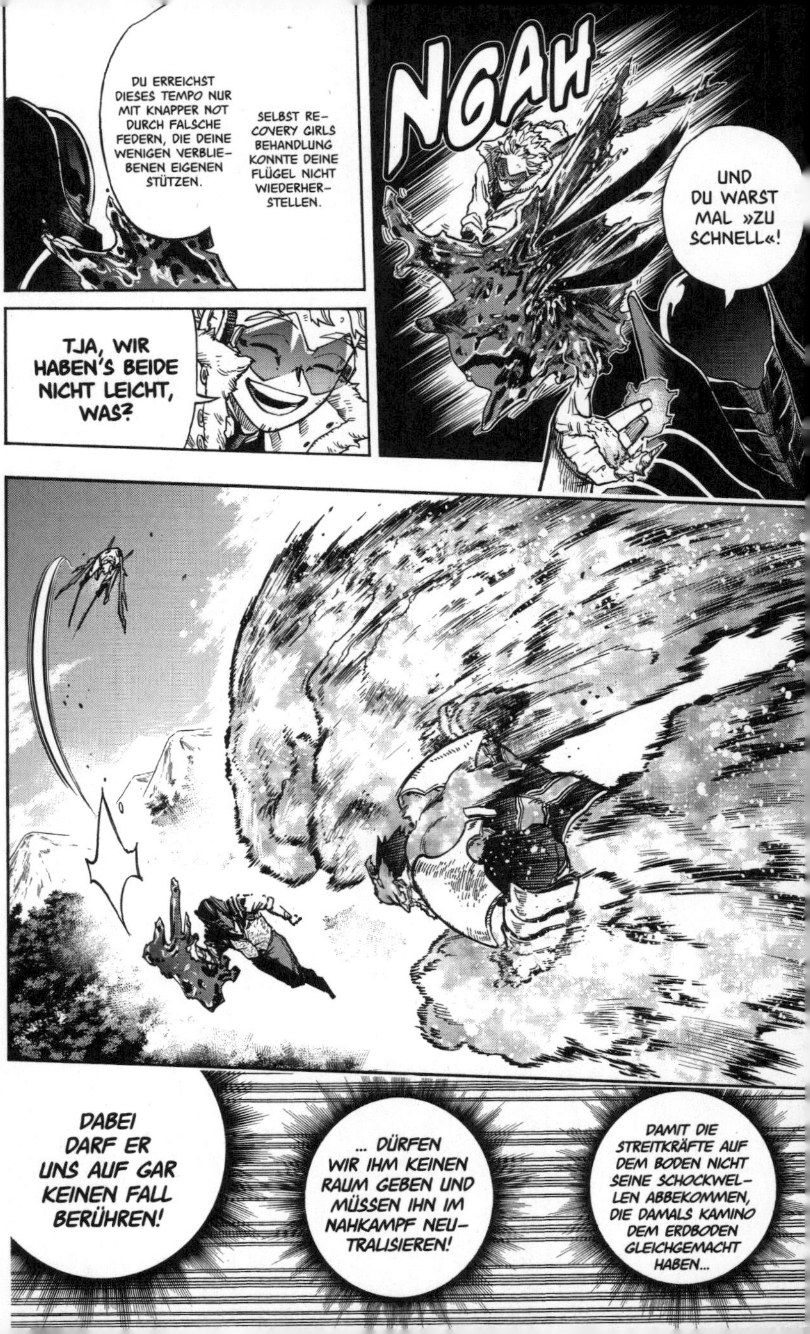
NGAH
UND DU WARST MAL »ZU SCHNELL«!
SELBST RECOVERY GIRLS BEHANDLUNG KONNTE DEINE FLÜGEL NICHT WIEDERHERSTELLEN.
DU ERREICHST DIESES TEMPO NUR MIT KNAPPER NOT DURCH FALSCHE FEDERN, DIE DEINE WENIGEN VERBLIEBENEN EIGENEN STÜTZEN.
TJA, WIR HABEN'S BEIDE NICHT LEICHT, WAS?
DAMIT DIE STREITKRÄFTE AUF DEM BODEN NICHT SEINE SCHOCKWELLEN ABBEKOMMEN, DIE DAMALS KAMINO DEM ERDBODEN GLEICHGEMACHT HABEN...
... DÜRFEN WIR IHM KEINEN RAUM GEBEN UND MÜSSEN IHN IM NAHKAMPF NEUTRALISIEREN!
DABEI DARF ER UNS AUF GAR KEINEN FALL BERÜHREN!

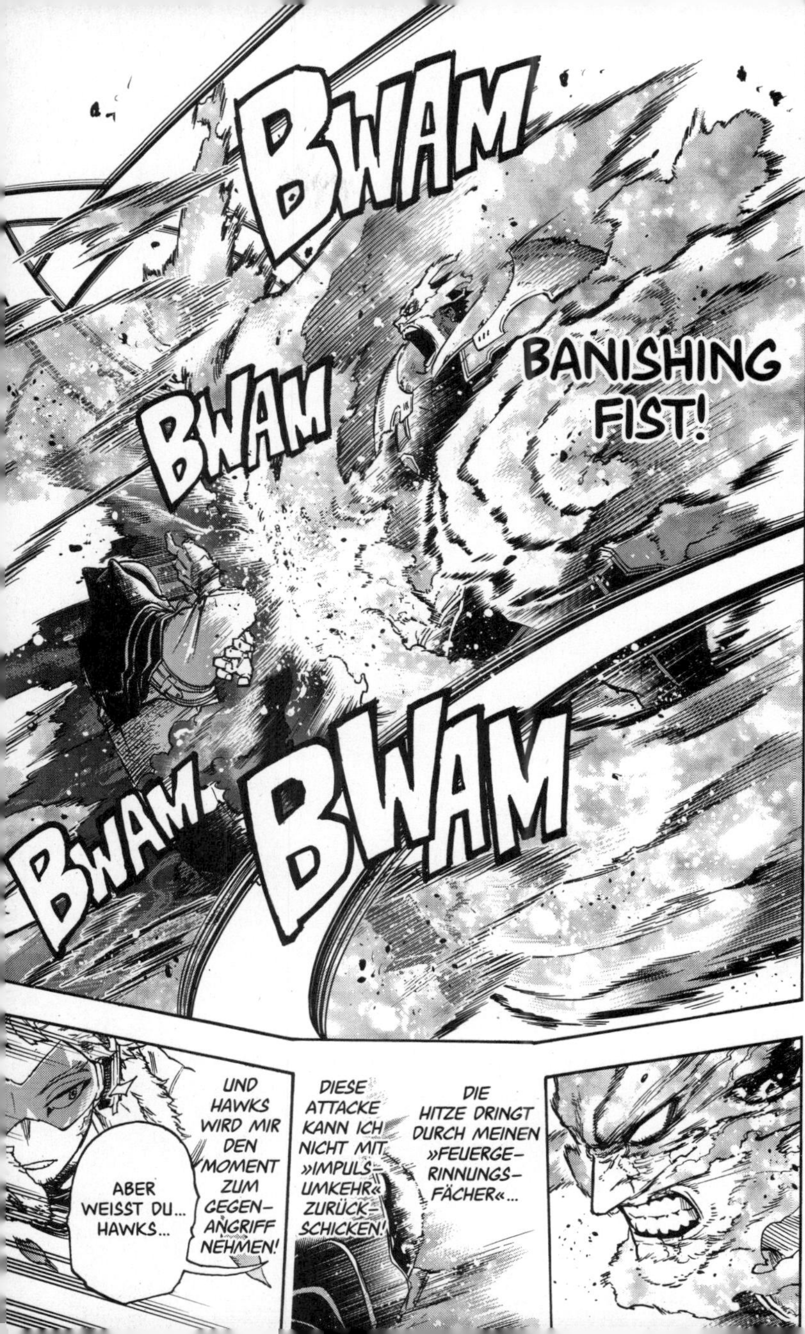
BWAM
BANISHING FIST!
BWAM
BWAM BWAM
DIE HITZE DRINGT DURCH MEINEN »FEUERGE- RINNUNGS- FÄCHER«…
DIESE ATTACKE KANN ICH NICHT MIT »IMPULS- UMKEHR« ZURÜCK- SCHICKEN!
UND HAWKS WIRD MIR DEN MOMENT ZUM GEGEN- ANGRIFF NEHMEN!
ABER WEISST DU… HAWKS…

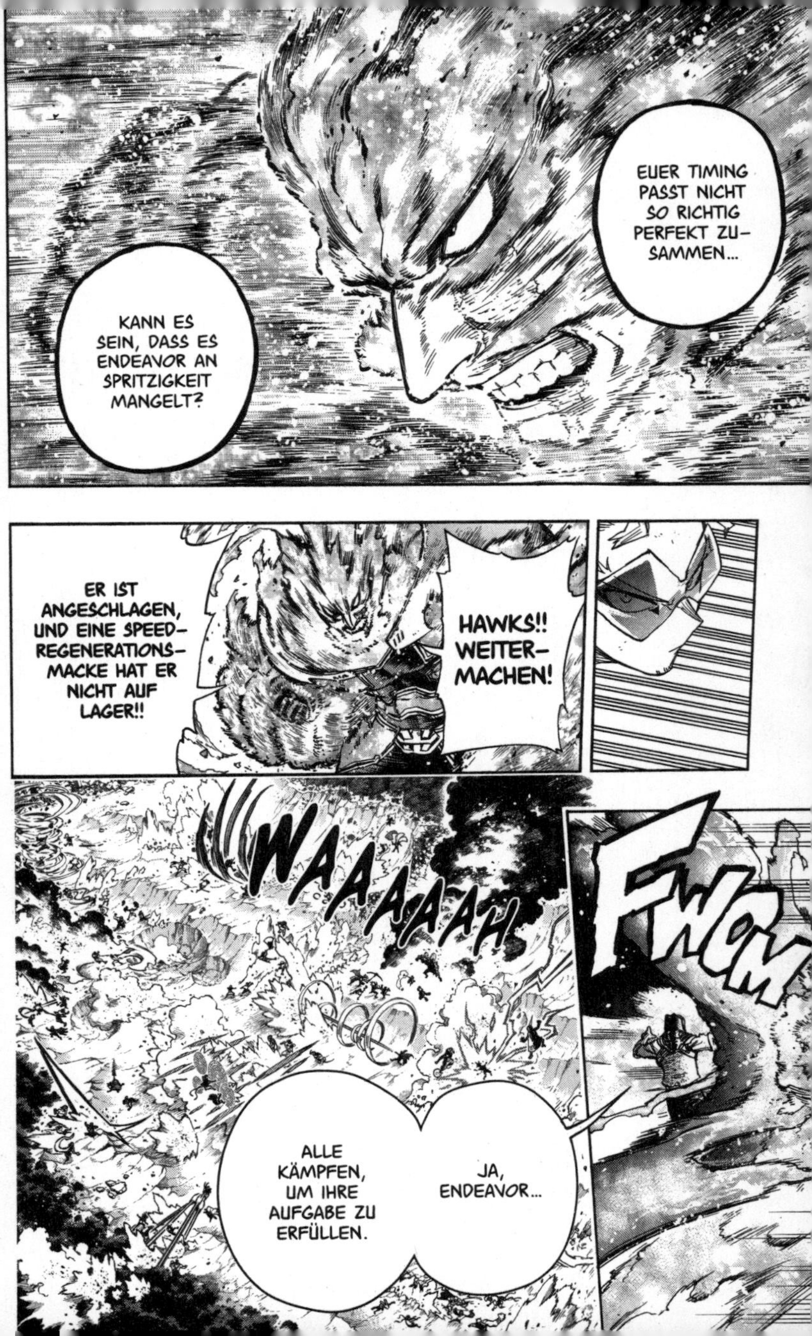
EUER TIMING PASST NICHT SO RICHTIG PERFEKT ZU-SAMMEN...
KANN ES SEIN, DASS ES ENDEAVOR AN SPRITZIGKEIT MANGELT?
HAWKS!! WEITER-MACHEN!
ER IST ANGESCHLAGEN, UND EINE SPEED-REGENERATIONS-MACKE HAT ER NICHT AUF LAGER!!
FWOM
WAAAAAAH
JA, ENDEAVOR...
ALLE KÄMPFEN, UM IHRE AUFGABE ZU ERFÜLLEN.

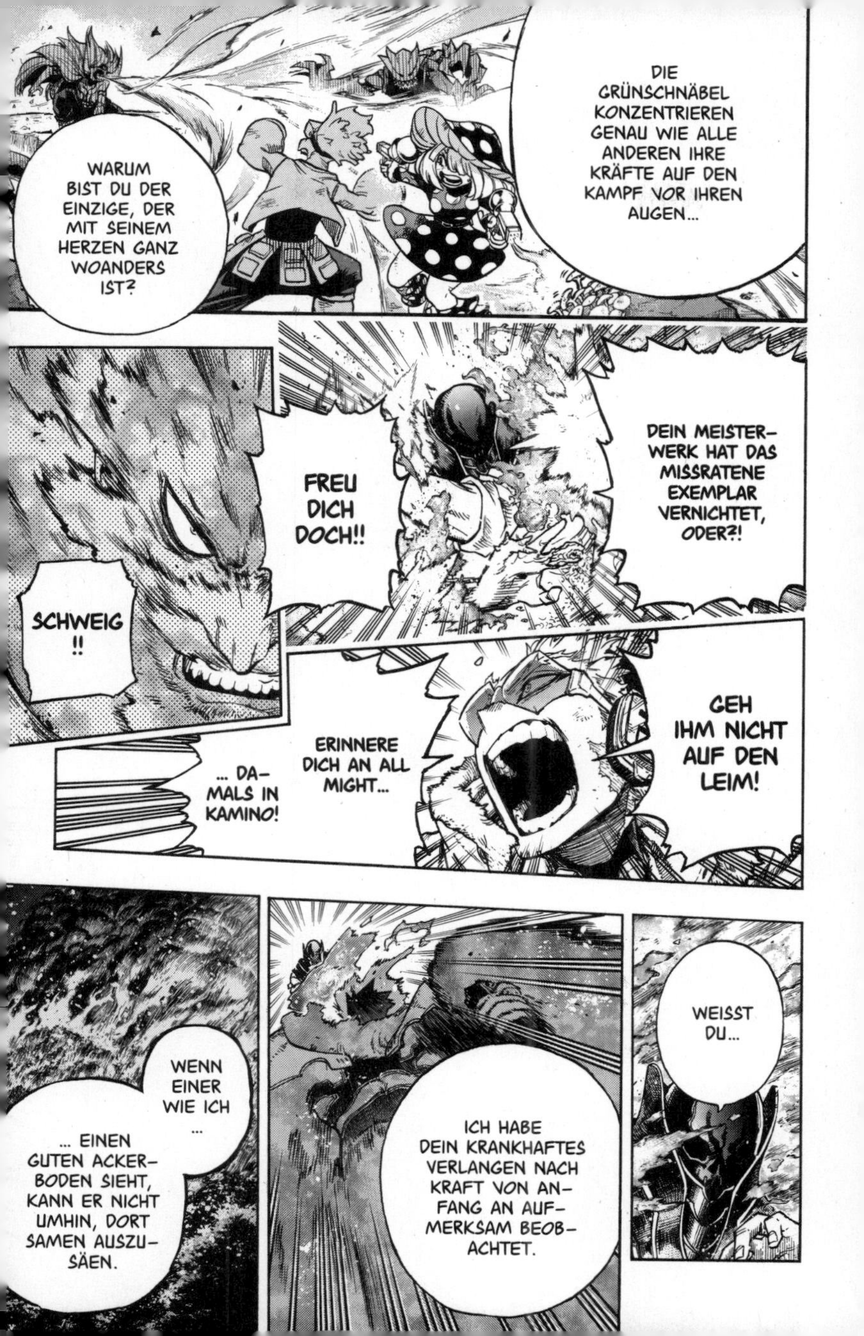
DIE GRÜNSCHNÄBEL KONZENTRIEREN GENAU WIE ALLE ANDEREN IHRE KRÄFTE AUF DEN KAMPF VOR IHREN AUGEN …
WARUM BIST DU DER EINZIGE, DER MIT SEINEM HERZEN GANZ WOANDERS IST?
DEIN MEISTER-WERK HAT DAS MISSRATENE EXEMPLAR VERNICHTET, ODER?!
FREU DICH DOCH!!
SCHWEIG!!
GEH IHM NICHT AUF DEN LEIM!
ERINNERE DICH AN ALL MIGHT …
… DA-MALS IN KAMINO!
WEISST DU …
ICH HABE DEIN KRANKHAFTES VERLANGEN NACH KRAFT VON AN-FANG AN AUF-MERKSAM BEOB-ACHTET.
WENN EINER WIE ICH …
… EINEN GUTEN ACKER-BODEN SIEHT, KANN ER NICHT UMHIN, DORT SAMEN AUSZU-SÄEN.

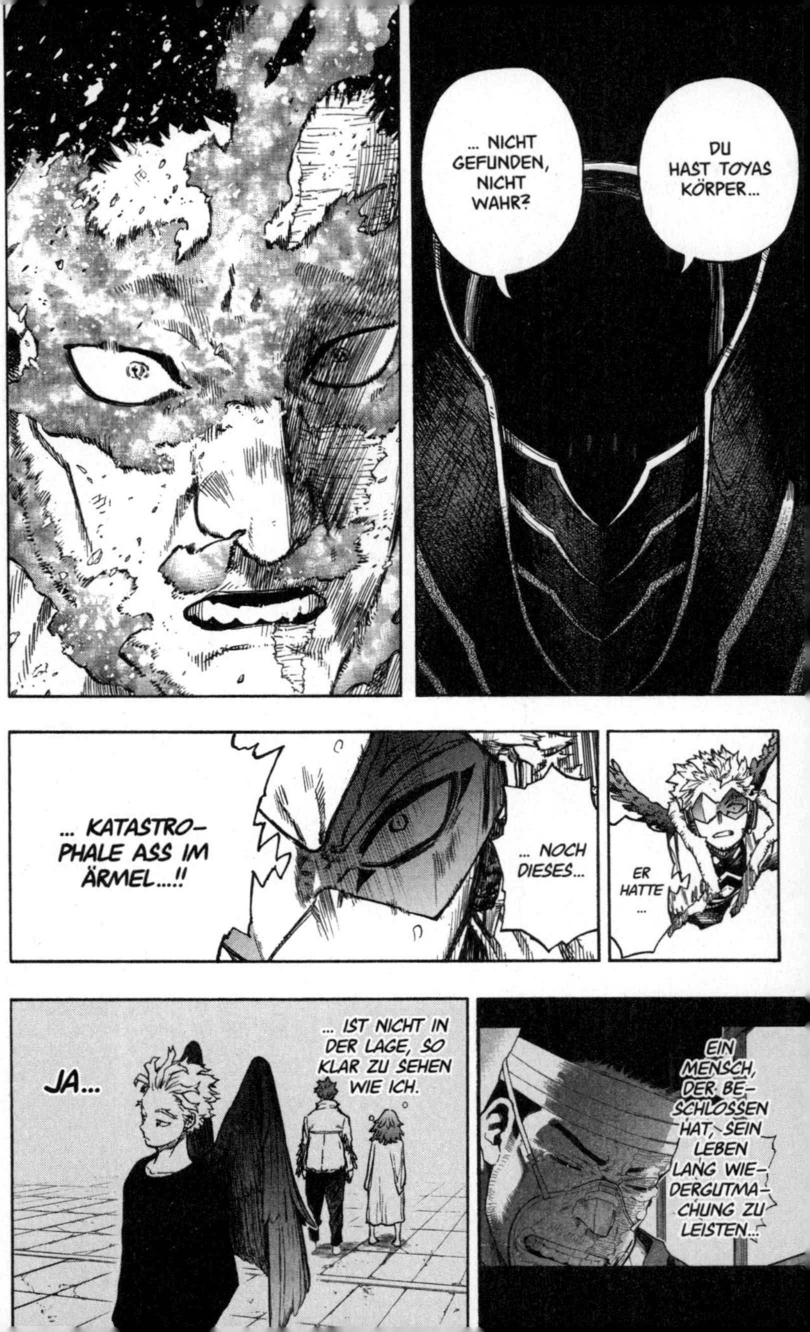
DU HAST TOYAS KÖRPER...
... NICHT GEFUNDEN, NICHT WAHR?
ER HATTE ...
... NOCH DIESES...
... KATASTROPHALE ASS IM ÄRMEL...!!
EIN MENSCH, DER BESCHLOSSEN HAT, SEIN LEBEN LANG WIEDERGUTMACHUNG ZU LEISTEN...
... IST NICHT IN DER LAGE, SO KLAR ZU SEHEN WIE ICH.
JA...

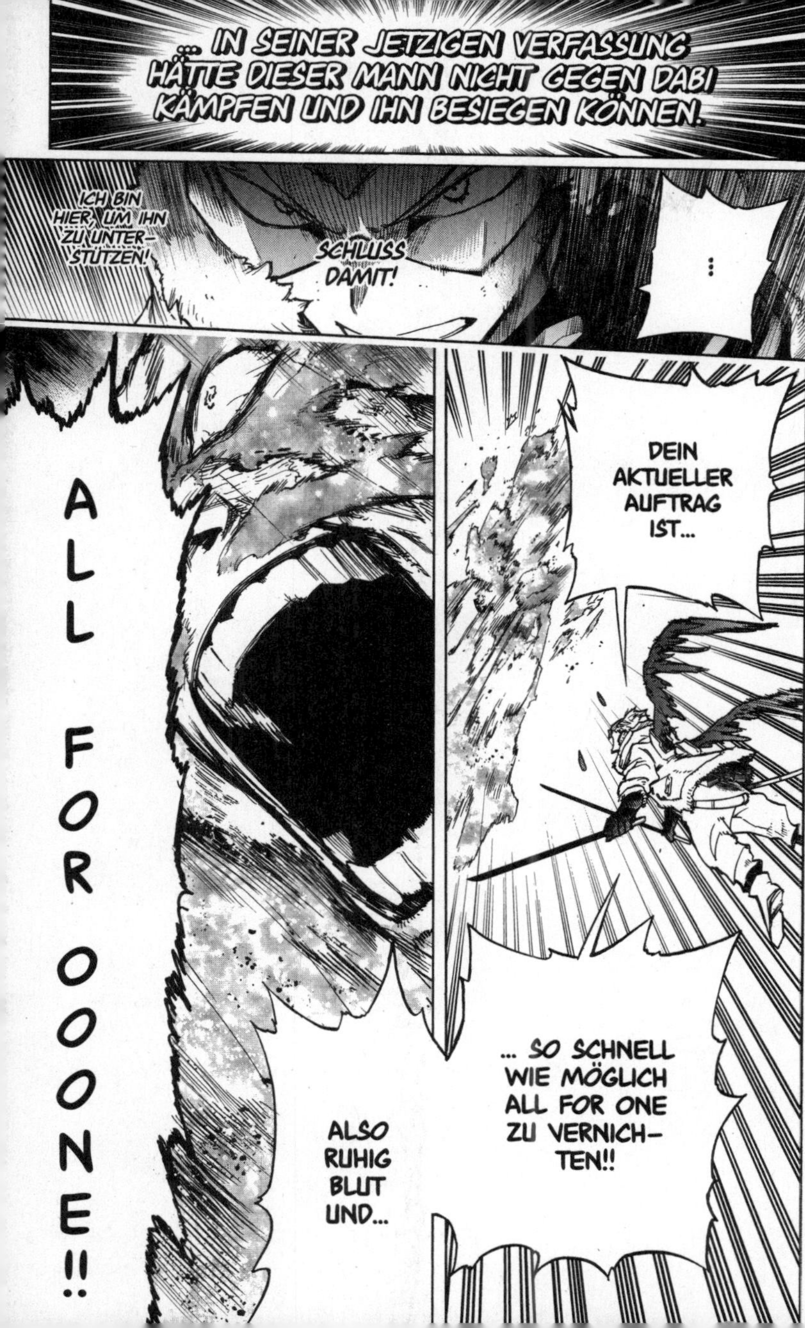
... IN SEINER JETZIGEN VERFASSUNG HÄTTE DIESER MANN NICHT GEGEN DABI KÄMPFEN UND IHN BESIEGEN KÖNNEN.
...
SCHLUSS DAMIT!
ICH BIN HIER, UM IHN ZU UNTERSTÜTZEN!
DEIN AKTUELLER AUFTRAG IST...
... SO SCHNELL WIE MÖGLICH ALL FOR ONE ZU VERNICHTEN!!
ALSO RUHIG BLUT UND...
ALL FOR OOONE!!

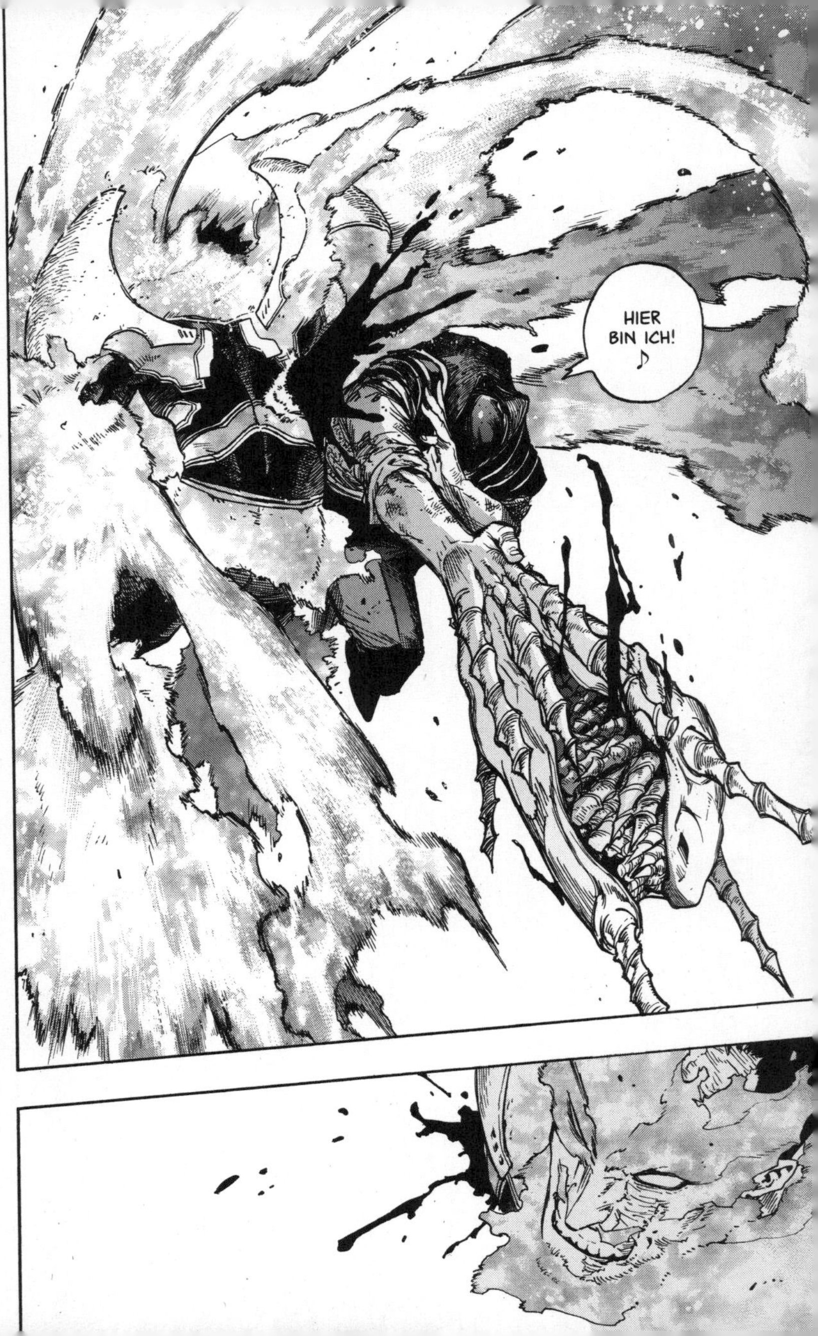
HIER BIN ICH! ♪

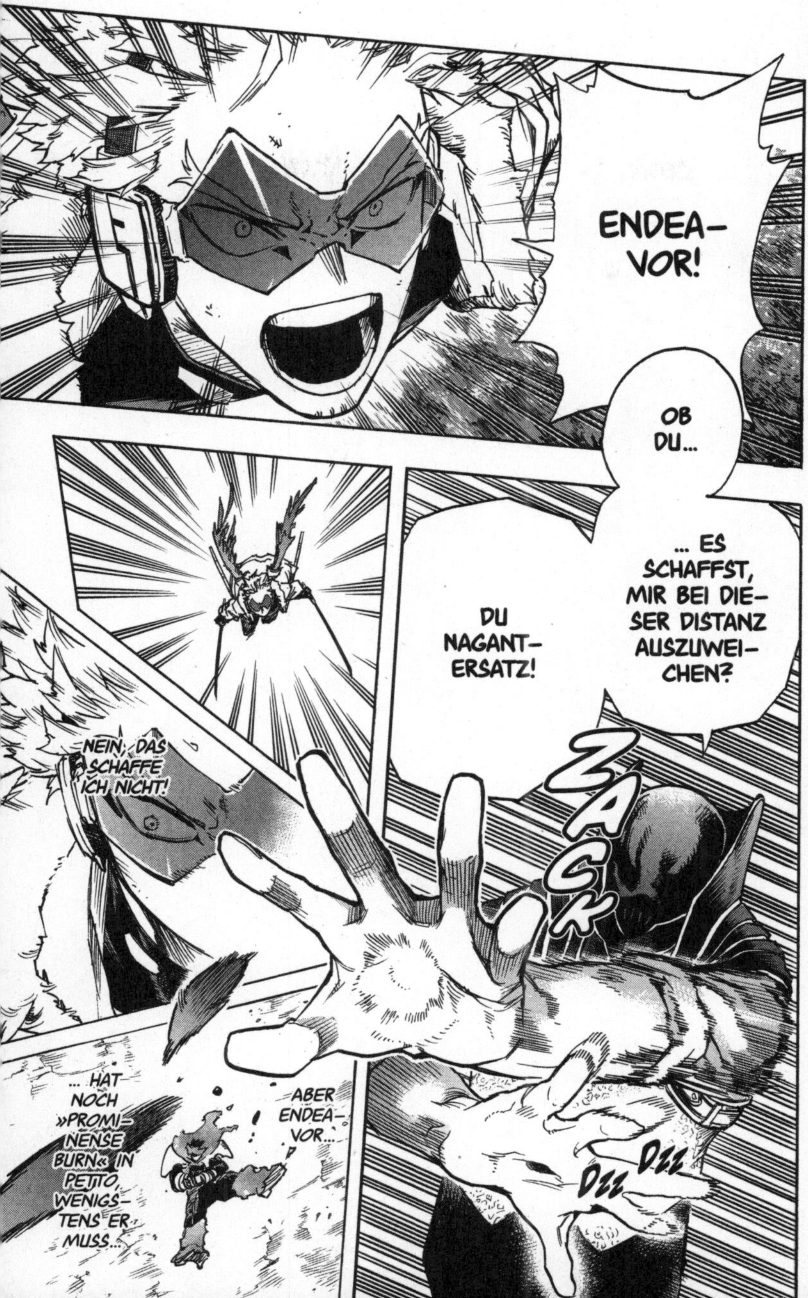
ENDEA-
VOR!
OB
DU...
... ES
SCHAFFST,
MIR BEI DIE-
SER DISTANZ
AUSZUWEI-
CHEN?
DU
NAGANT-
ERSATZ!
NEIN, DAS
SCHAFFE
ICH NICHT!
ZACK
DZZ
DZZ
ABER
ENDEA-
VOR...
... HAT
NOCH
»PROMI-
NENSE
BURN« IN
PETTO,
WENIGS-
TENS ER
MUSS...

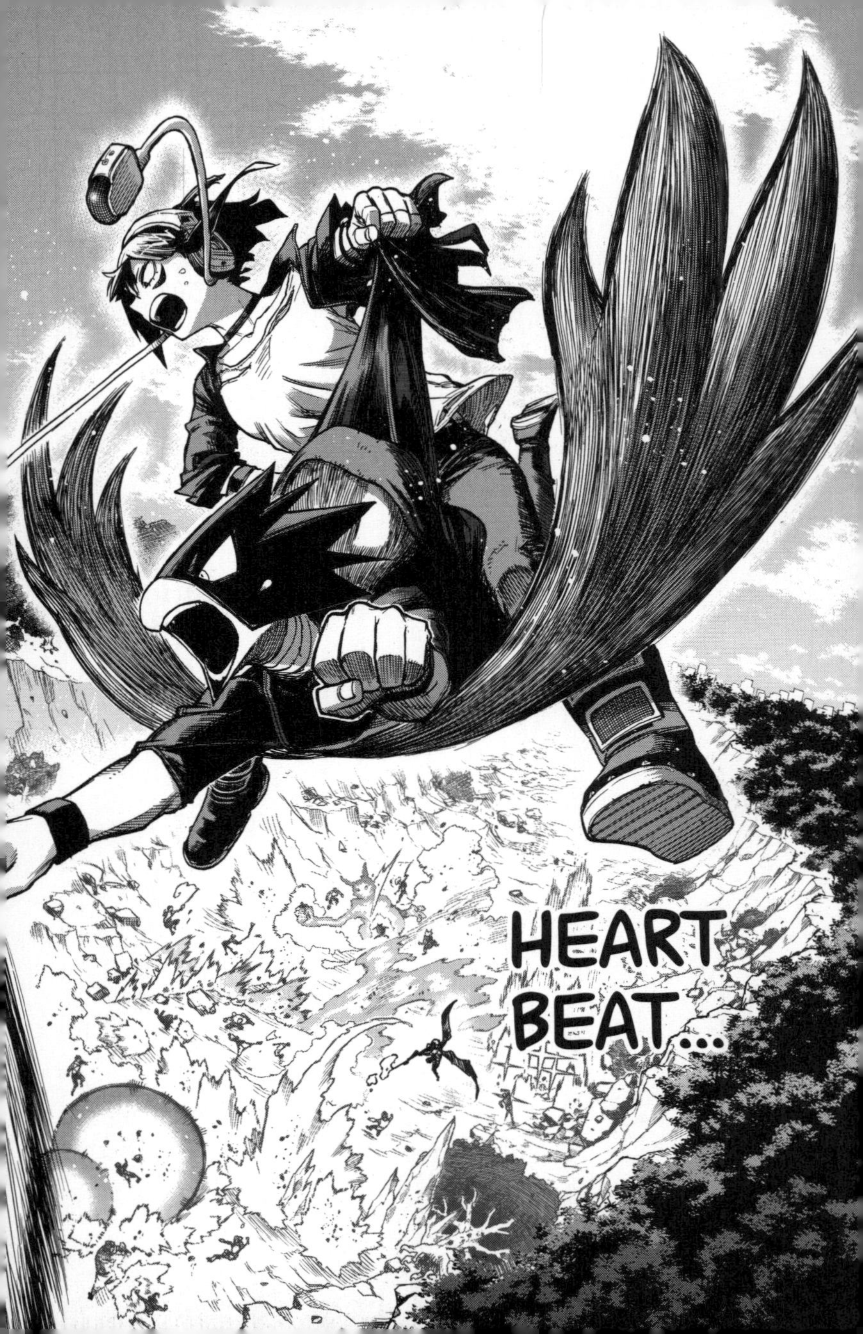
HEART BEAT...

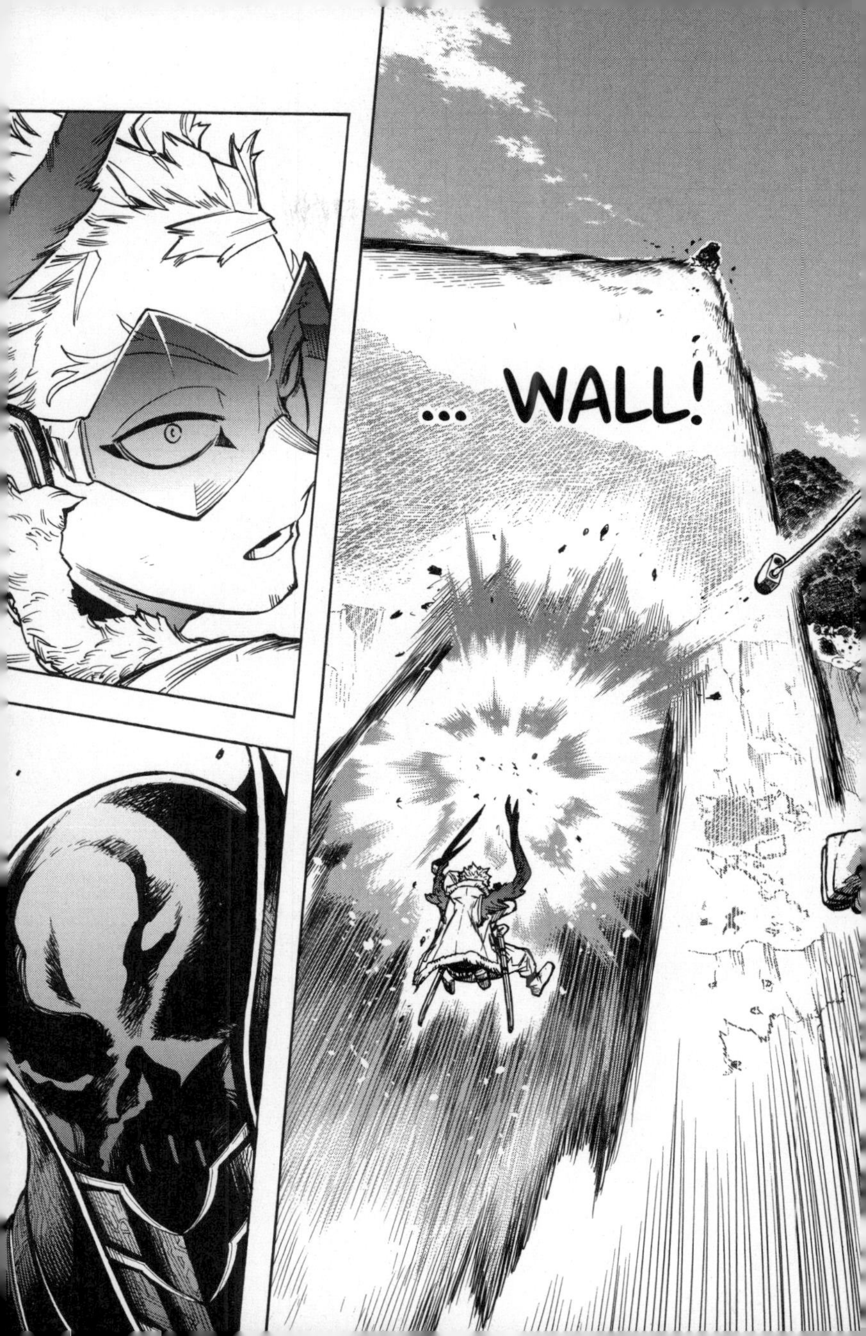
... WALL!

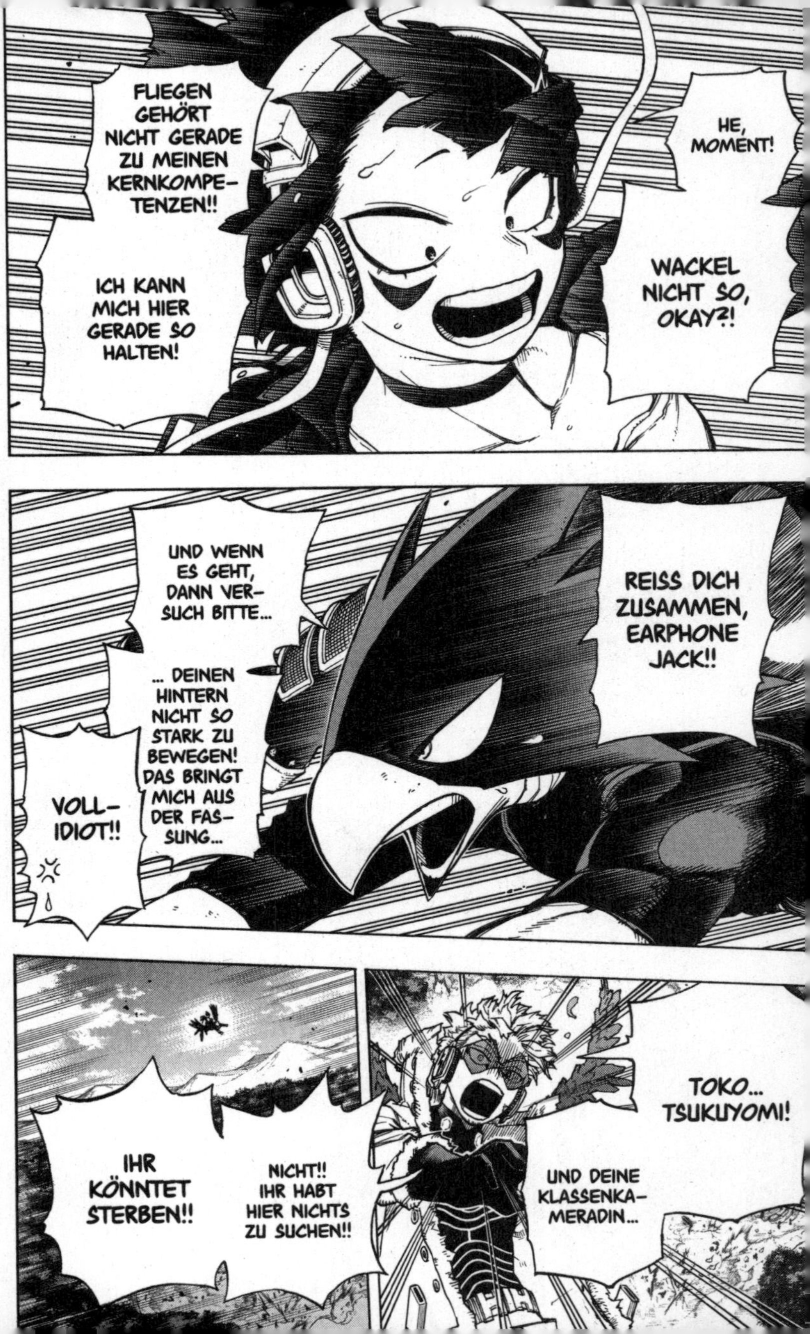

HE, MOMENT!
WACKEL NICHT SO, OKAY?!
FLIEGEN GEHÖRT NICHT GERADE ZU MEINEN KERNKOMPETENZEN!!
ICH KANN MICH HIER GERADE SO HALTEN!
REISS DICH ZUSAMMEN, EARPHONE JACK!!
UND WENN ES GEHT, DANN VERSUCH BITTE...
... DEINEN HINTERN NICHT SO STARK ZU BEWEGEN! DAS BRINGT MICH AUS DER FASSUNG...
VOLLIDIOT!!
TOKO... TSUKUYOMI!
UND DEINE KLASSENKAMERADIN...
NICHT!! IHR HABT HIER NICHTS ZU SUCHEN!!
IHR KÖNNTET STERBEN!!

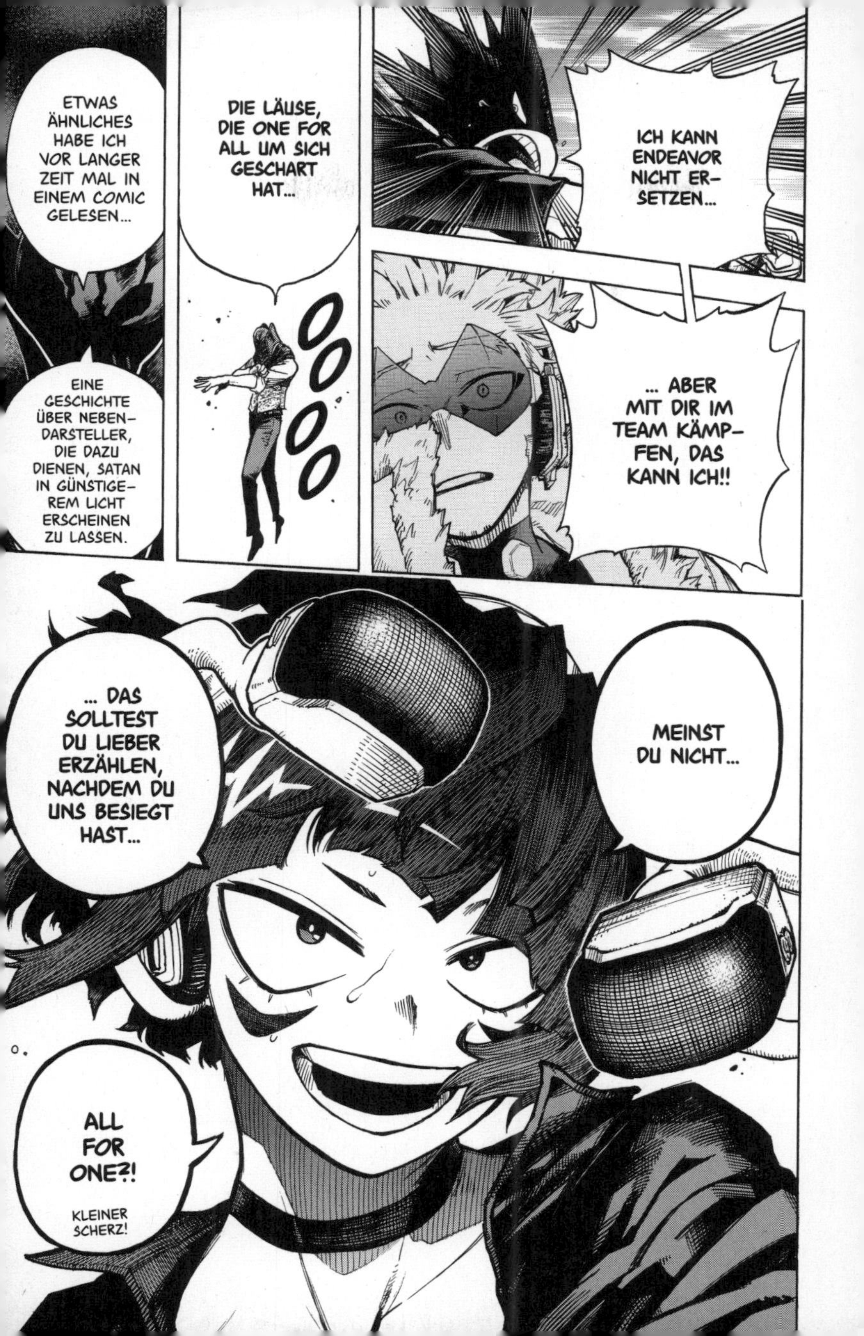
ICH KANN ENDEAVOR NICHT ERSETZEN...
... ABER MIT DIR IM TEAM KÄMPFEN, DAS KANN ICH!!
DIE LÄUSE, DIE ONE FOR ALL UM SICH GESCHART HAT...
ETWAS ÄHNLICHES HABE ICH VOR LANGER ZEIT MAL IN EINEM COMIC GELESEN...
EINE GESCHICHTE ÜBER NEBENDARSTELLER, DIE DAZU DIENEN, SATAN IN GÜNSTIGEREM LICHT ERSCHEINEN ZU LASSEN.
MEINST DU NICHT...
... DAS SOLLTEST DU LIEBER ERZÄHLEN, NACHDEM DU UNS BESIEGT HAST...
ALL FOR ONE?!
KLEINER SCHERZ!

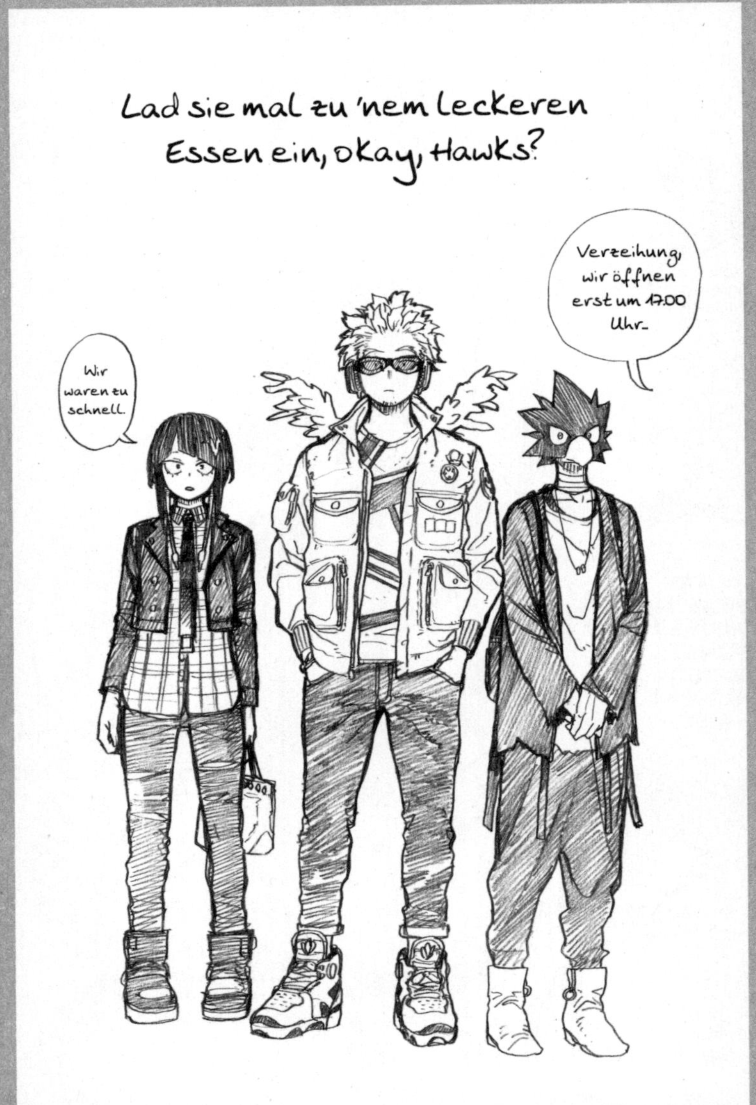
Lad sie mal zu 'nem leckeren Essen ein, okay, Hawks?
Verzeihung, wir öffnen erst um 17.00 Uhr.
Wir waren zu schnell.

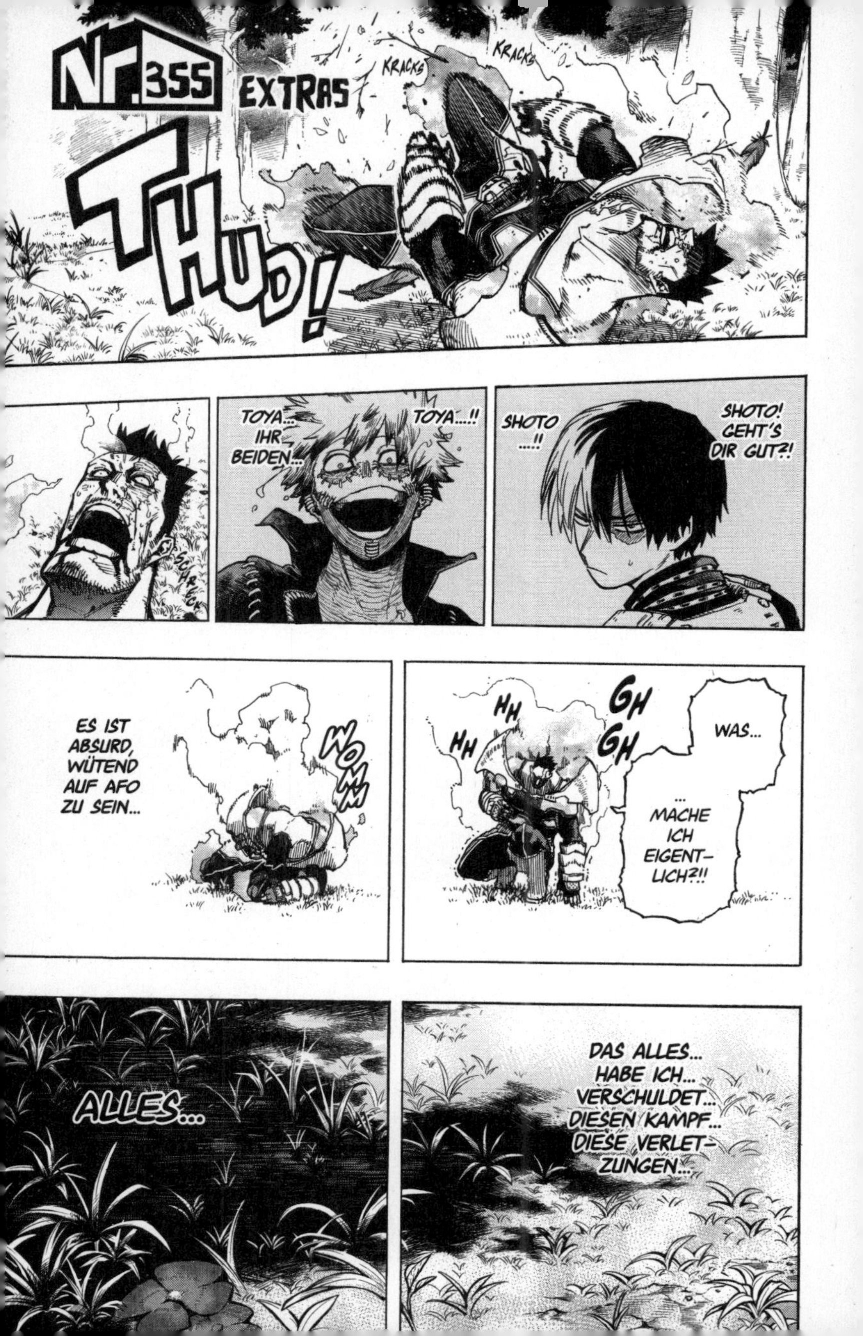

NR. 355 EXTRAS
KRACKS
KRACKS
THUD!
SHOTO! GEHT'S DIR GUT?!
SHOTO ...!!
TOYA...!!
TOYA... IHR BEIDEN...
SCHRECK
WAS...
... MACHE ICH EIGENT-LICH?!!
GH GH
HH HH
WOMM
ES IST ABSURD, WÜTEND AUF AFO ZU SEIN...
DAS ALLES... HABE ICH... VERSCHULDET... DIESEN KAMPF... DIESE VERLET-ZUNGEN...
ALLES...

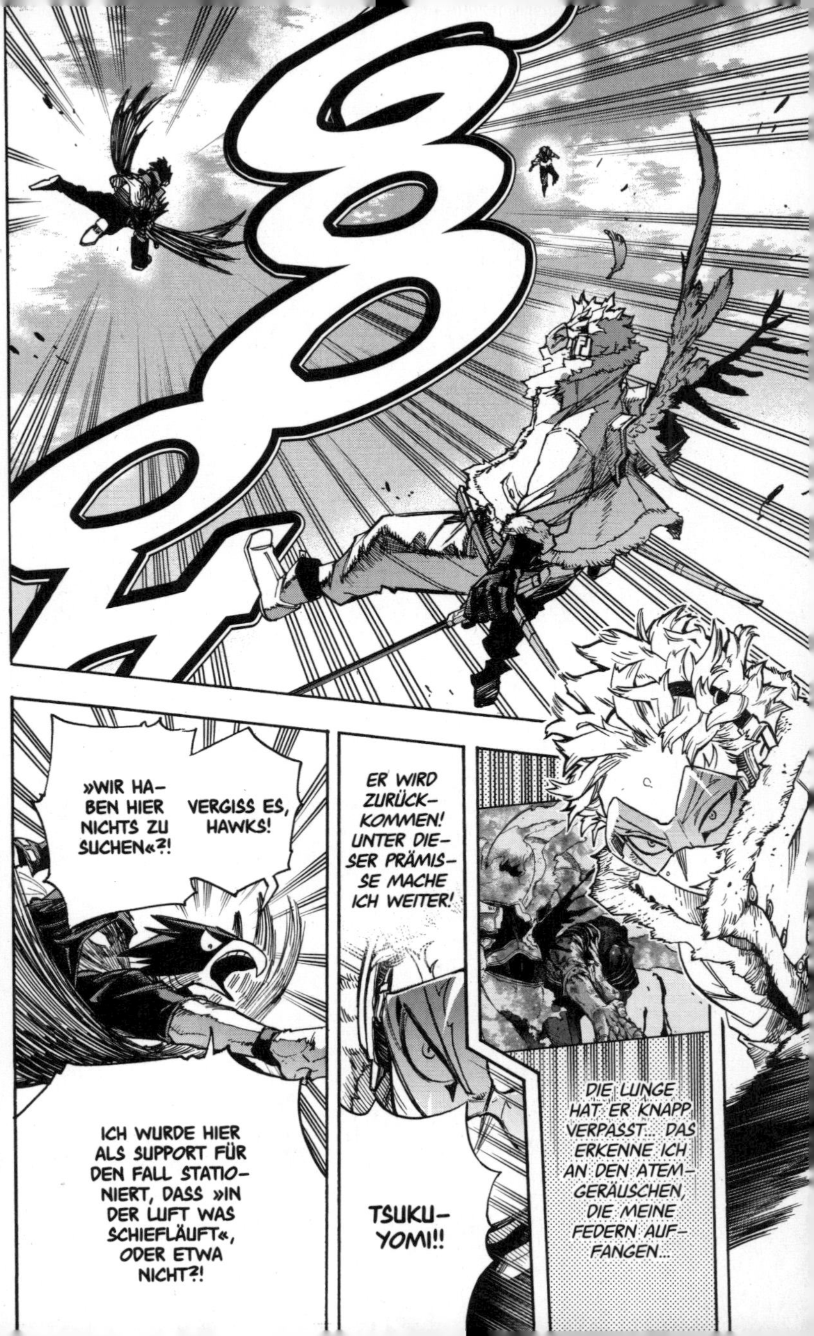

ER WIRD ZURÜCK-KOMMEN! UNTER DIE-SER PRÄMIS-SE MACHE ICH WEITER!
VERGISS ES, HAWKS!
»WIR HA-BEN HIER NICHTS ZU SUCHEN«?!
DIE LUNGE HAT ER KNAPP VERPASST... DAS ERKENNE ICH AN DEN ATEM-GERÄUSCHEN, DIE MEINE FEDERN AUF-FANGEN...
TSUKU-YOMI!!
ICH WURDE HIER ALS SUPPORT FÜR DEN FALL STATIO-NIERT, DASS »IN DER LUFT WAS SCHIEFLÄUFT«, ODER ETWA NICHT?!

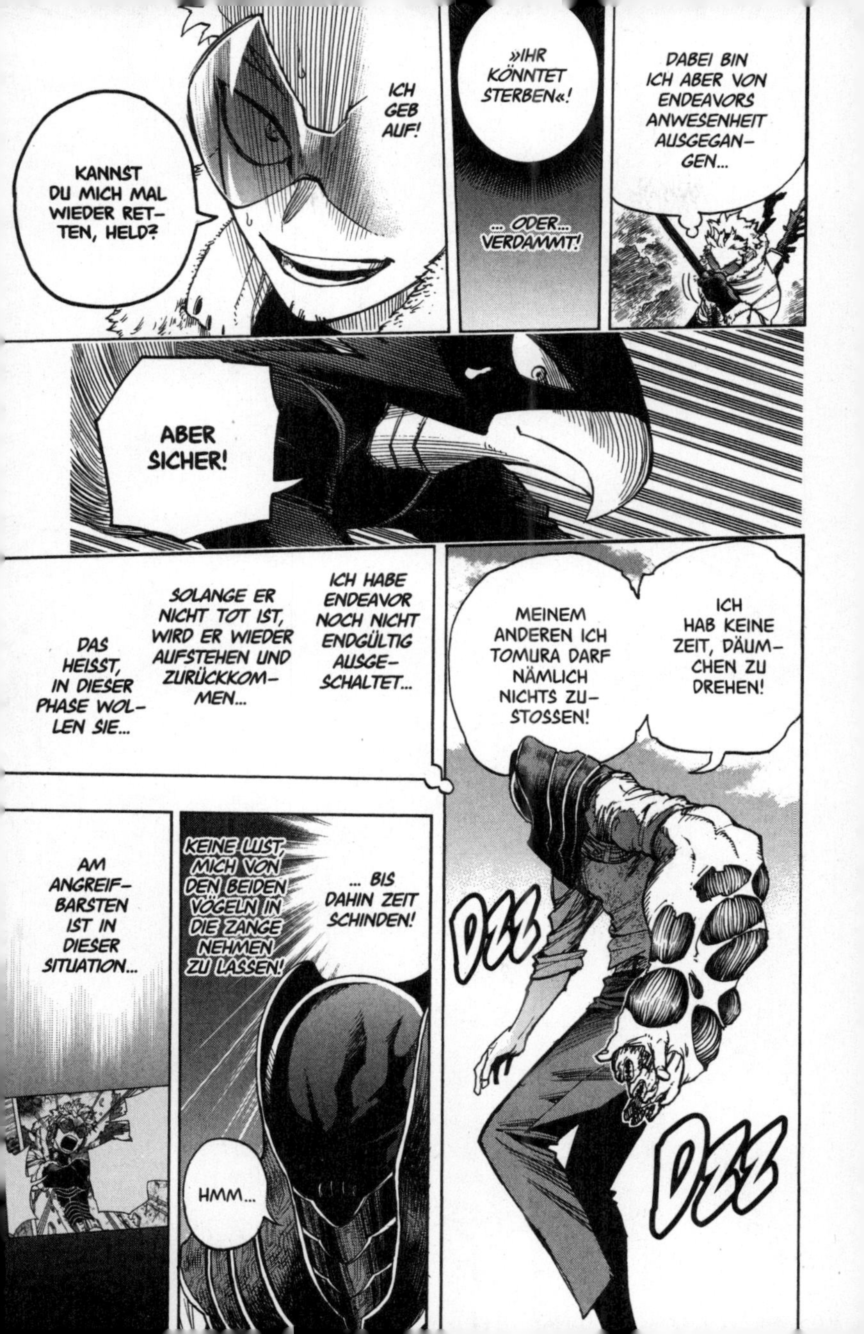
DABEI BIN ICH ABER VON ENDEAVORS ANWESENHEIT AUSGEGAN-GEN...
»IHR KÖNNTET STERBEN«!
... ODER... VERDAMMT!
ICH GEB AUF!
KANNST DU MICH MAL WIEDER RET-TEN, HELD?
ABER SICHER!
ICH HAB KEINE ZEIT, DÄUM-CHEN ZU DREHEN!
MEINEM ANDEREN ICH TOMURA DARF NÄMLICH NICHTS ZU-STOSSEN!
ICH HABE ENDEAVOR NOCH NICHT ENDGÜLTIG AUSGE-SCHALTET...
SOLANGE ER NICHT TOT IST, WIRD ER WIEDER AUFSTEHEN UND ZURÜCKKOM-MEN...
DAS HEISST, IN DIESER PHASE WOL-LEN SIE...
DZZ
DZZ
... BIS DAHIN ZEIT SCHINDEN!
KEINE LUST, MICH VON DEN BEIDEN VÖGELN IN DIE ZANGE NEHMEN ZU LASSEN!
AM ANGREIF-BARSTEN IST IN DIESER SITUATION...
HMM...

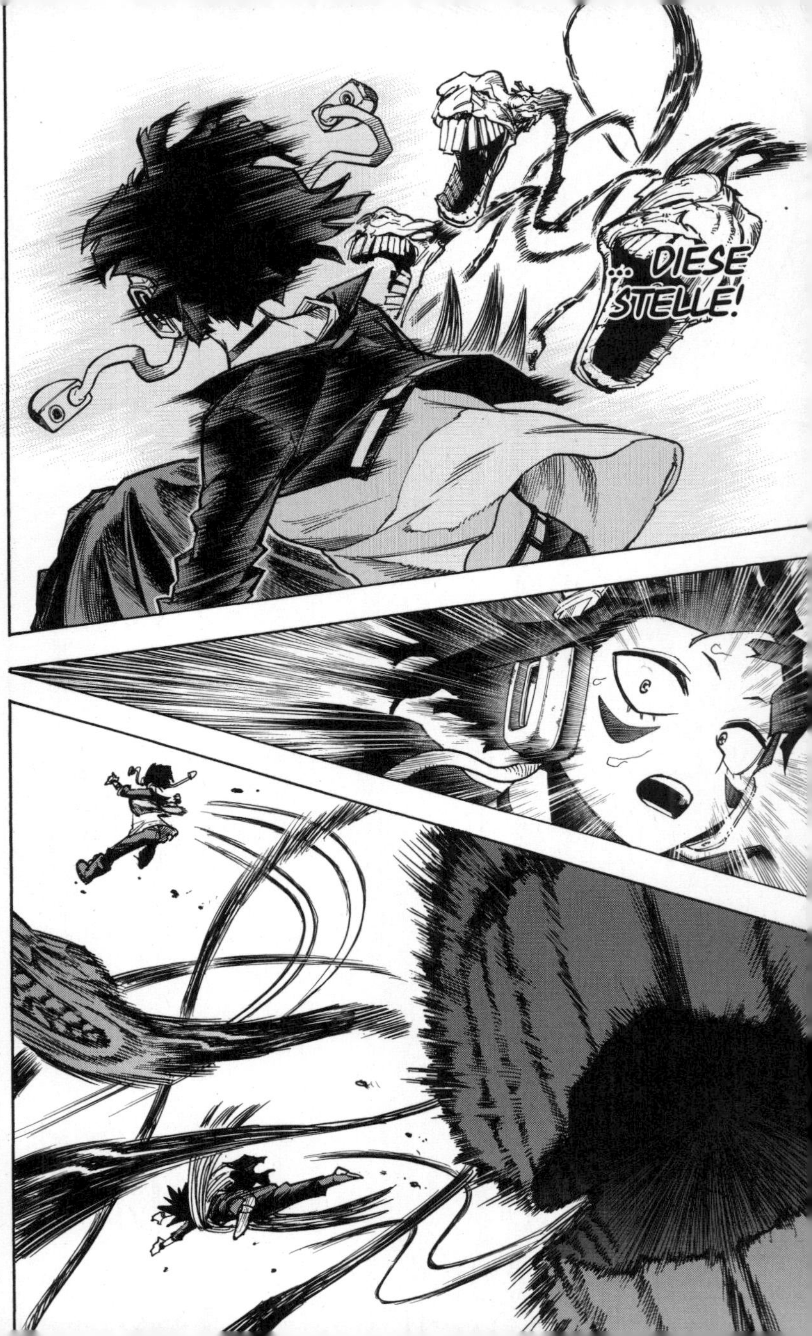
... DIESE STELLE!

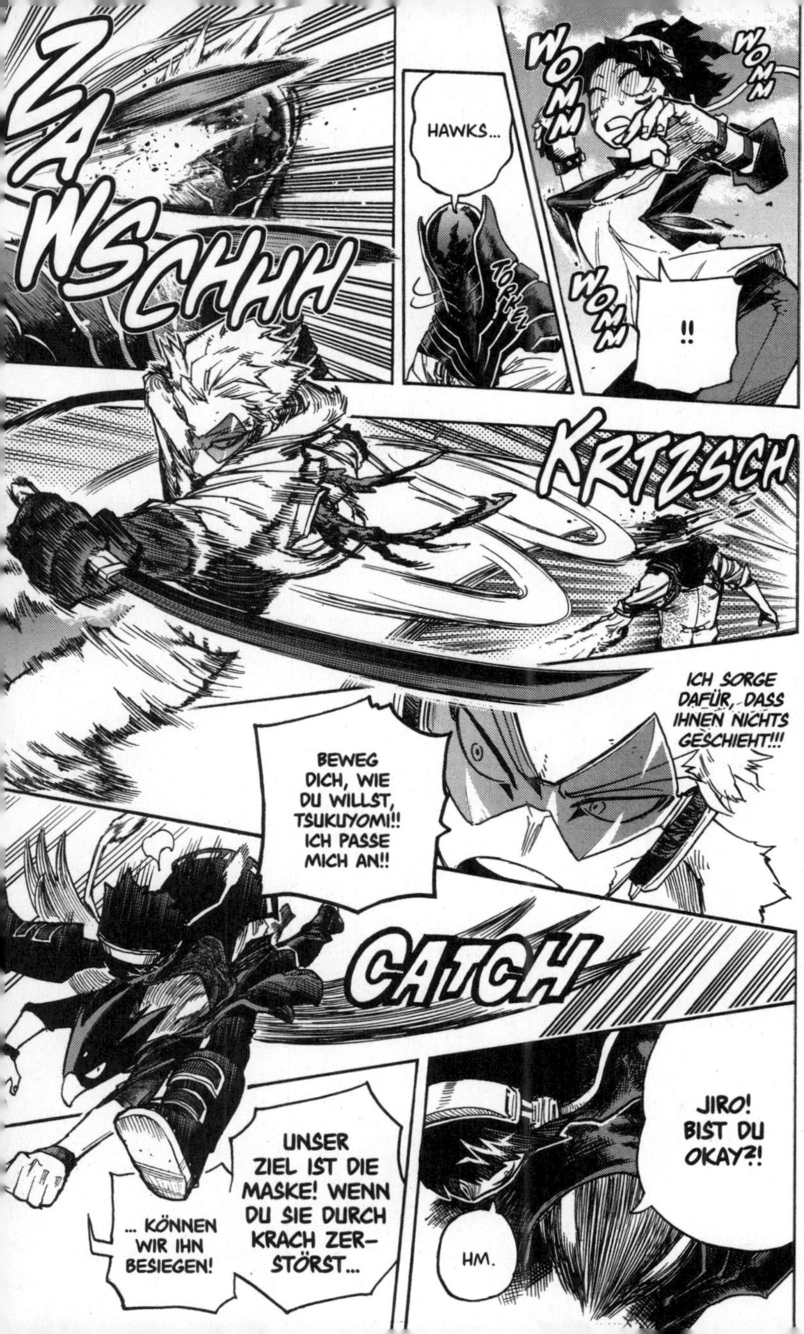

ZAWSCHHH
HAWKS...
TORKEL
WOMM
WOMM
WOMM
!!
KRTZSCH
ICH SORGE DAFÜR, DASS IHNEN NICHTS GESCHIEHT!!!
BEWEG DICH, WIE DU WILLST, TSUKUYOMI!! ICH PASSE MICH AN!!
CATCH
UNSER ZIEL IST DIE MASKE! WENN DU SIE DURCH KRACH ZER-STÖRST...
... KÖNNEN WIR IHN BESIEGEN!
JIRO! BIST DU OKAY?!
HM.

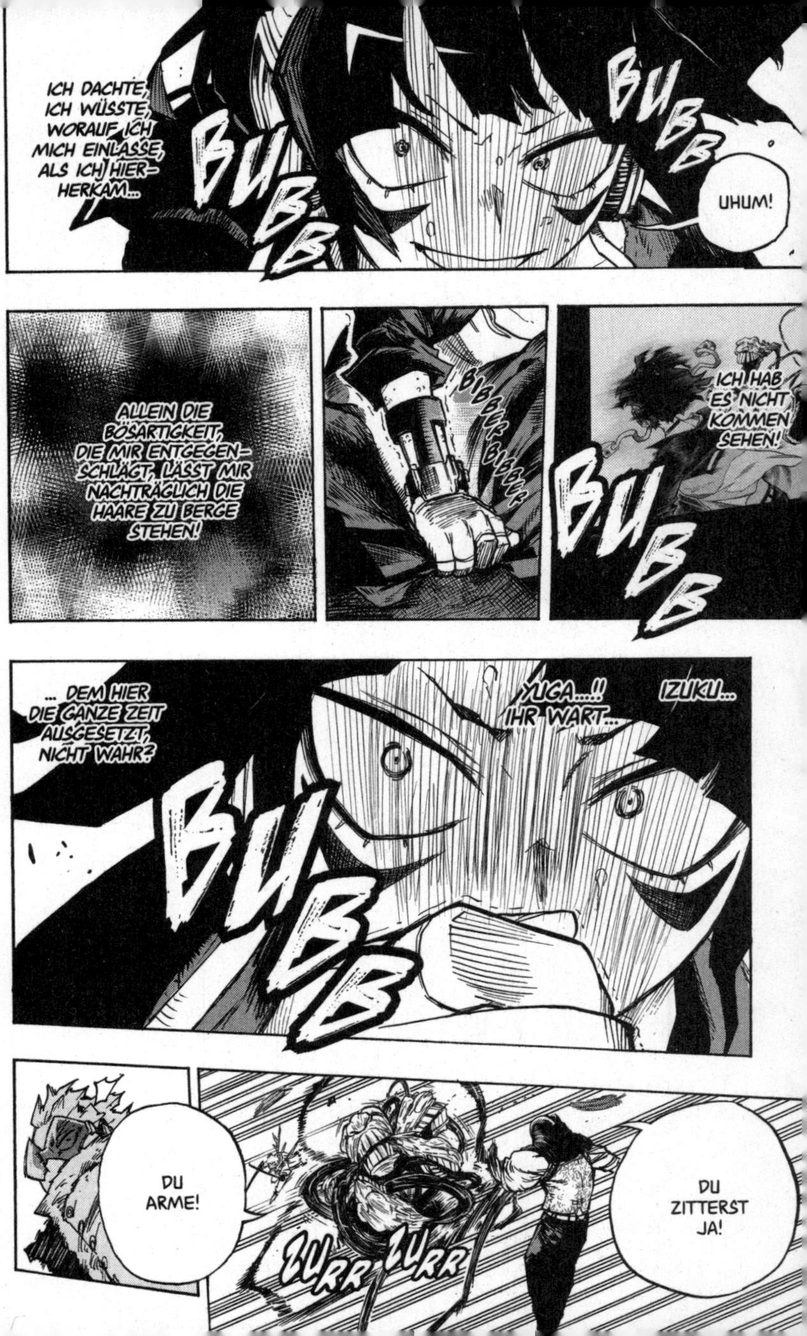

ICH DACHTE, ICH WÜSSTE, WORAUF ICH MICH EINLASSE, ALS ICH HIERHERKAM...
BUBBB
BUBBB
UHUM!
ALLEIN DIE BÖSARTIGKEIT, DIE MIR ENTGEGENSCHLÄGT, LÄSST MIR NACHTRÄGLICH DIE HAARE ZU BERGE STEHEN!
BIBBER BIBBER
ICH HAB ES NICHT KOMMEN SEHEN!
BUBBB
... DEM HIER DIE GANZE ZEIT AUSGESETZT, NICHT WAHR?
YUGA...!! IHR WART...
IZUKU...
BUBBB
DU ARME!
DU ZITTERST JA!
ZURR ZURR

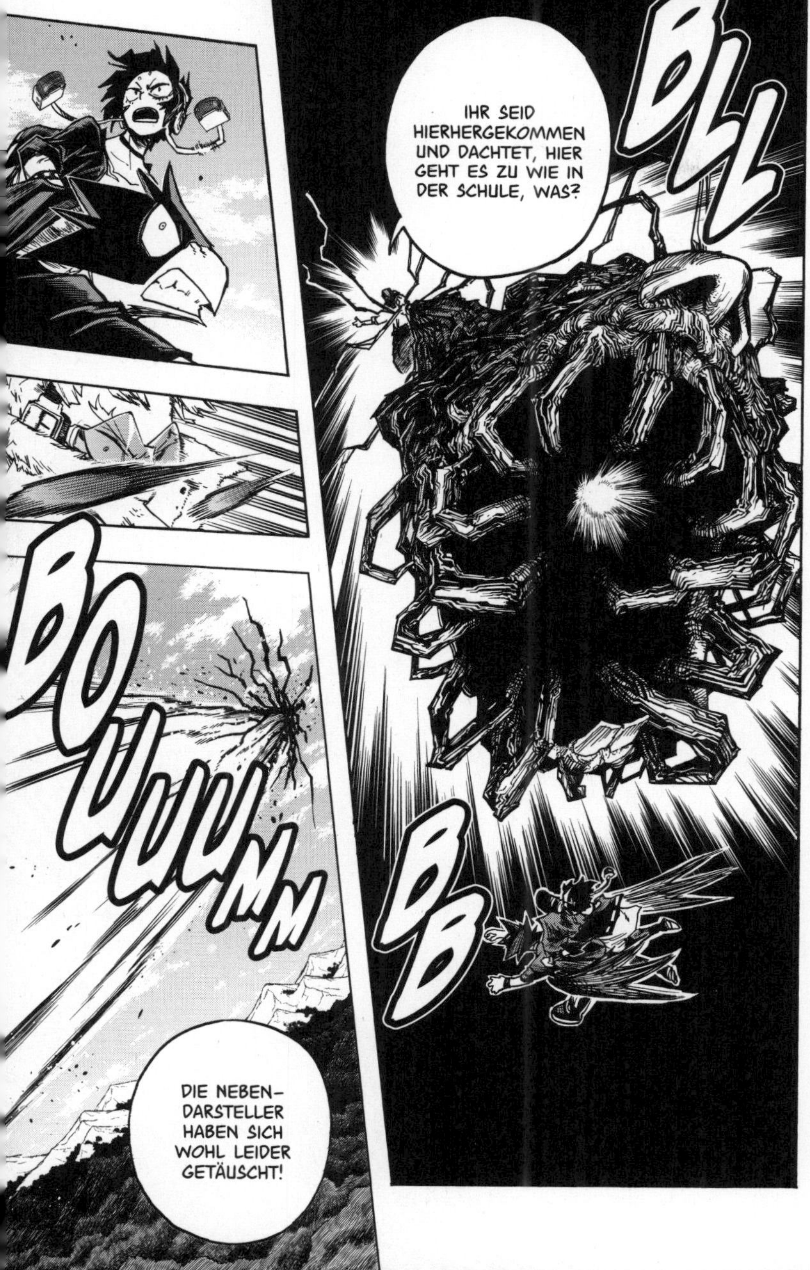
IHR SEID HIERHERGEKOMMEN UND DACHTET, HIER GEHT ES ZU WIE IN DER SCHULE, WAS?
BOUUUMM
DIE NEBEN-DARSTELLER HABEN SICH WOHL LEIDER GETÄUSCHT!

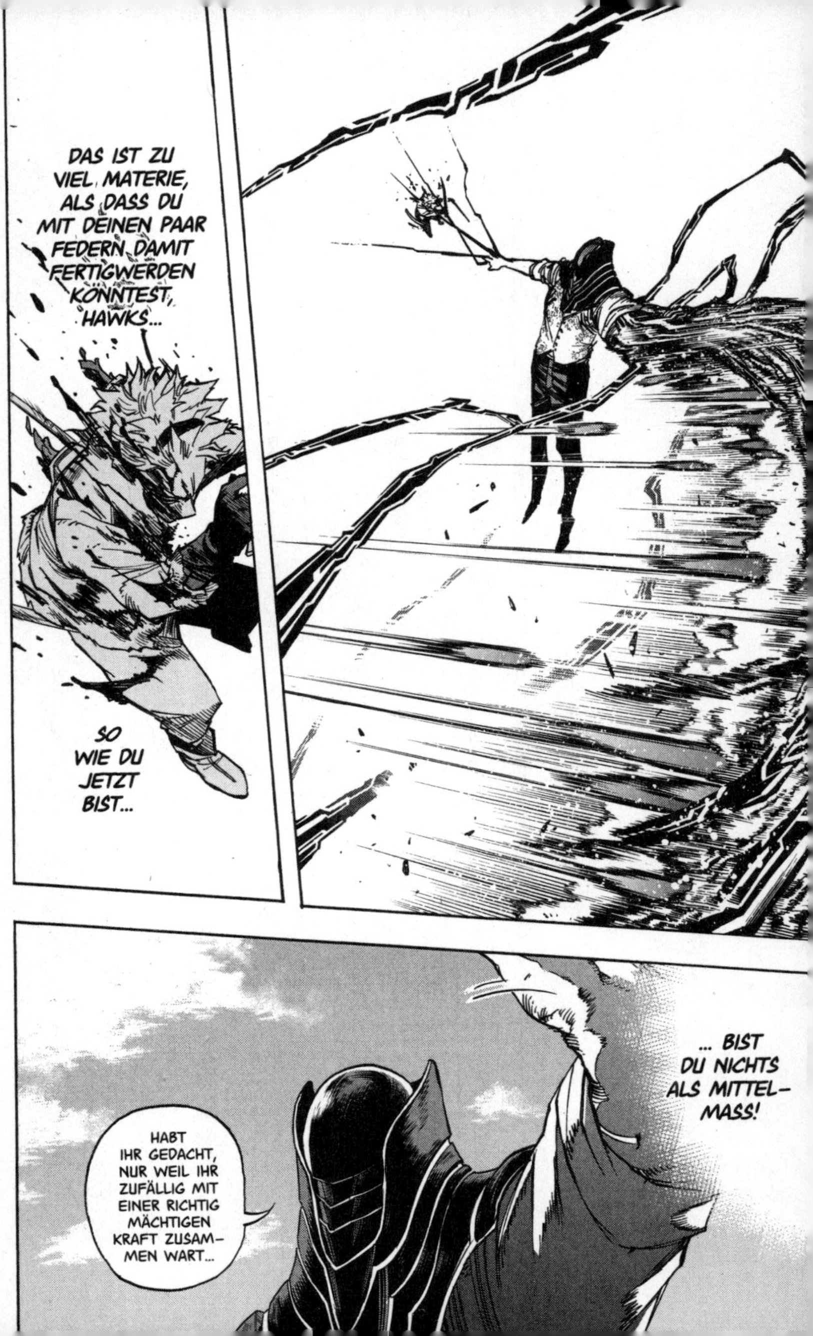
DAS IST ZU VIEL MATERIE, ALS DASS DU MIT DEINEN PAAR FEDERN DAMIT FERTIGWERDEN KÖNNTEST, HAWKS...
SO WIE DU JETZT BIST...
... BIST DU NICHTS ALS MITTEL-MASS!
HABT IHR GEDACHT, NUR WEIL IHR ZUFÄLLIG MIT EINER RICHTIG MÄCHTIGEN KRAFT ZUSAM-MEN WART...

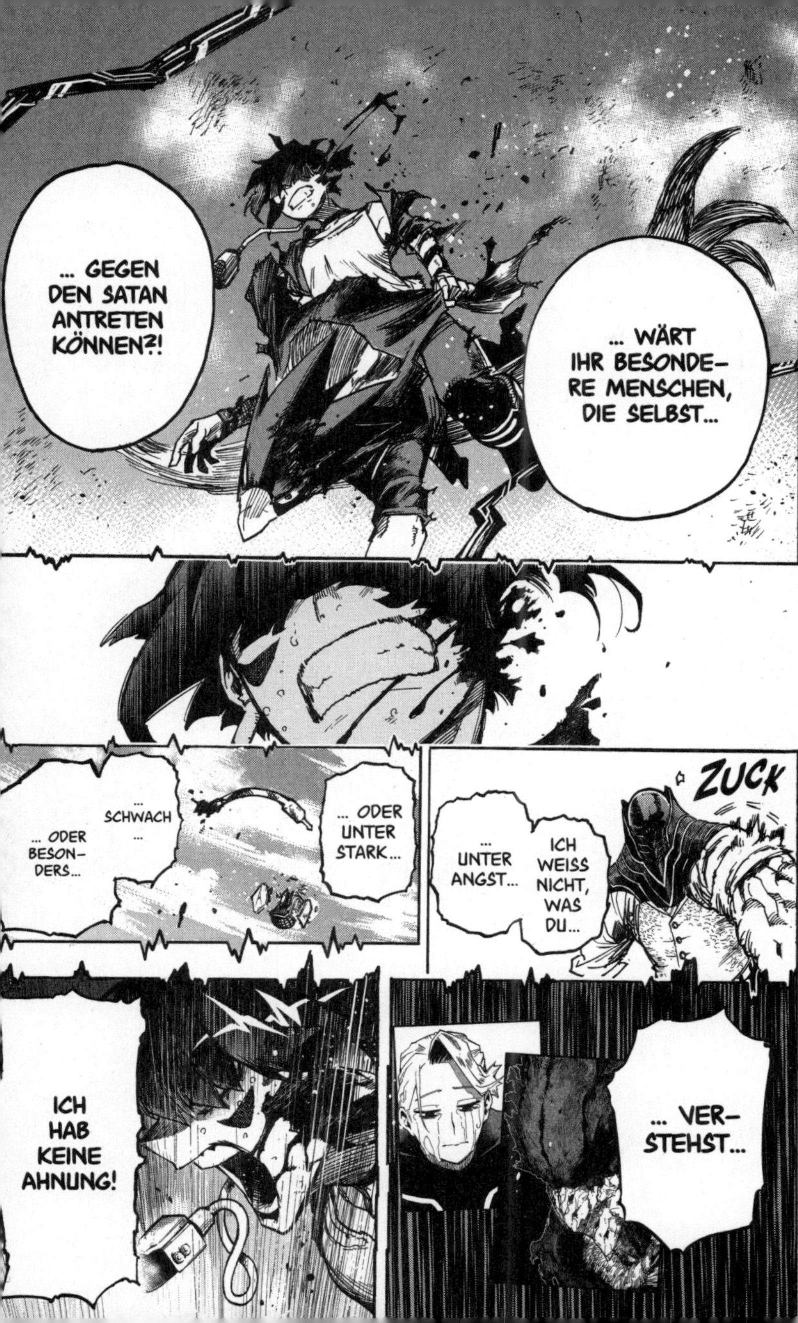
... WÄRT IHR BESONDE-RE MENSCHEN, DIE SELBST...
... GEGEN DEN SATAN ANTRETEN KÖNNEN?!
ZUCK
ICH WEISS NICHT, WAS DU...
... UNTER ANGST...
... ODER UNTER STARK...
... SCHWACH ...
... ODER BESON-DERS...
... VER-STEHST...
ICH HAB KEINE AHNUNG!

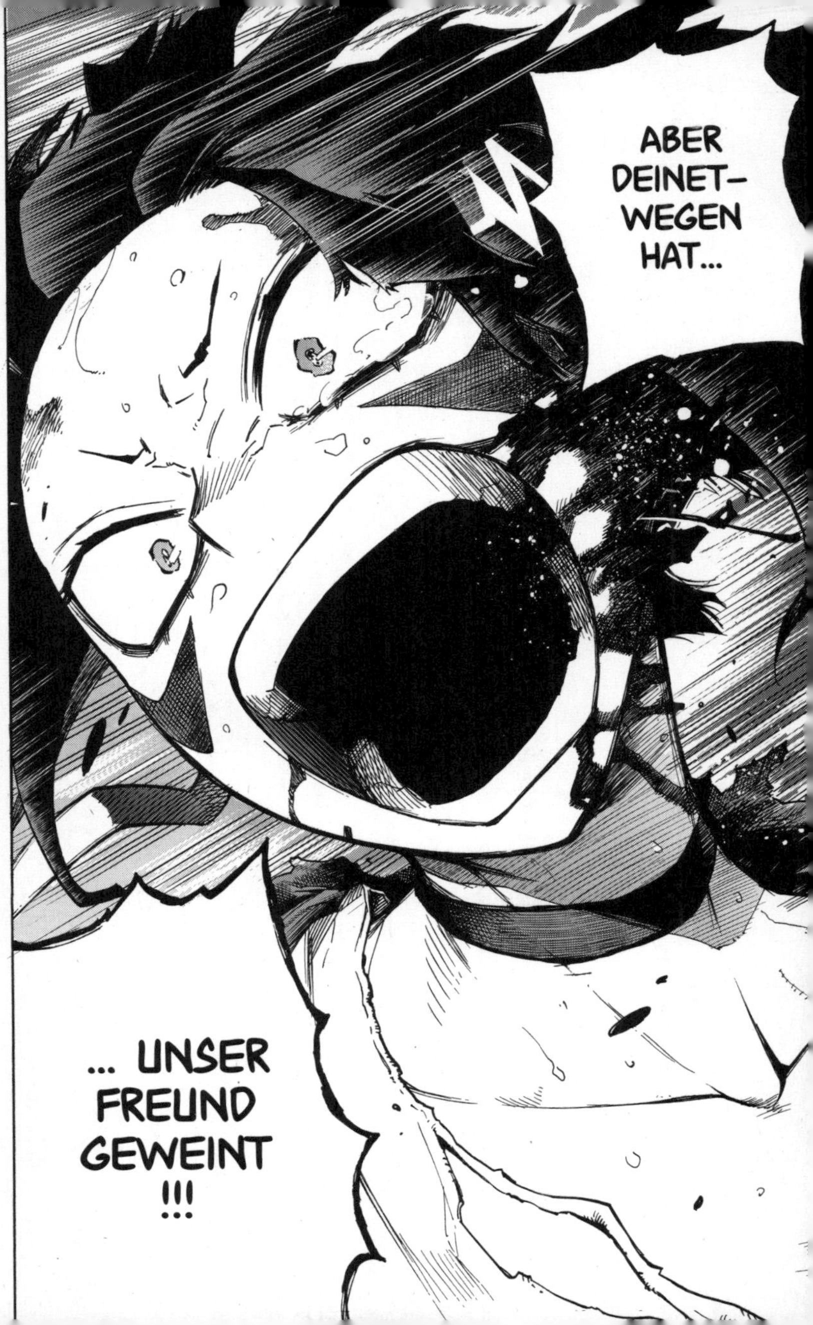
ABER DEINET-WEGEN HAT...
... UNSER FREUND GEWEINT !!!

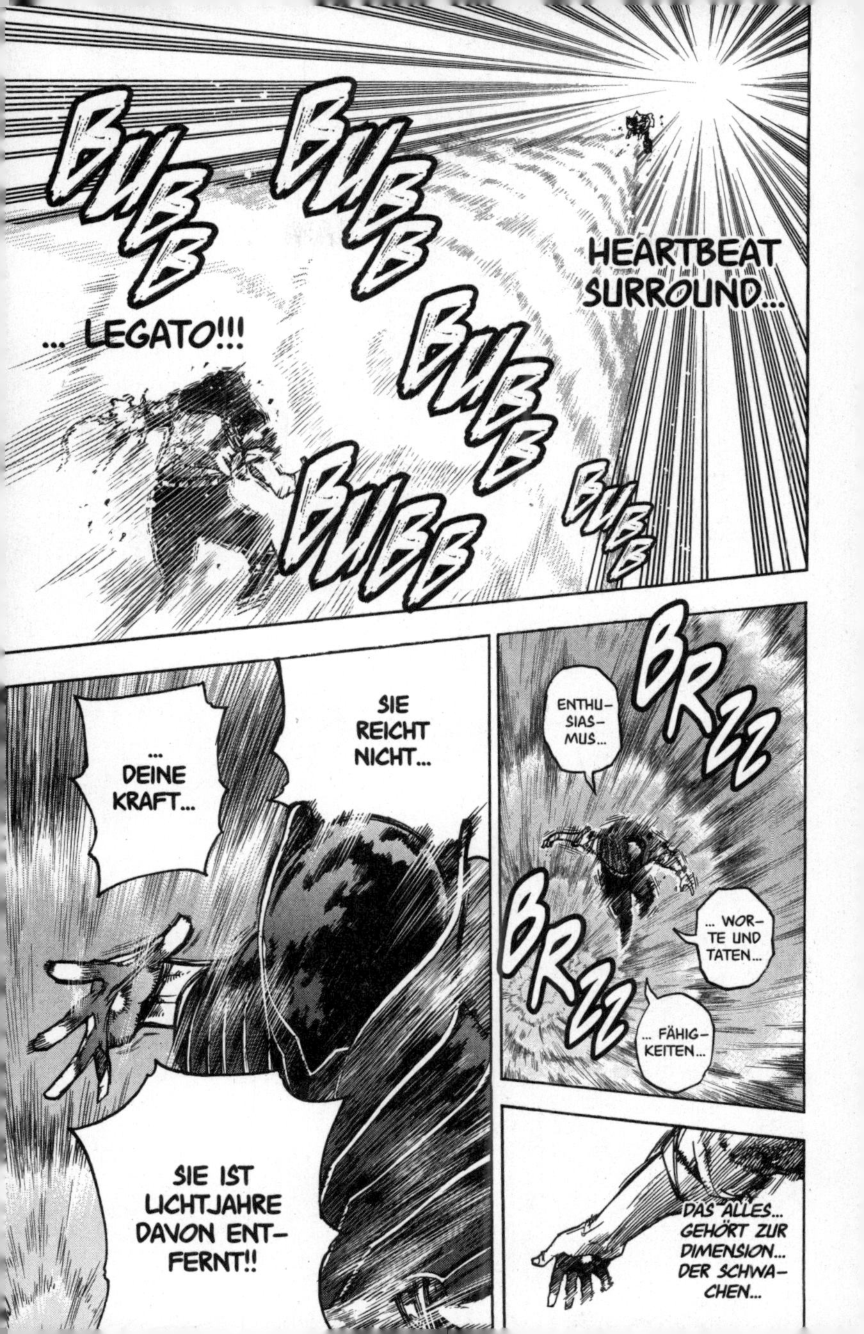
HEARTBEAT SURROUND...
... LEGATO!!!
BUBB BUBB BUBB BUBB BUBB BUBB
BRZZ
ENTHUSIASMUS...
BRZZ
... WORTE UND TATEN...
... FÄHIGKEITEN...
DAS ALLES... GEHÖRT ZUR DIMENSION... DER SCHWACHEN...
... DEINE KRAFT...
SIE REICHT NICHT...
SIE IST LICHTJAHRE DAVON ENTFERNT!!

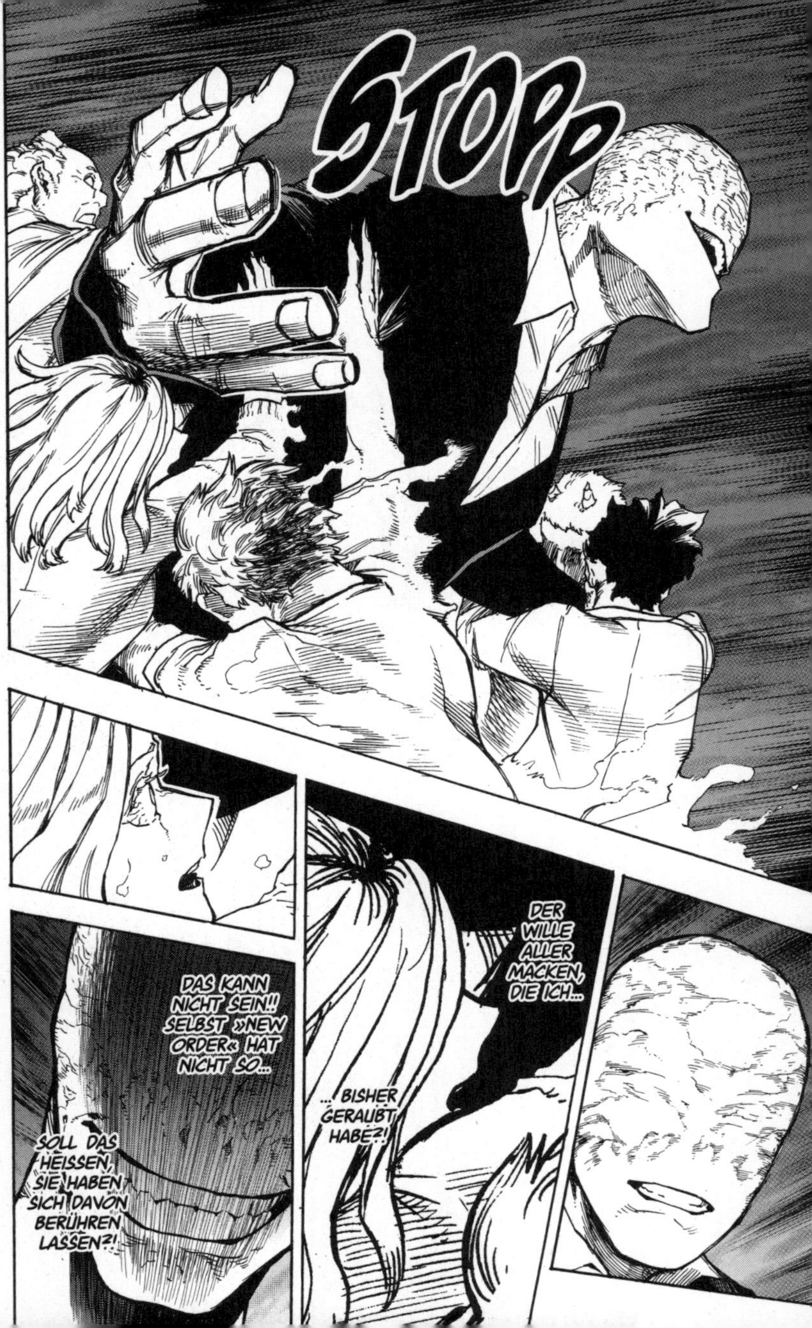
STOPP
DER WILLE ALLER MACKEN, DIE ICH...
... BISHER GERAUBT HABE?!
DAS KANN NICHT SEIN!! SELBST »NEW ORDER« HAT NICHT SO...
SOLL DAS HEISSEN, SIE HABEN SICH DAVON BERÜHREN LASSEN?!

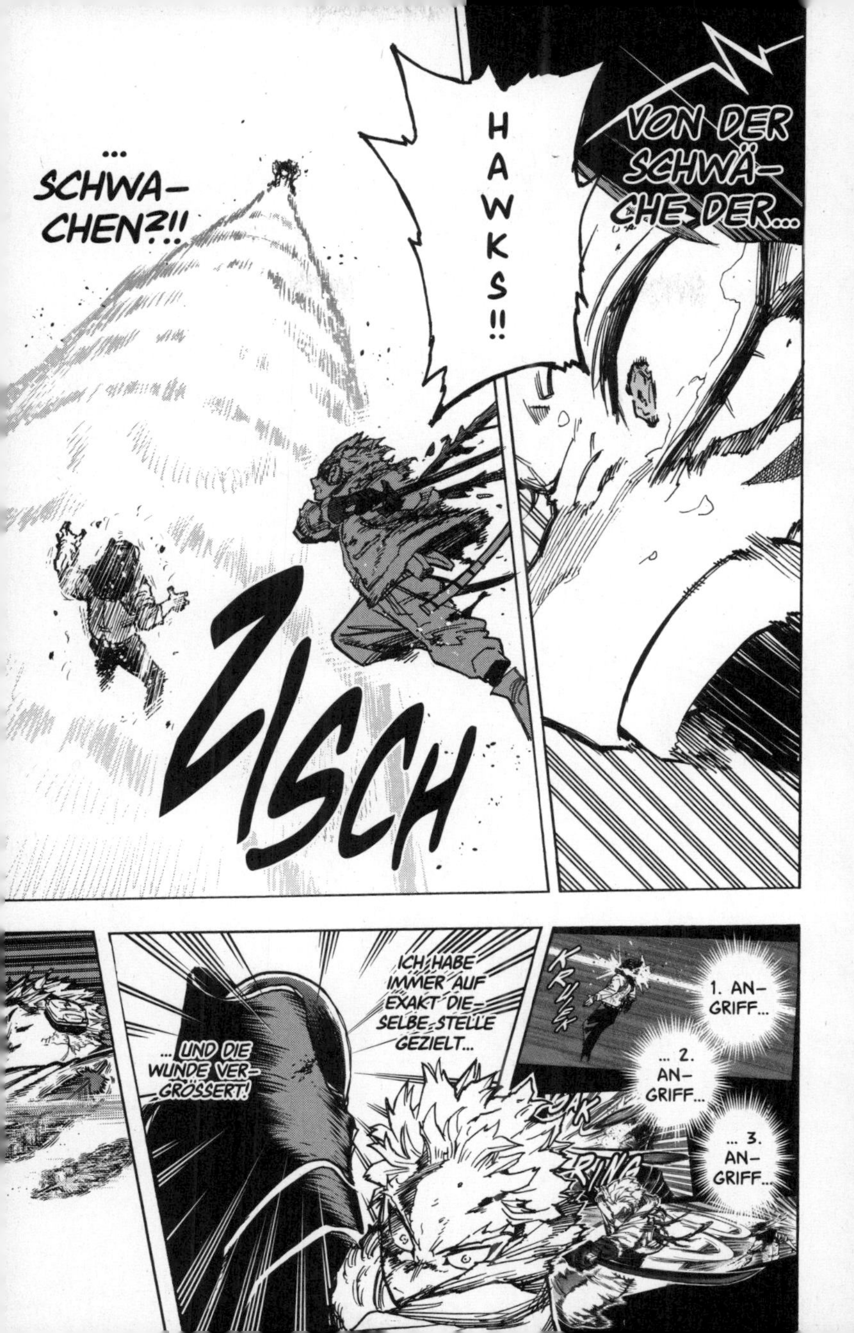
VON DER SCHWÄ-CHE DER...
HAWKS!!
... SCHWA-CHEN?!!
ZISCH
1. AN-GRIFF...
... 2. AN-GRIFF...
... 3. AN-GRIFF...
ICH HABE IMMER AUF EXAKT DIE-SELBE STELLE GEZIELT...
... UND DIE WUNDE VER-GRÖSSERT!

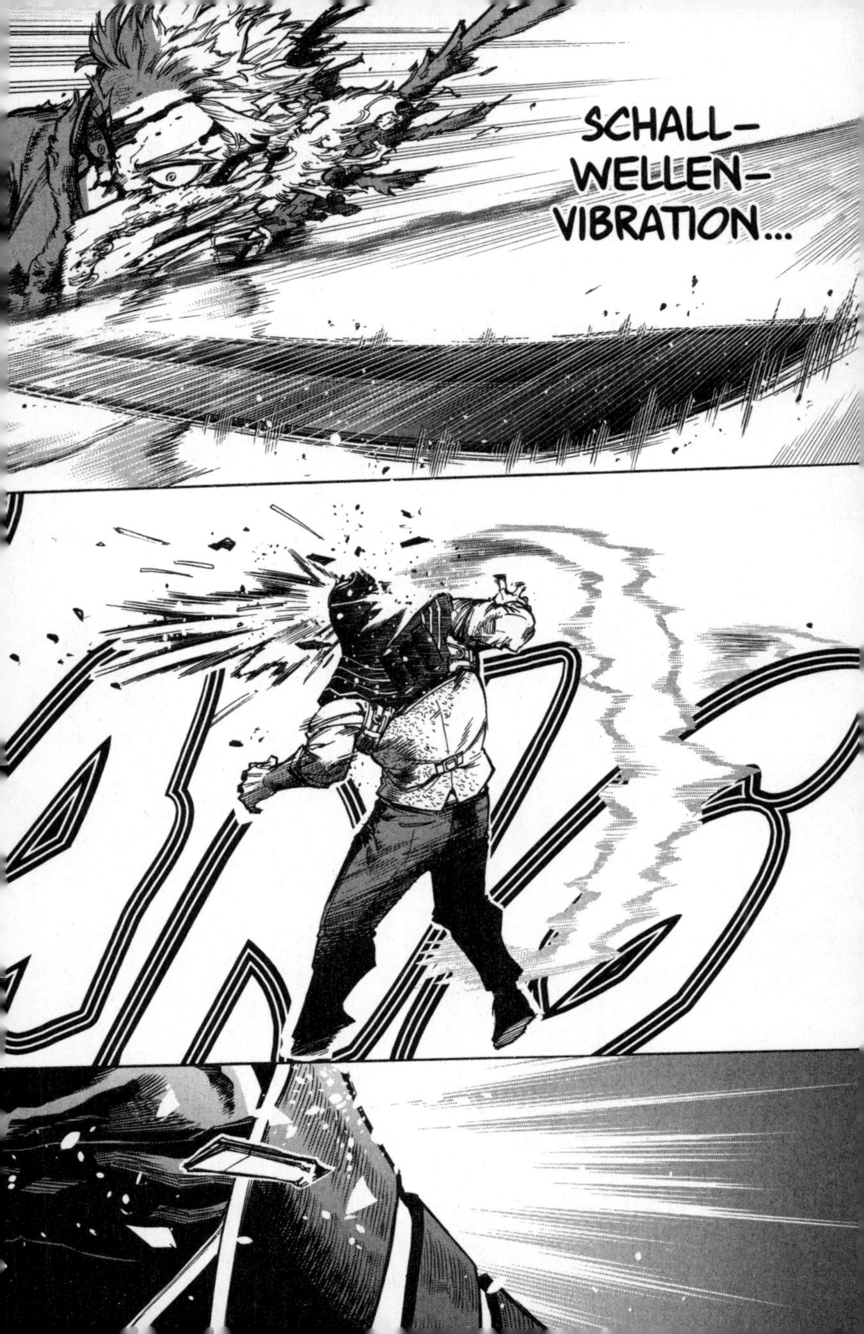
SCHALL-WELLEN-VIBRATION...

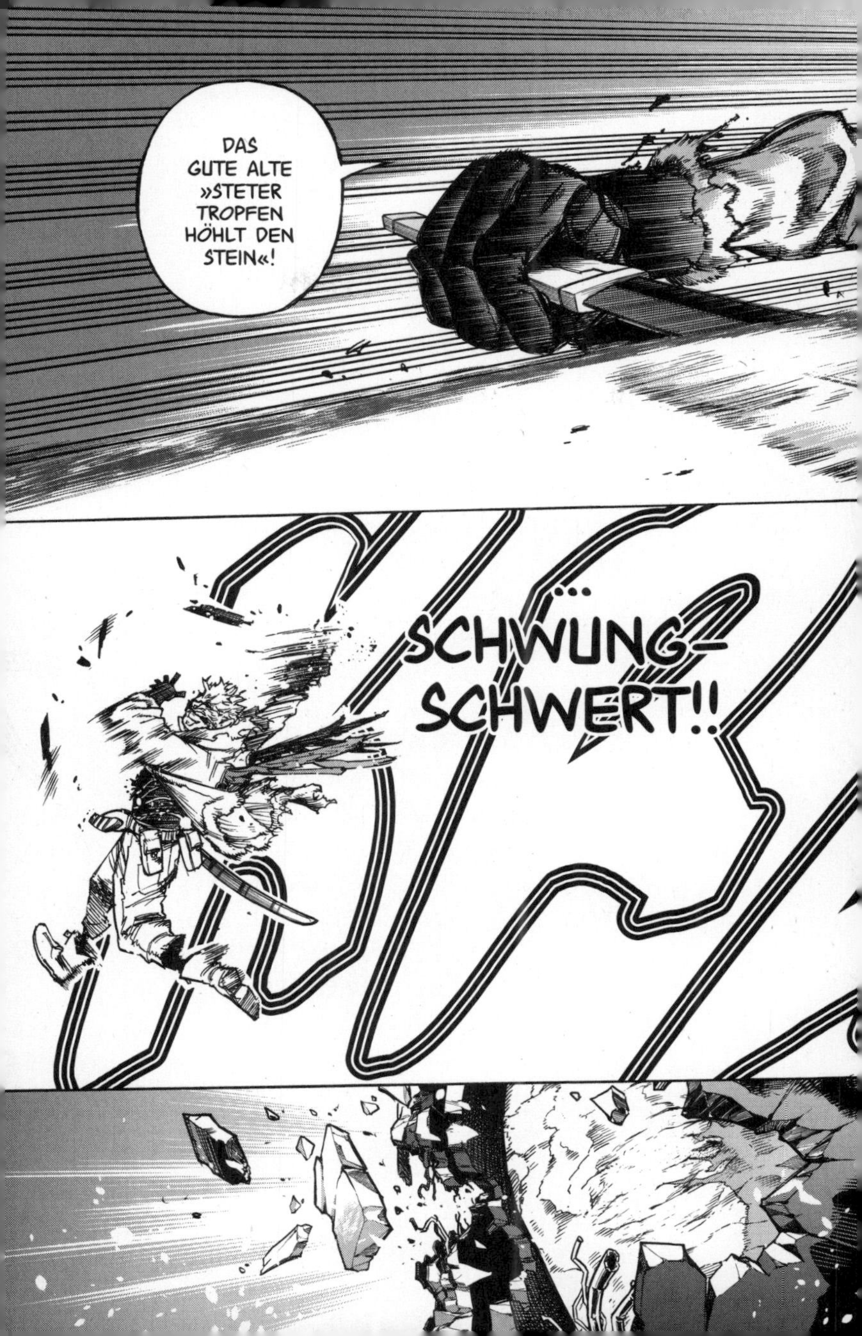
DAS GUTE ALTE »STETER TROPFEN HÖHLT DEN STEIN«!
SCHWUNG-SCHWERT!!

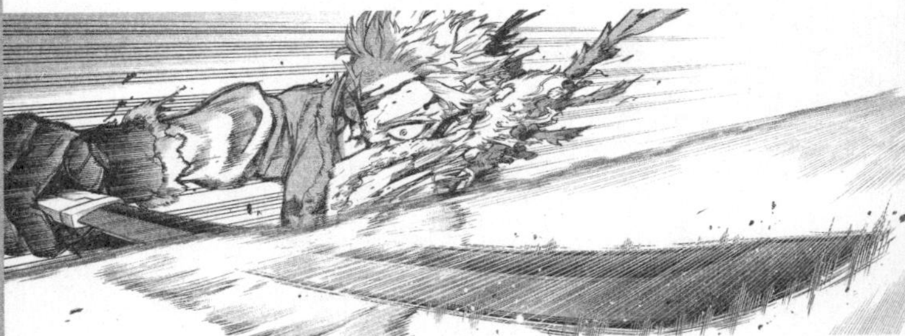

Ist das Vibro-Sword nicht cool?
Es hat mich interessiert, wie sehr sich eine Klinge, die zusätzlich zu ihrer normalen Schärfe noch mittels Vibration schneidet, von anderen unterscheidet, und ich habe mir deshalb einen Ultraschallcutter bestellt, aber der kam erst an, als ich mit dem Zeichnen schon fertig war.

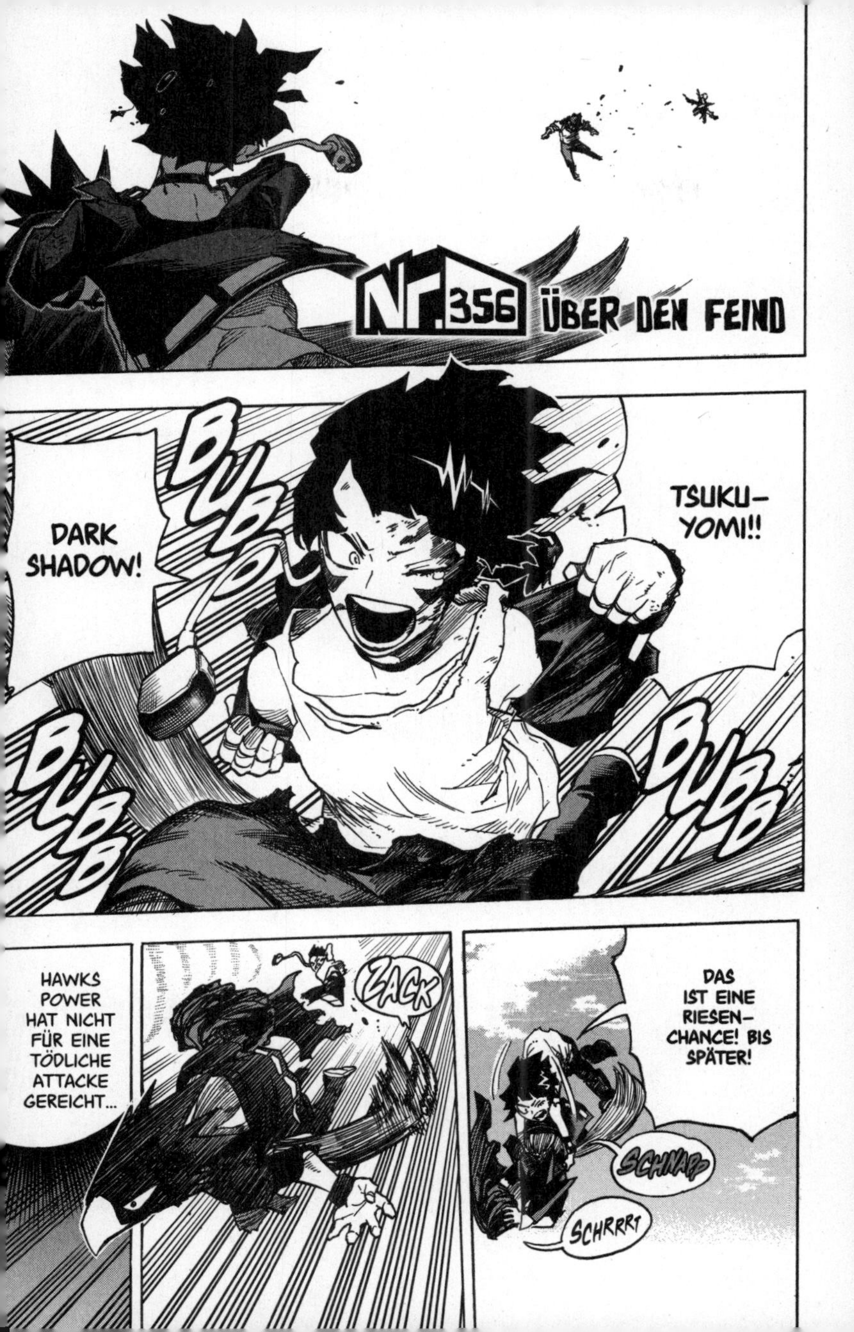
NR. 356 ÜBER DEN FEIND
TSUKU-YOMI!!
BUBB
DARK SHADOW!
BUBB
BUBB
DAS IST EINE RIESEN-CHANCE! BIS SPÄTER!
SCHNAPP
SCHRRRT
ZACK
HAWKS POWER HAT NICHT FÜR EINE TÖDLICHE ATTACKE GEREICHT...

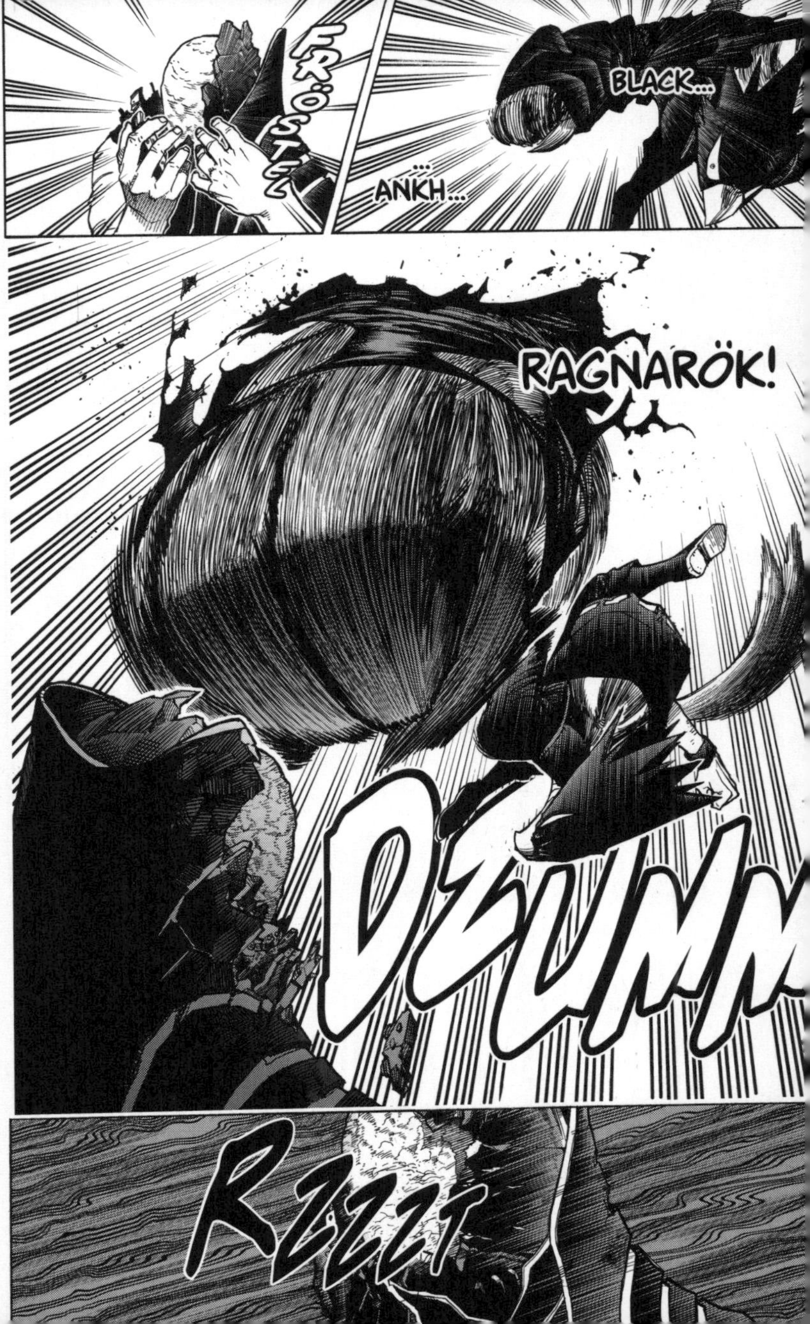
BLACK...
...ANKH...
FRÖSTEL
RAGNARÖK!
DZUMM
RZZZT

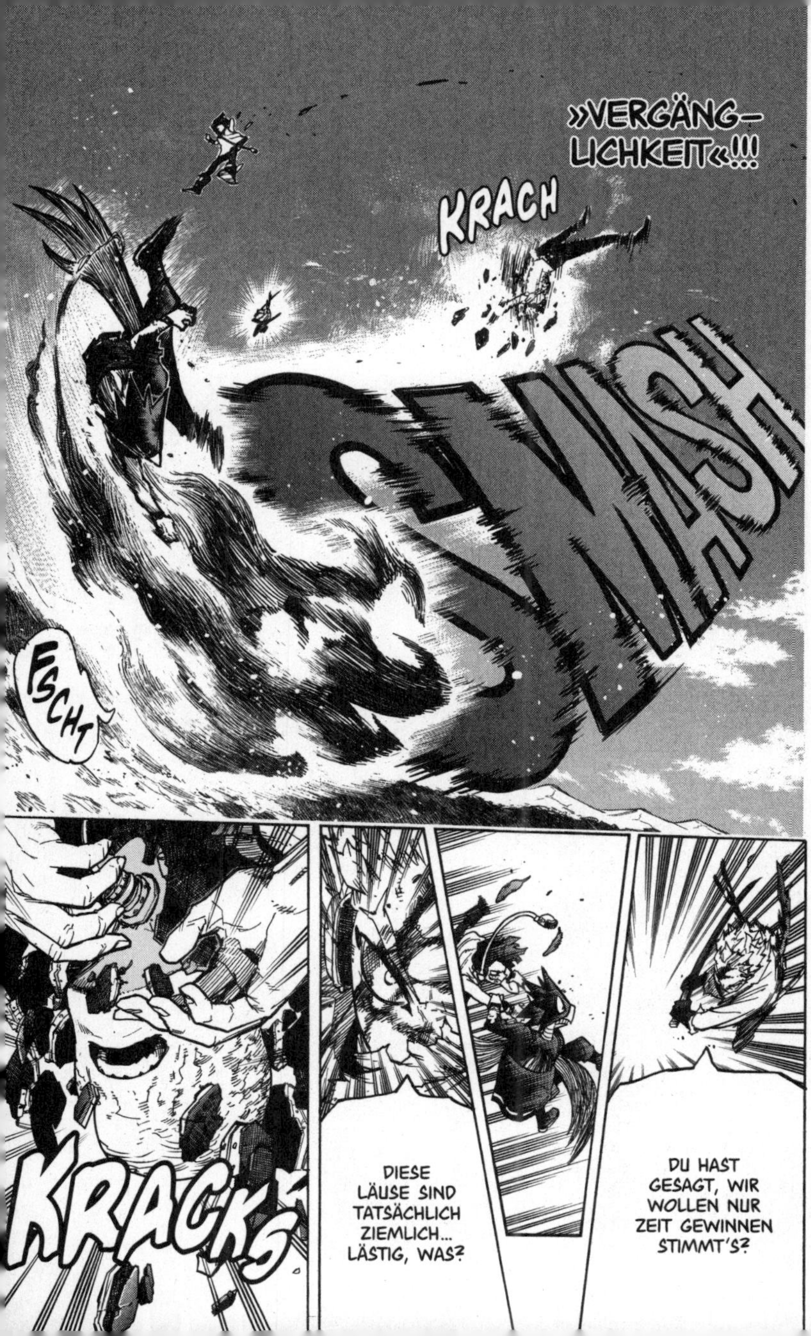
»VERGÄNG-
LICHKEIT«!!!
KRACH
SMASH
FSCHT
DU HAST
GESAGT, WIR
WOLLEN NUR
ZEIT GEWINNEN
STIMMT'S?
DIESE
LÄUSE SIND
TATSÄCHLICH
ZIEMLICH...
LÄSTIG, WAS?
KRACKS

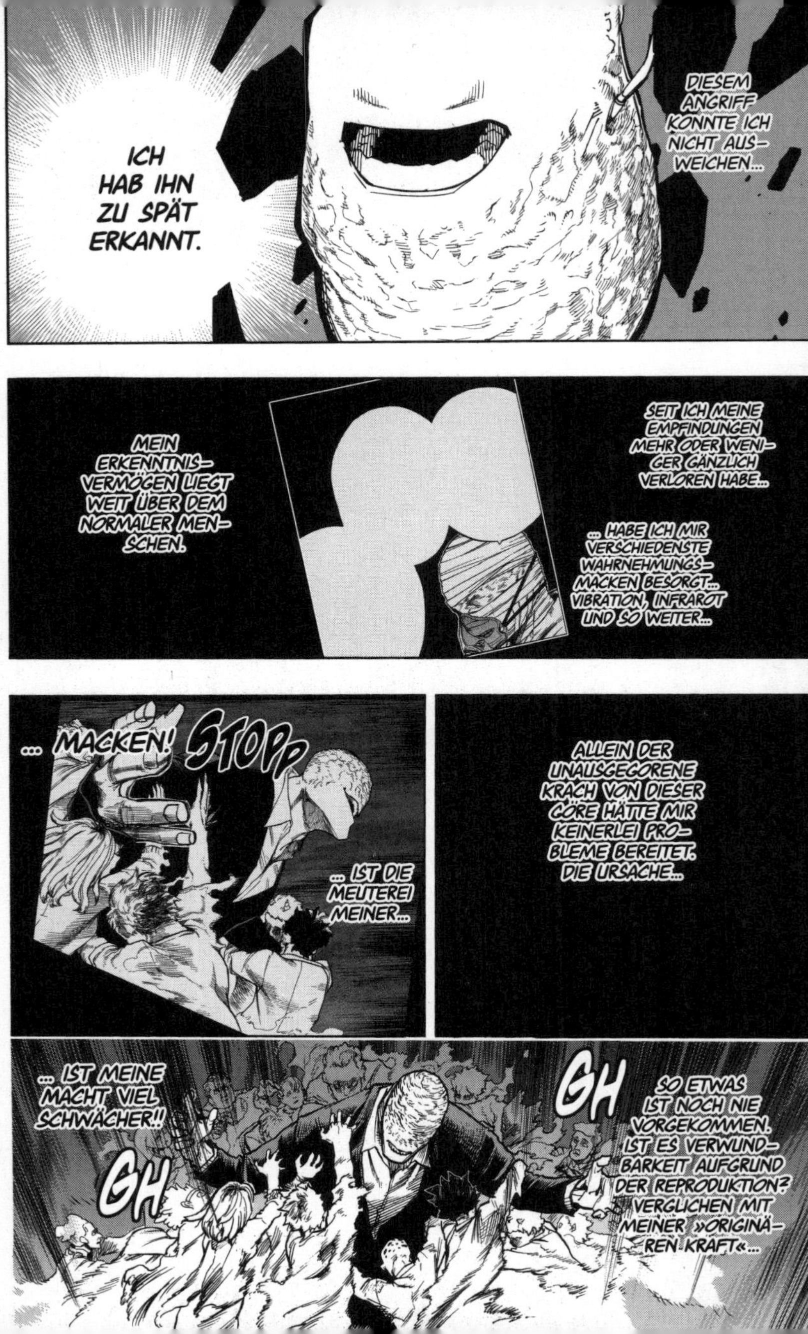
DIESEM ANGRIFF KONNTE ICH NICHT AUS-WEICHEN...
ICH HAB IHN ZU SPÄT ERKANNT.
SEIT ICH MEINE EMPFINDUNGEN MEHR ODER WENI-GER GÄNZLICH VERLOREN HABE...
... HABE ICH MIR VERSCHIEDENSTE WAHRNEHMUNGS-MACKEN BESORGT... VIBRATION, INFRAROT UND SO WEITER...
MEIN ERKENNTNIS-VERMÖGEN LIEGT WEIT ÜBER DEM NORMALER MEN-SCHEN.
ALLEIN DER UNAUSGEGORENE KRACH VON DIESER GÖRE HÄTTE MIR KEINERLEI PRO-BLEME BEREITET. DIE URSACHE...
... IST DIE MEUTEREI MEINER...
... MACKEN!
STOPP
SO ETWAS IST NOCH NIE VORGEKOMMEN. IST ES VERWUND-BARKEIT AUFGRUND DER REPRODUKTION? VERGLICHEN MIT MEINER »ORIGINÄ-REN KRAFT«...
GH
... IST MEINE MACHT VIEL SCHWÄCHER!!
GH

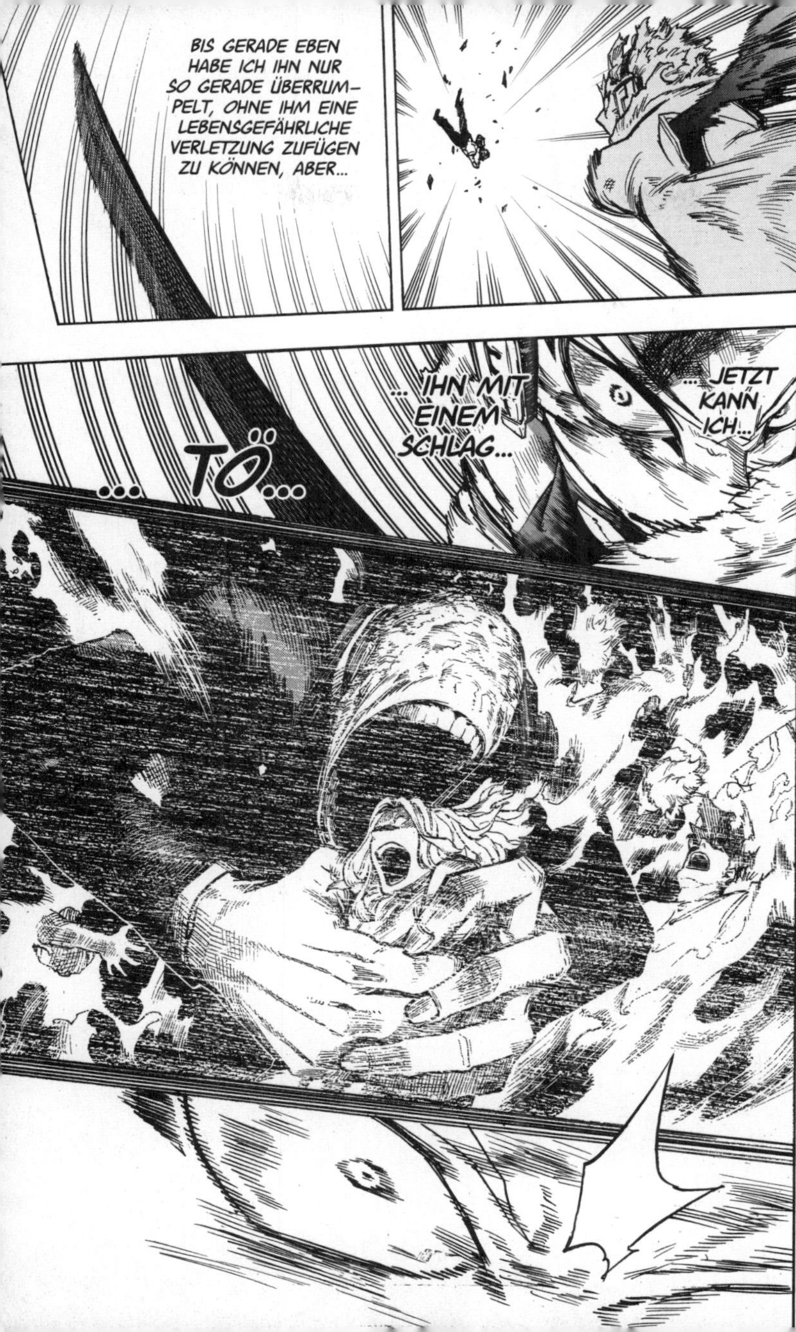
BIS GERADE EBEN HABE ICH IHN NUR SO GERADE ÜBERRUMPELT, OHNE IHM EINE LEBENSGEFÄHRLICHE VERLETZUNG ZUFÜGEN ZU KÖNNEN, ABER...
... JETZT KANN ICH...
... IHN MIT EINEM SCHLAG...
... TÖ...

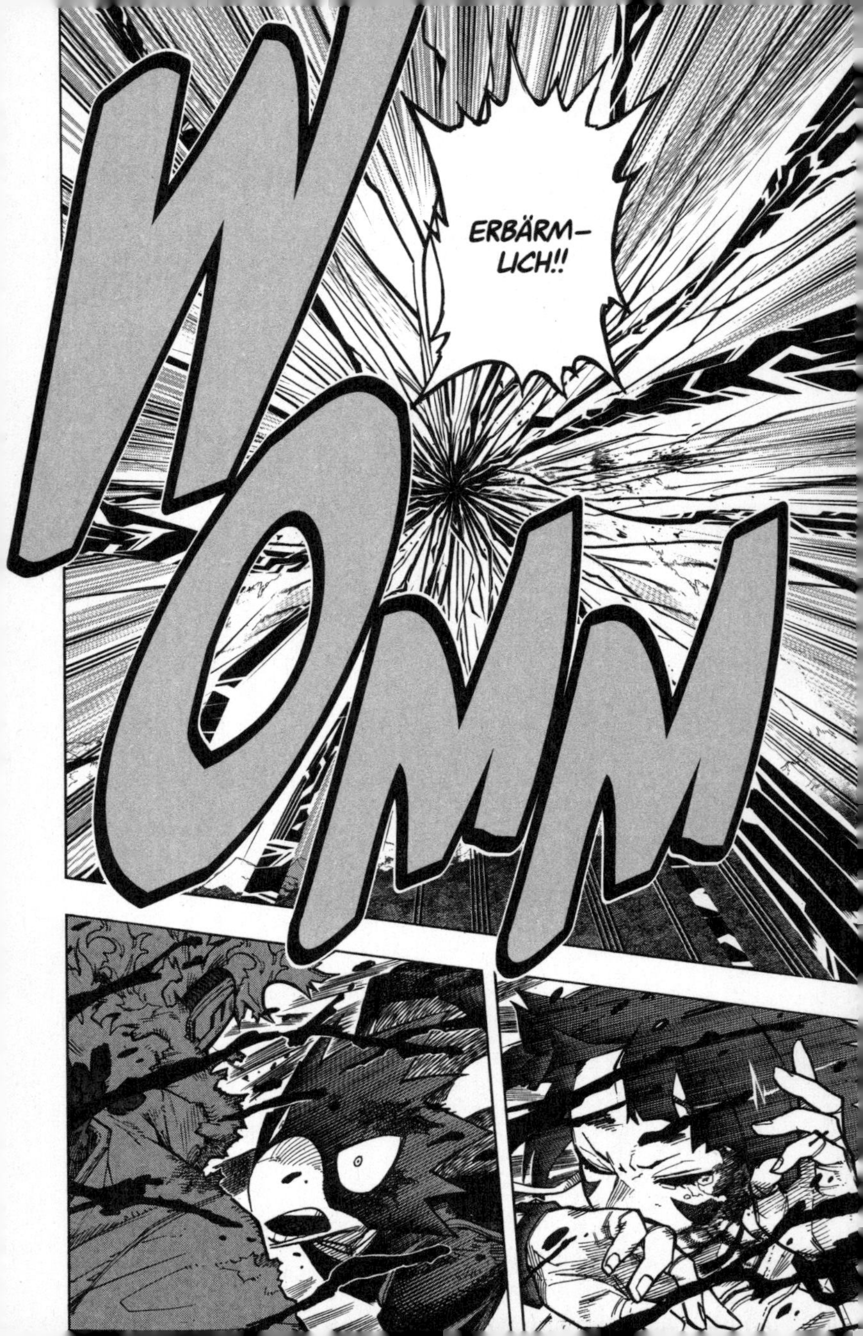
ERBÄRM-
LICH!!
WOMM

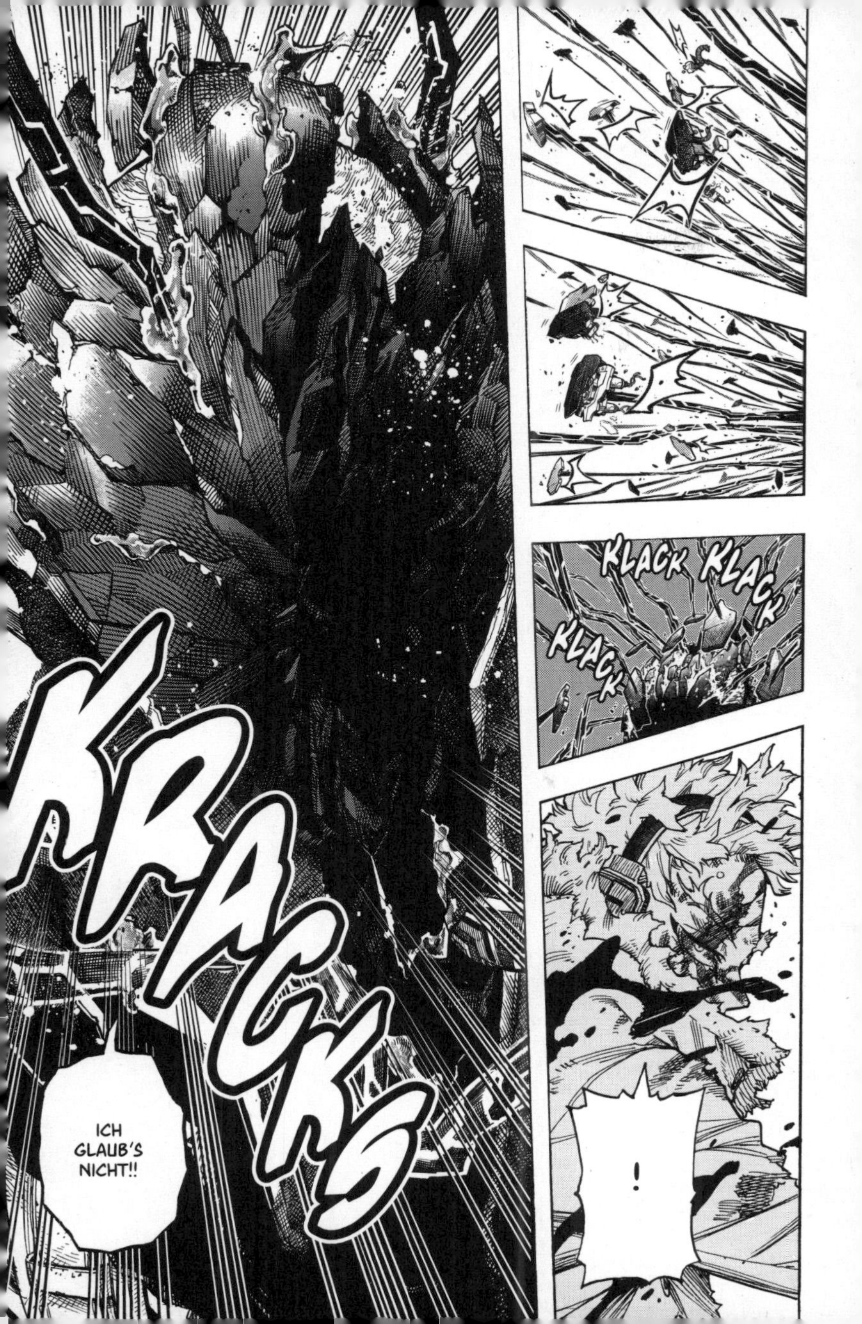
KRACKS
ICH GLAUB'S NICHT!!
KLACK KLACK
KLACK
!

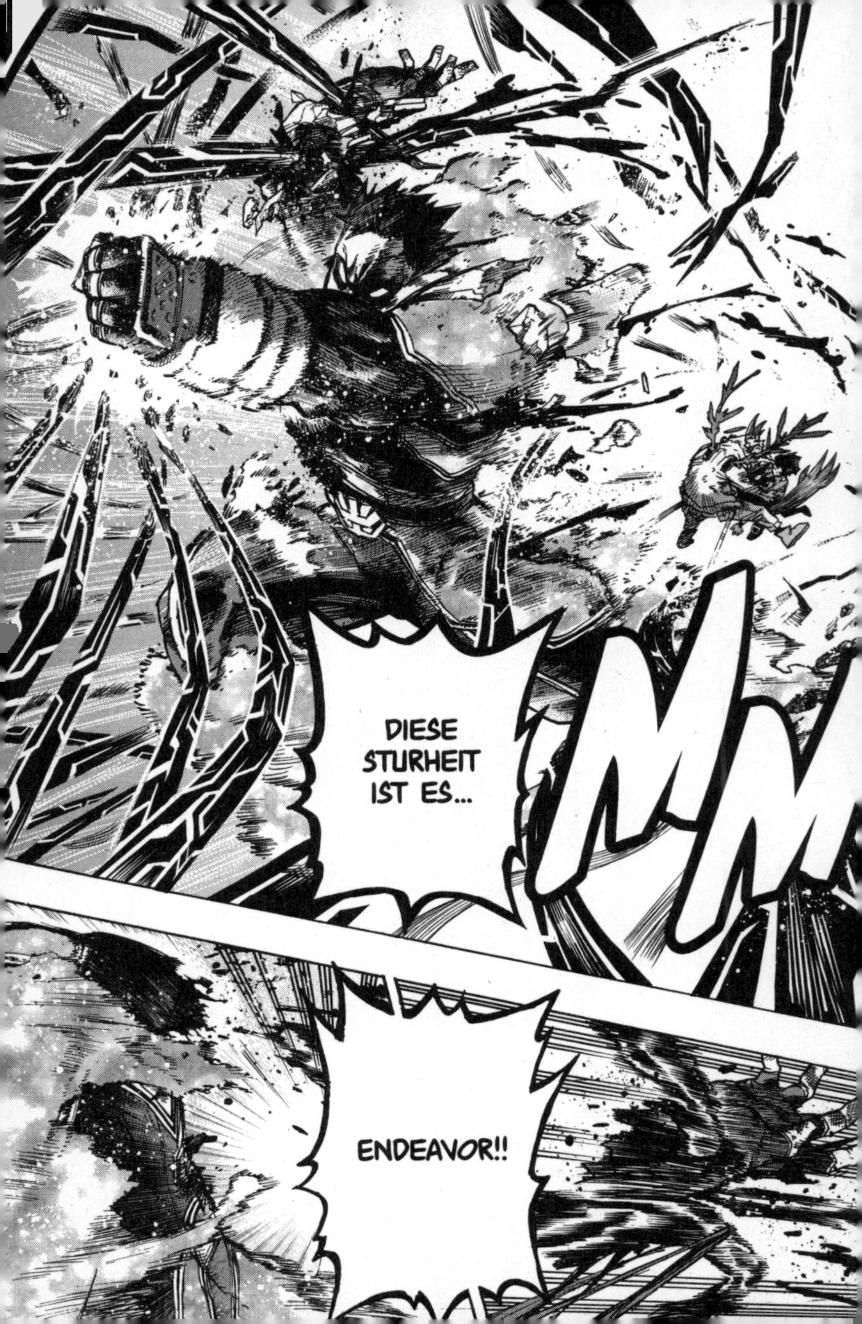
DIESE STURHEIT IST ES...
ENDEAVOR!!

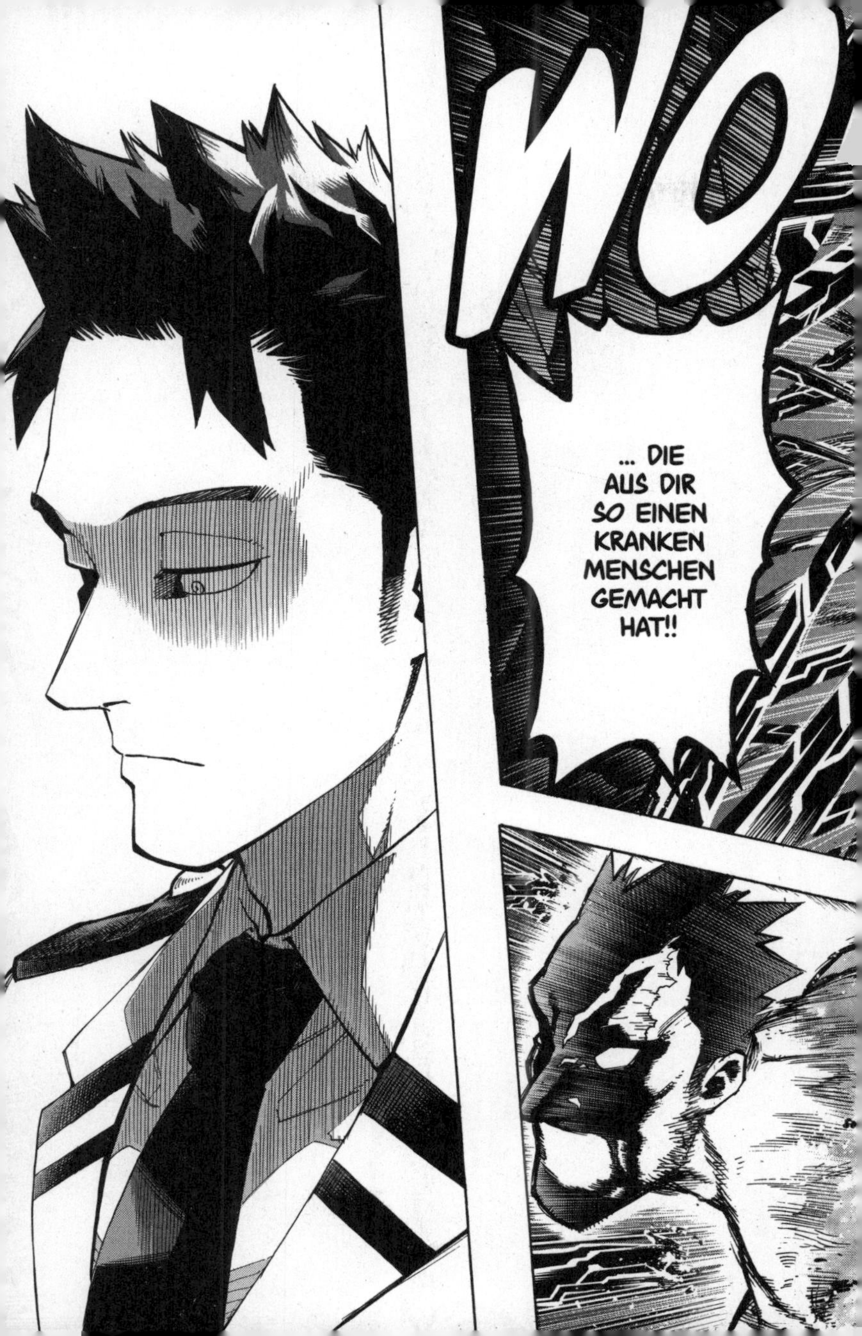
WO
... DIE AUS DIR SO EINEN KRANKEN MENSCHEN GEMACHT HAT!!

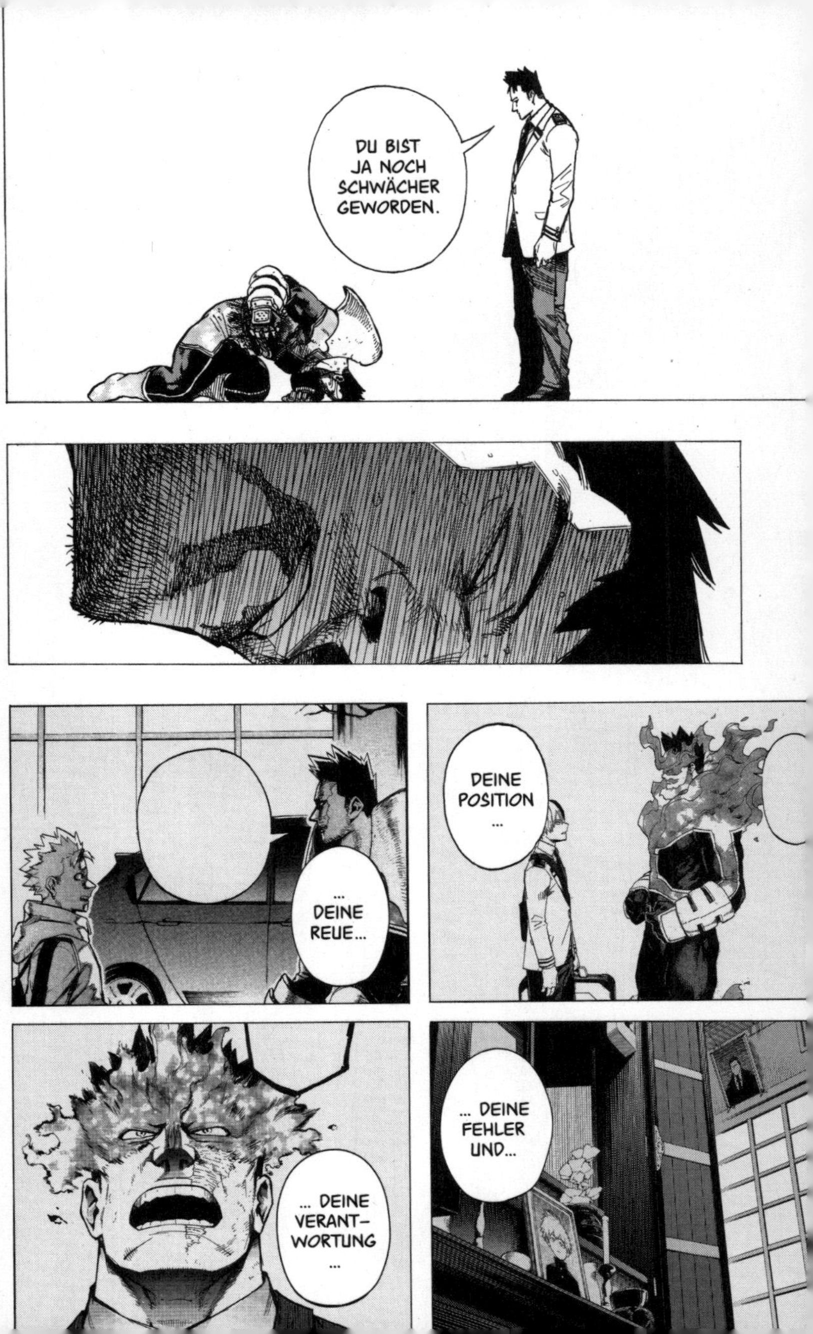
DU BIST JA NOCH SCHWÄCHER GEWORDEN.
DEINE POSITION ...
... DEINE REUE...
... DEINE FEHLER UND...
... DEINE VERANT-WORTUNG ...

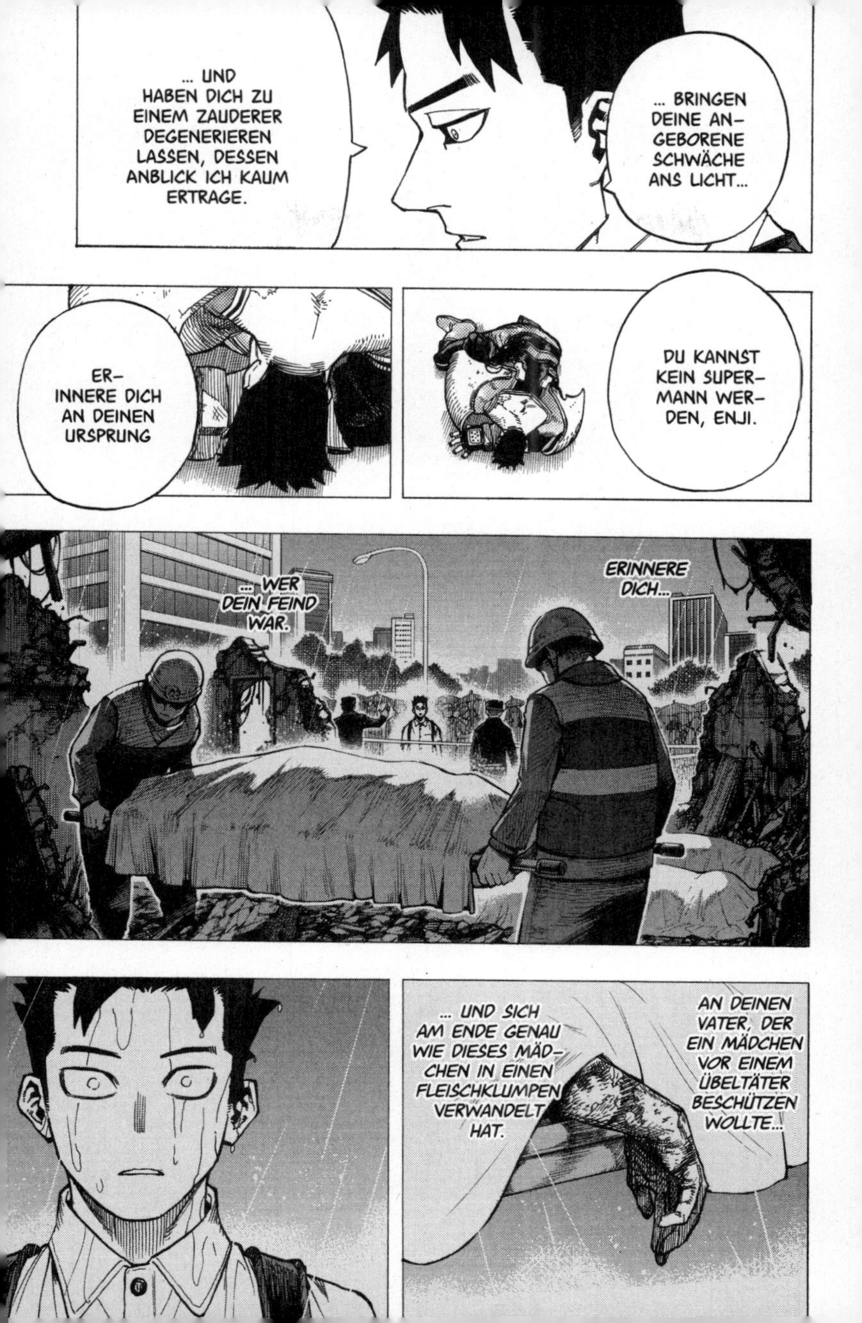
... BRINGEN DEINE ANGEBORENE SCHWÄCHE ANS LICHT...
... UND HABEN DICH ZU EINEM ZAUDERER DEGENERIEREN LASSEN, DESSEN ANBLICK ICH KAUM ERTRAGE.
DU KANNST KEIN SUPERMANN WERDEN, ENJI.
ERINNERE DICH AN DEINEN URSPRUNG
ERINNERE DICH...
... WER DEIN FEIND WAR.
AN DEINEN VATER, DER EIN MÄDCHEN VOR EINEM ÜBELTÄTER BESCHÜTZEN WOLLTE...
... UND SICH AM ENDE GENAU WIE DIESES MÄDCHEN IN EINEN FLEISCHKLUMPEN VERWANDELT HAT.

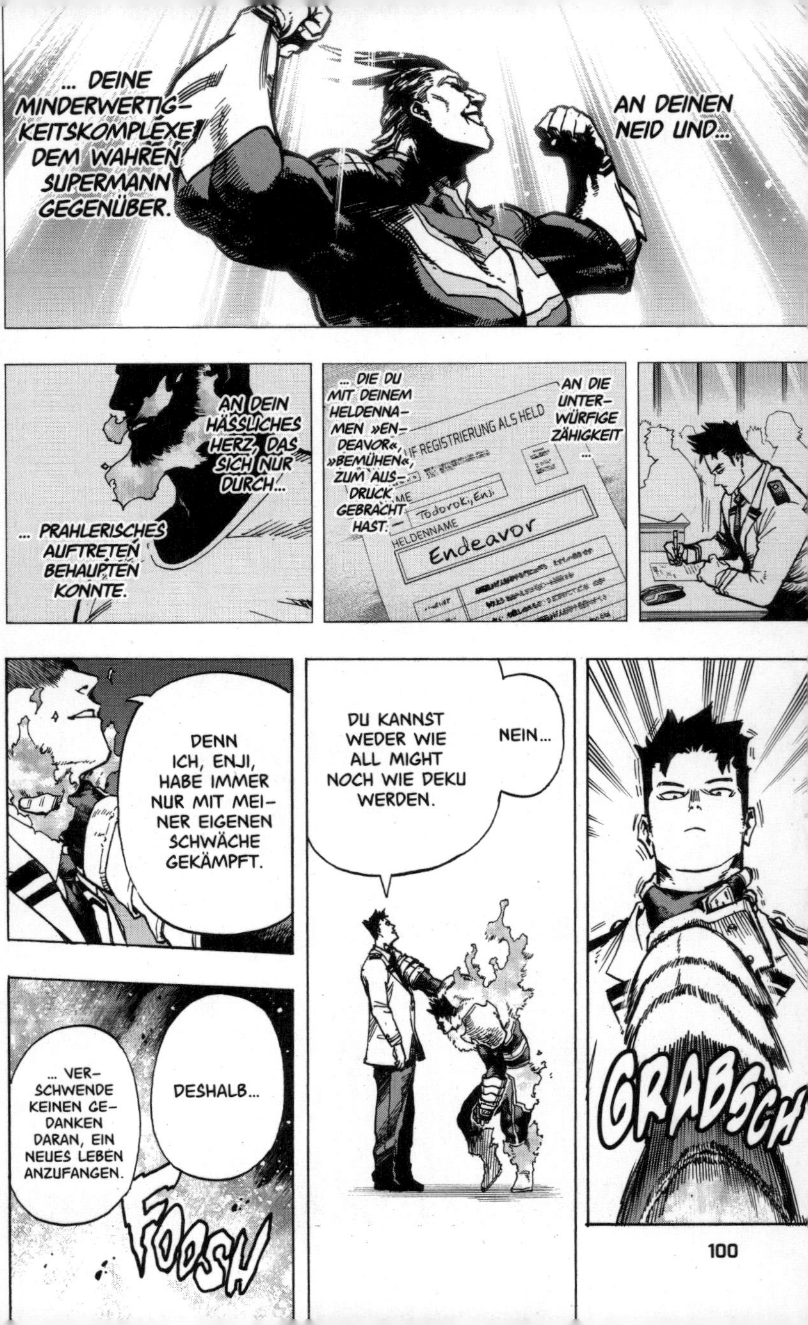
AN DEINEN NEID UND...
... DEINE MINDERWERTIGKEITSKOMPLEXE DEM WAHREN SUPERMANN GEGENÜBER.
AN DIE UNTERWÜRFIGE ZÄHIGKEIT ...
... DIE DU MIT DEINEM HELDENNAMEN »ENDEAVOR«, »BEMÜHEN«, ZUM AUSDRUCK GEBRACHT HAST.
IF REGISTRIERUNG ALS HELD
Todoroki, Enji
HELDENNAME
Endeavor
AN DEIN HÄSSLICHES HERZ, DAS SICH NUR DURCH...
... PRAHLERISCHES AUFTRETEN BEHAUPTEN KONNTE.
GRABSCH
NEIN...
DU KANNST WEDER WIE ALL MIGHT NOCH WIE DEKU WERDEN.
DENN ICH, ENJI, HABE IMMER NUR MIT MEINER EIGENEN SCHWÄCHE GEKÄMPFT.
DESHALB...
... VERSCHWENDE KEINEN GEDANKEN DARAN, EIN NEUES LEBEN ANZUFANGEN.
FOOSH

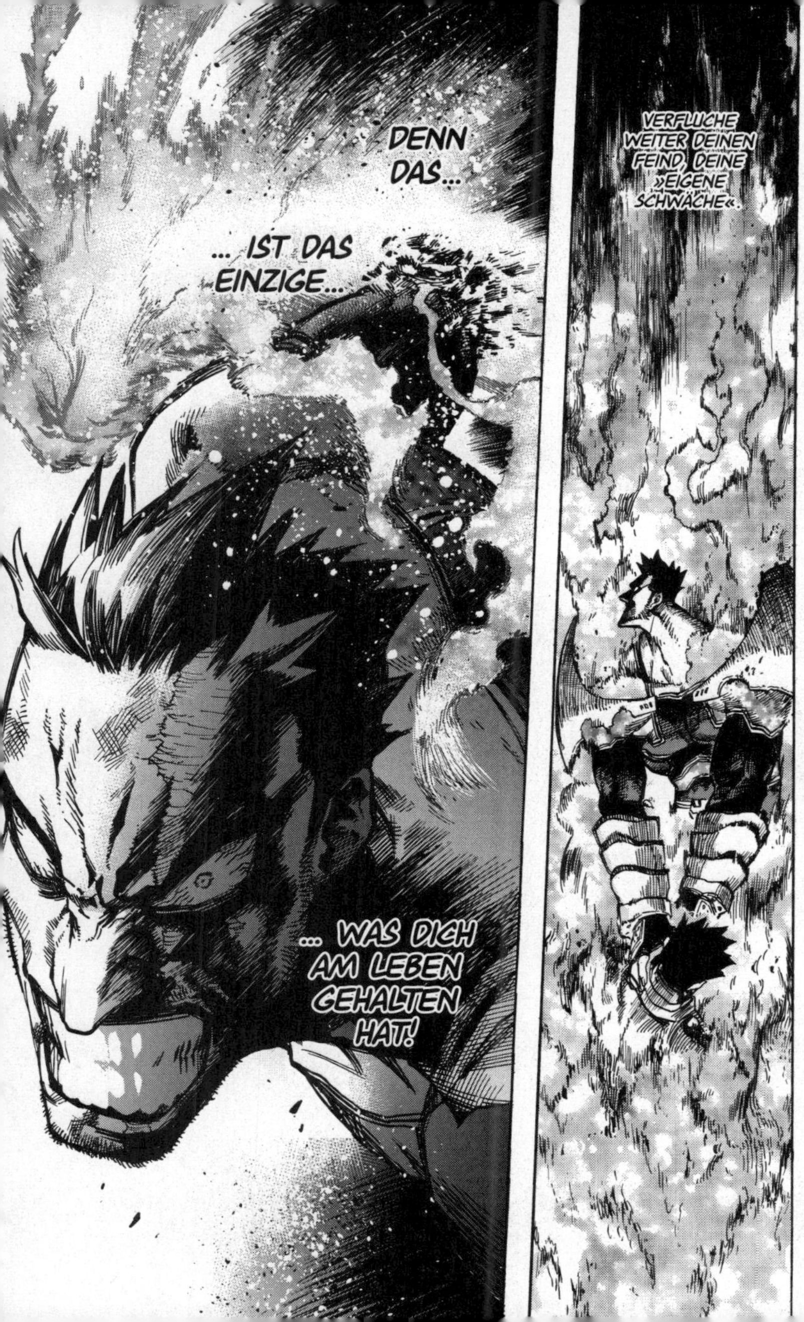
VERFLUCHE WEITER DEINEN FEIND, DEINE »EIGENE SCHWÄCHE«.
DENN DAS...
... IST DAS EINZIGE...
... WAS DICH AM LEBEN GEHALTEN HAT!

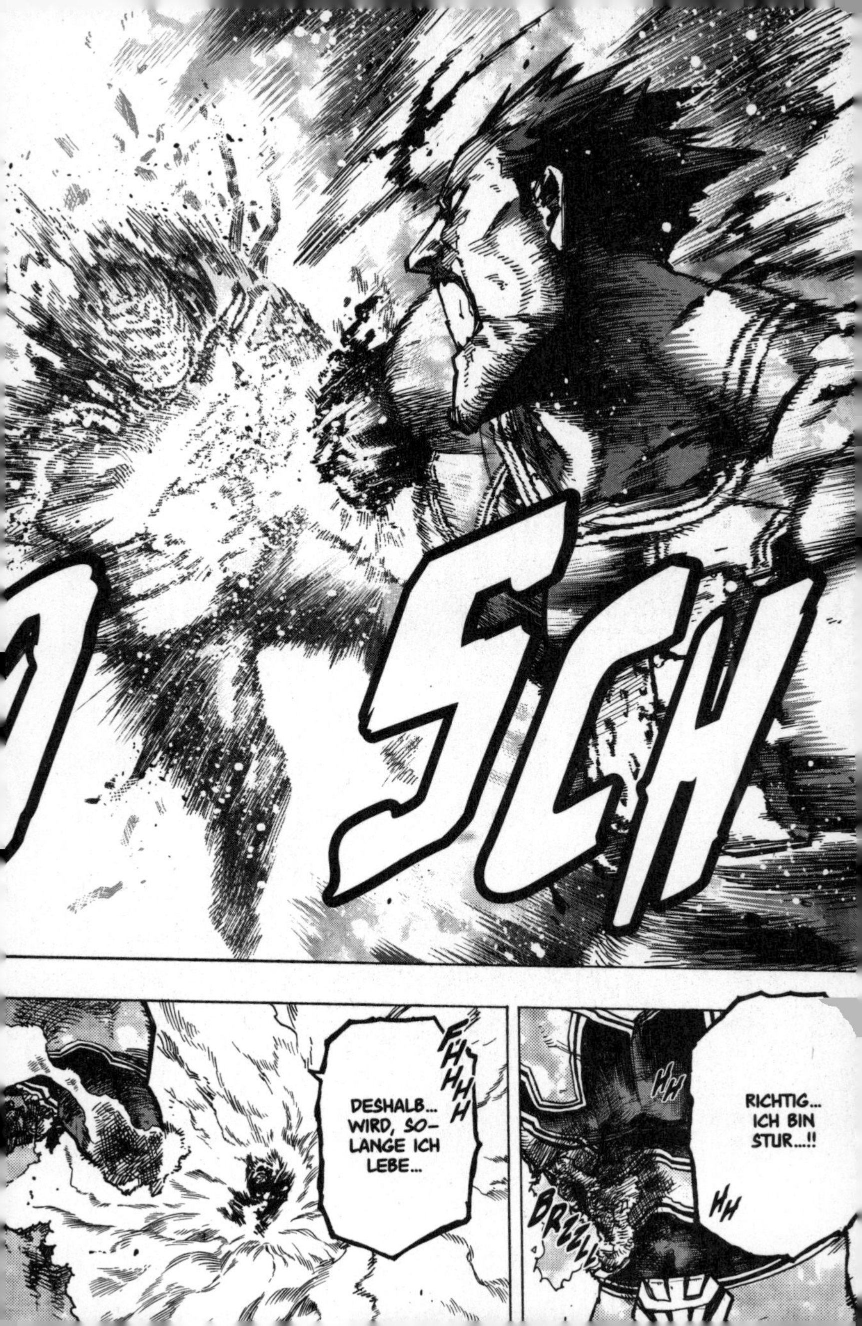
SCH
RICHTIG... ICH BIN STUR...!!
HH
HH
BRZZL
DESHALB... WIRD, SO- LANGE ICH LEBE...
FHHHHH

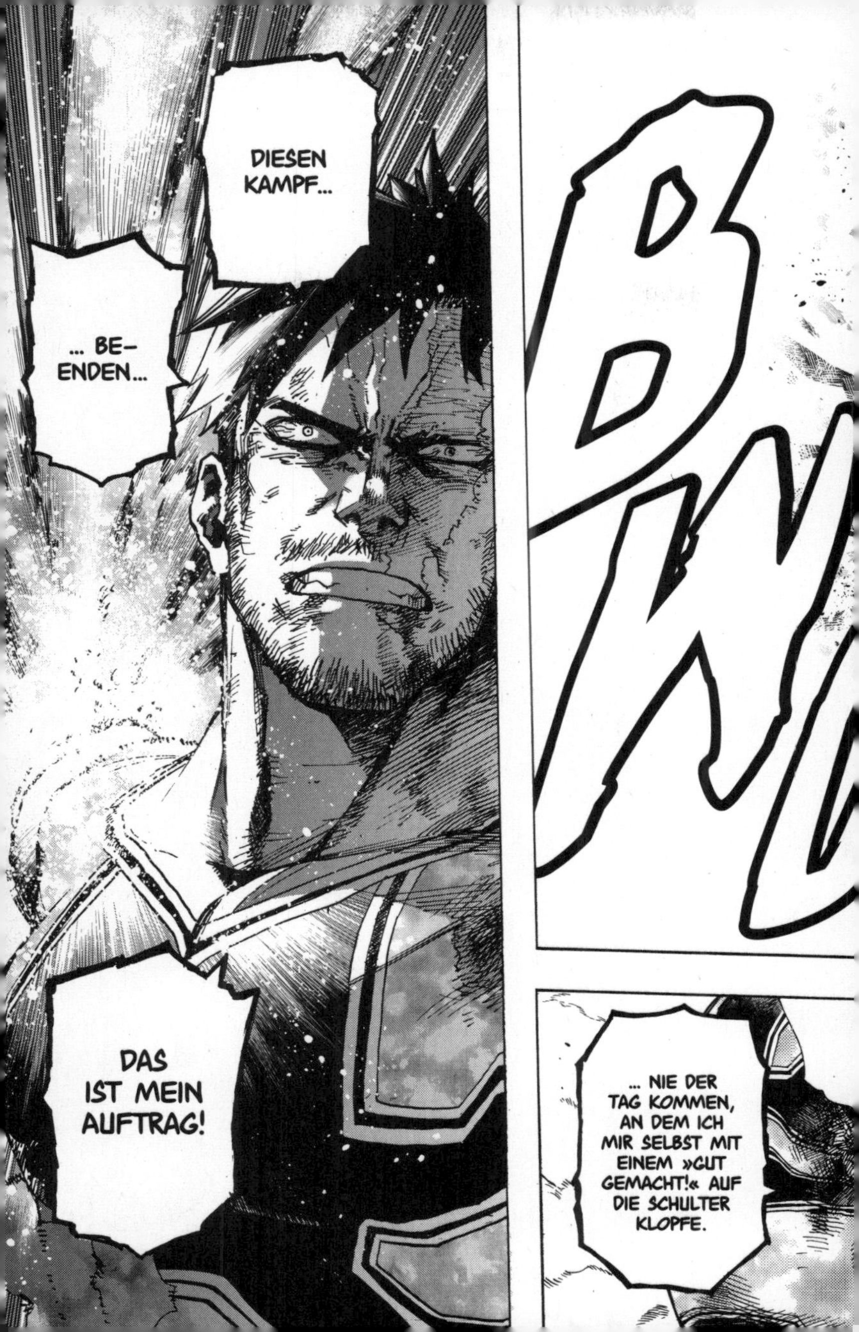
... NIE DER TAG KOMMEN, AN DEM ICH MIR SELBST MIT EINEM »GUT GEMACHT!« AUF DIE SCHULTER KLOPFE.
DIESEN KAMPF...
... BE- ENDEN...
DAS IST MEIN AUFTRAG!

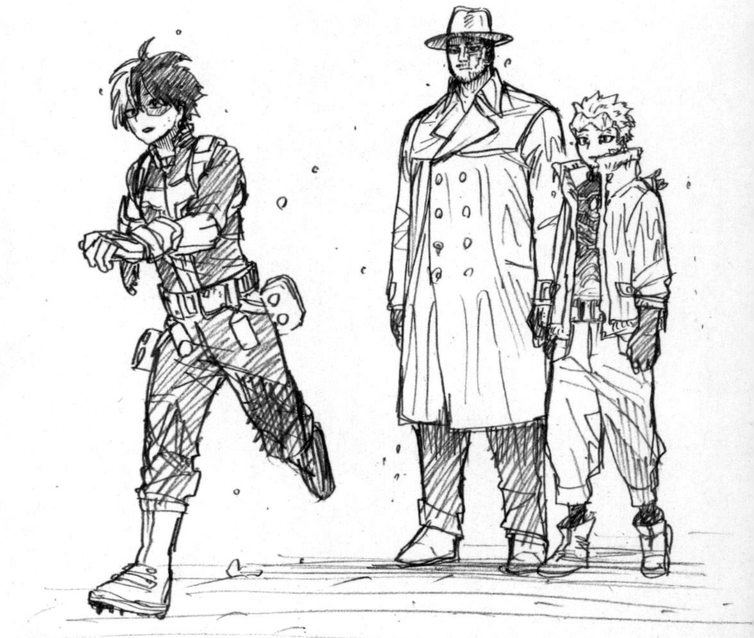

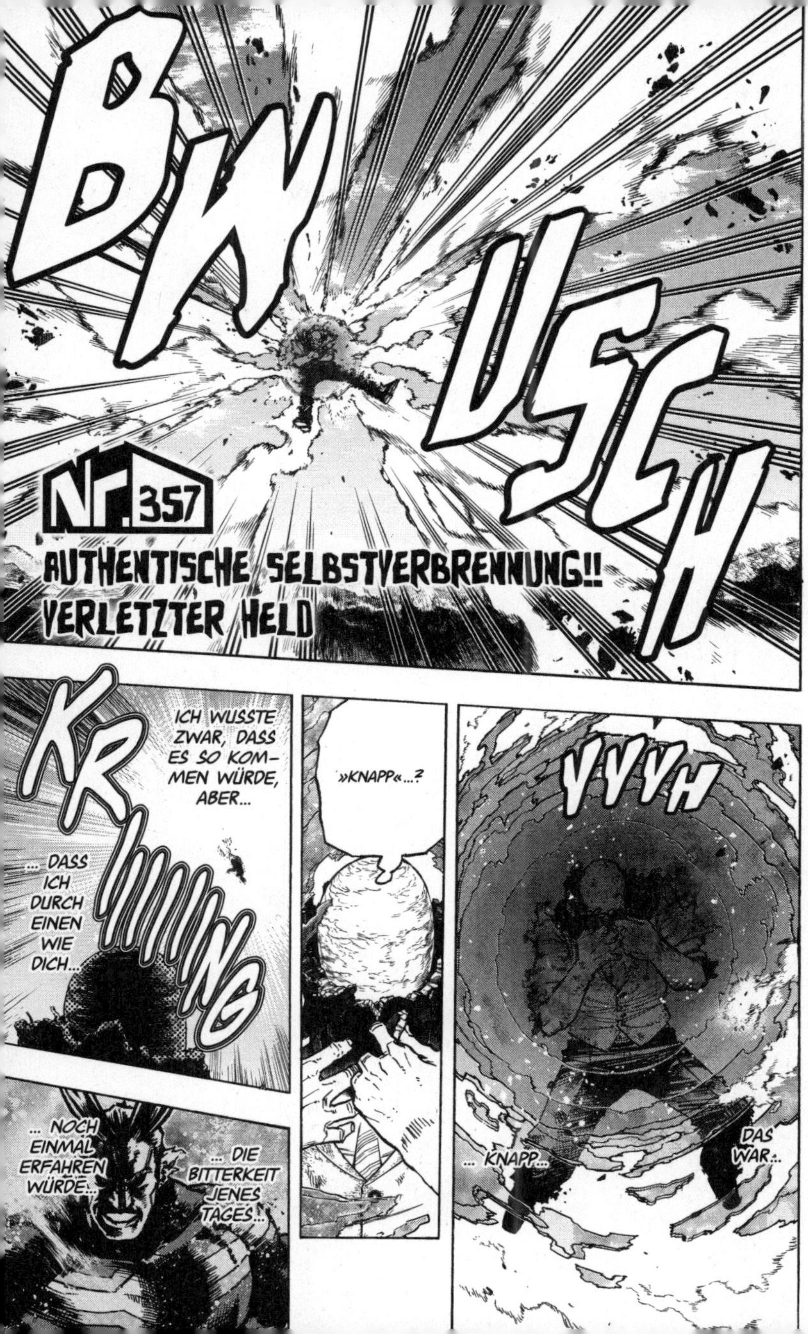
BWUSCH
Nr. 357
AUTHENTISCHE SELBSTVERBRENNUNG!!
VERLETZTER HELD
VVVH
DAS WAR...
... KNAPP ...
»KNAPP«...?
KRIIIIIING
ICH WUSSTE ZWAR, DASS ES SO KOMMEN WÜRDE, ABER...
... DASS ICH DURCH EINEN WIE DICH...
... DIE BITTERKEIT JENES TAGES...
... NOCH EINMAL ERFAHREN WÜRDE...

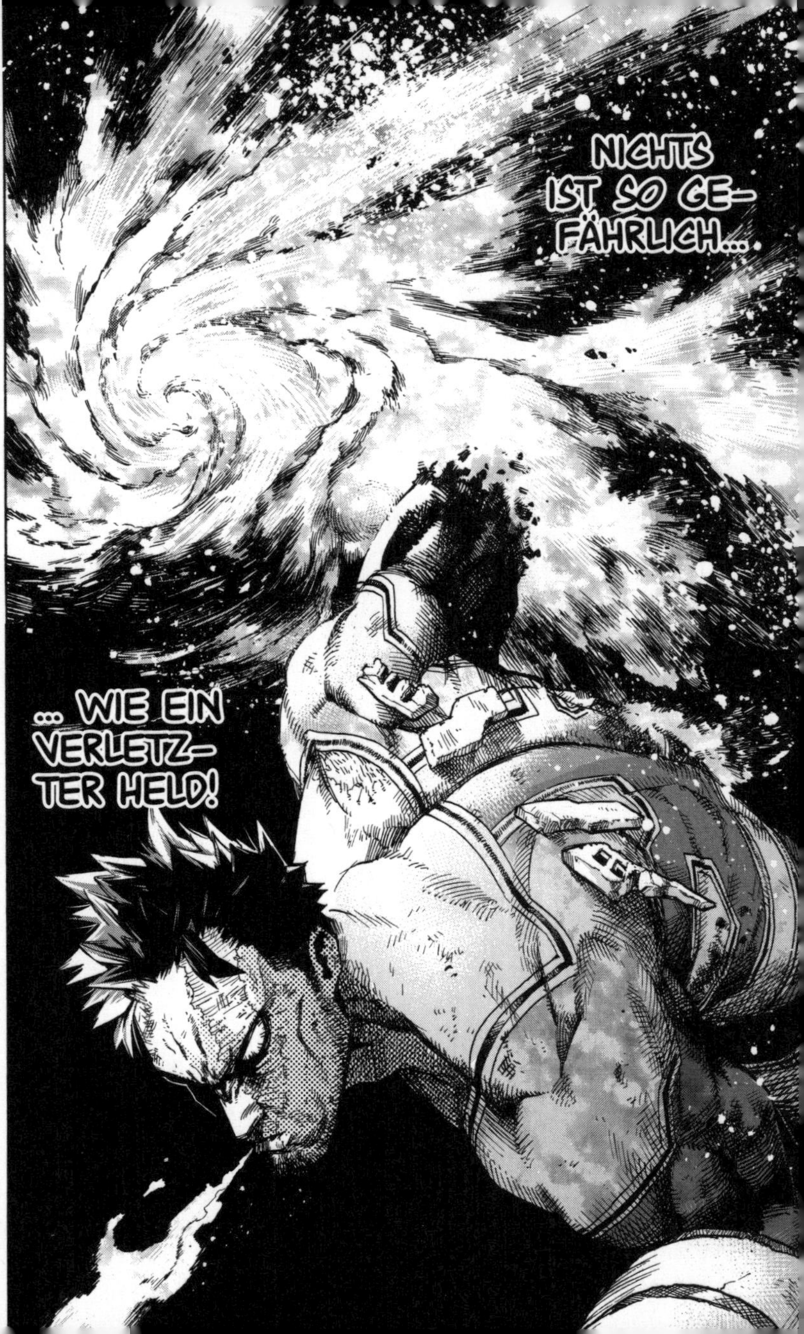
NICHTS IST SO GE-FÄHRLICH...
... WIE EIN VERLETZ-TER HELD!

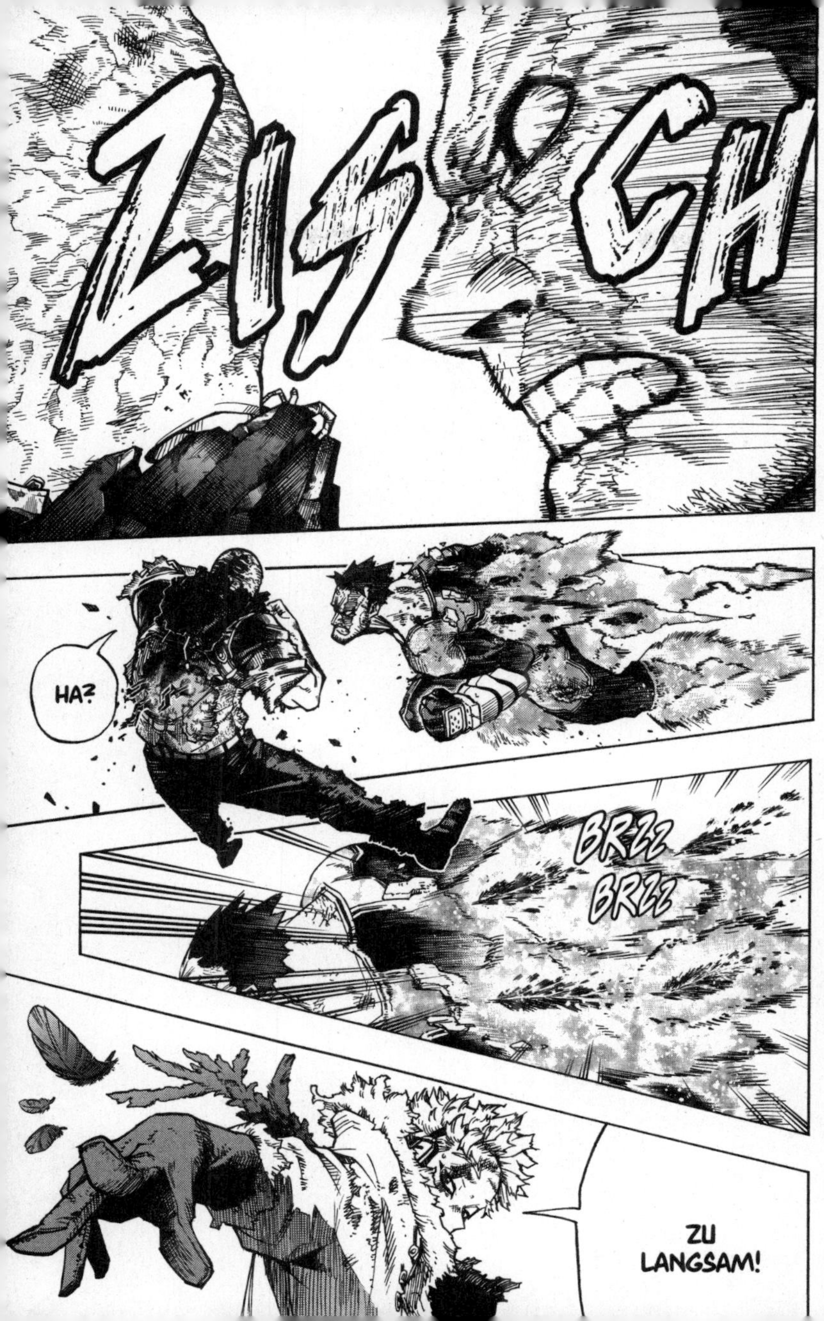
ZISCH
HA?
BRZZ
BRZZ
ZU LANGSAM!

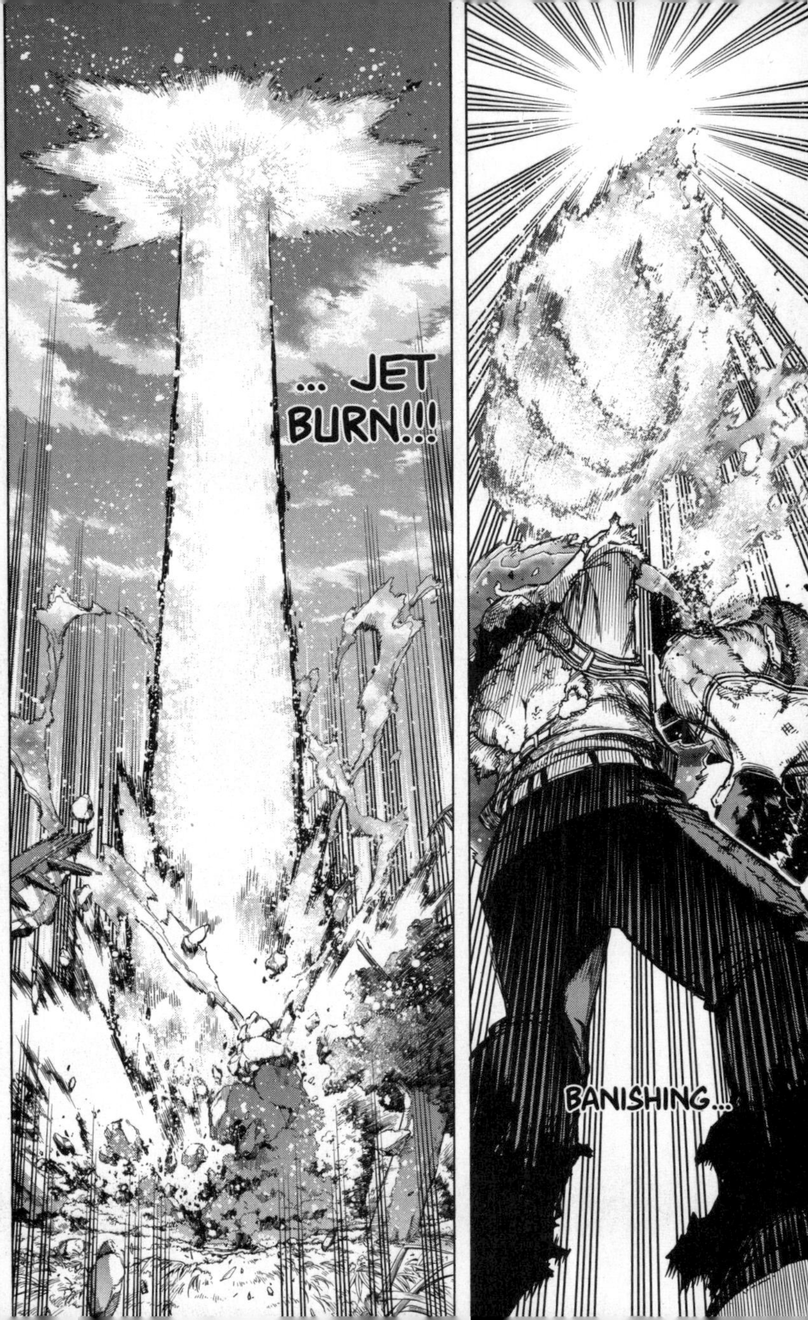
BANISHING...
... JET BURN!!!

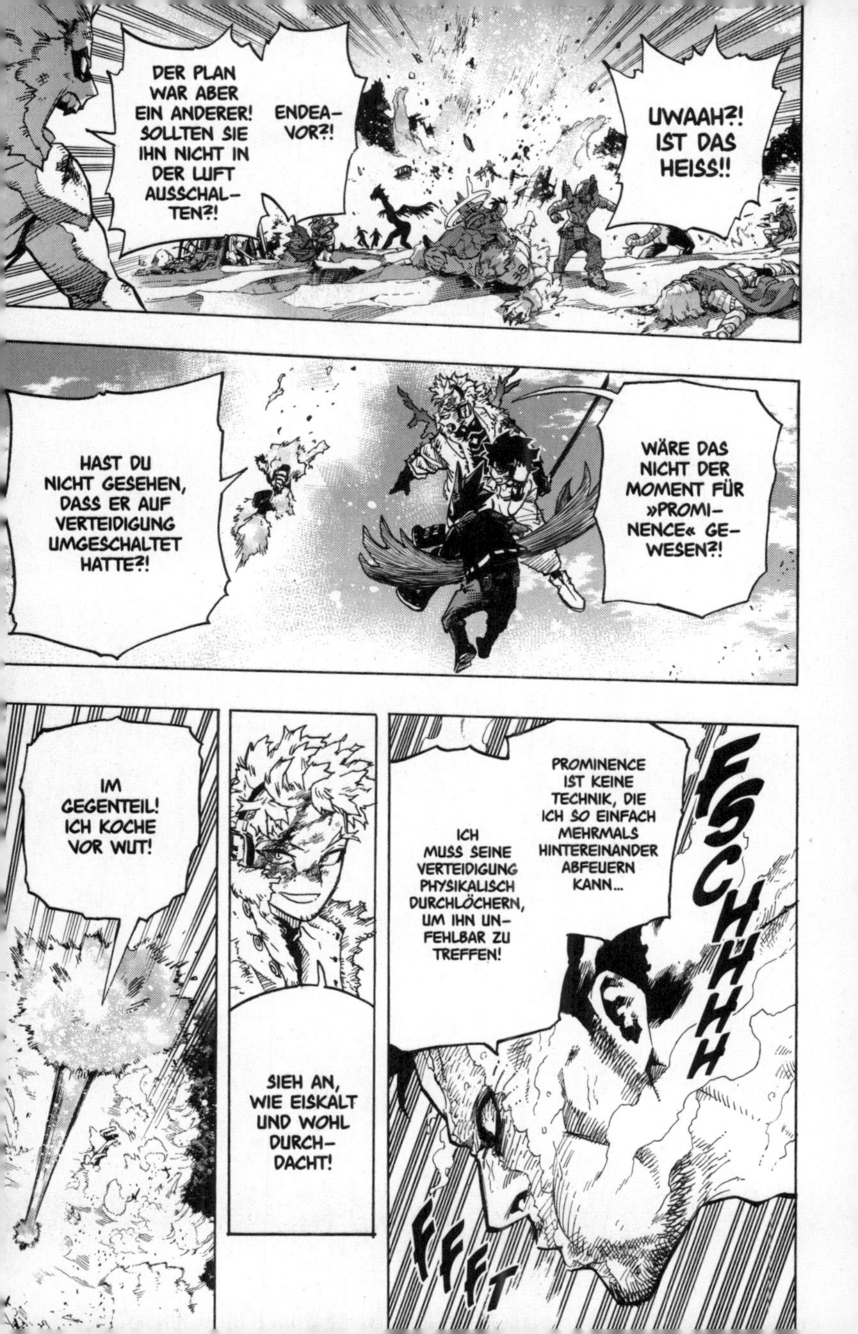
UWAAH?! IST DAS HEISS!!
ENDEAVOR?!
DER PLAN WAR ABER EIN ANDERER! SOLLTEN SIE IHN NICHT IN DER LUFT AUSSCHALTEN?!
WÄRE DAS NICHT DER MOMENT FÜR »PROMINENCE« GEWESEN?!
HAST DU NICHT GESEHEN, DASS ER AUF VERTEIDIGUNG UMGESCHALTET HATTE?!
PROMINENCE IST KEINE TECHNIK, DIE ICH SO EINFACH MEHRMALS HINTEREINANDER ABFEUERN KANN…
ICH MUSS SEINE VERTEIDIGUNG PHYSIKALISCH DURCHLÖCHERN, UM IHN UNFEHLBAR ZU TREFFEN!
FSCHHHHH
FFFFT
SIEH AN, WIE EISKALT UND WOHL DURCHDACHT!
IM GEGENTEIL! ICH KOCHE VOR WUT!

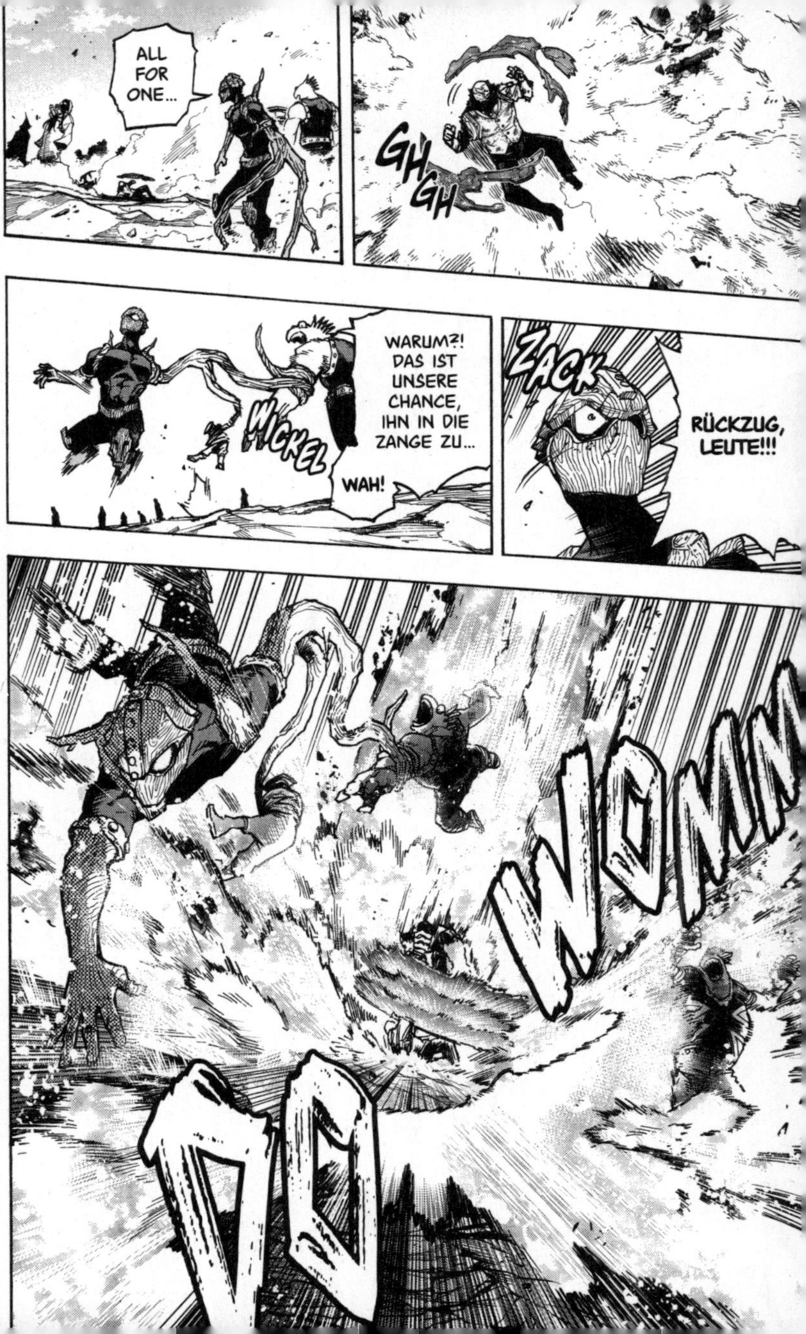
GHGHGH
ALL FOR ONE...
ZACK
RÜCKZUG, LEUTE!!!
WARUM?! DAS IST UNSERE CHANCE, IHN IN DIE ZANGE ZU...
WICKEL
WAH!
WOMM
DO

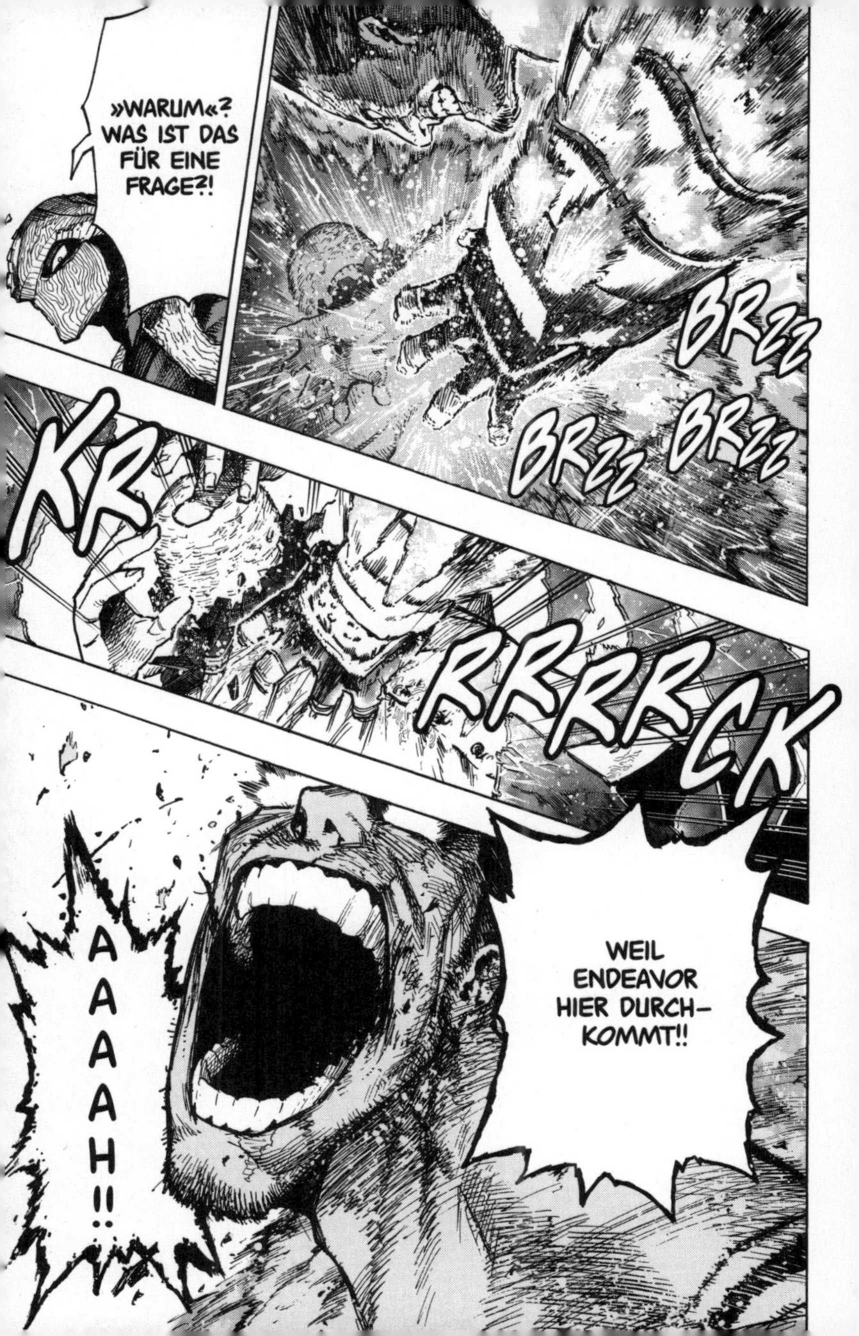
»WARUM«? WAS IST DAS FÜR EINE FRAGE?!
BRZZZ
BRZZZ BRZZZ
KRRRRRRCK
WEIL ENDEAVOR HIER DURCH-KOMMT!!
AAAAH!!

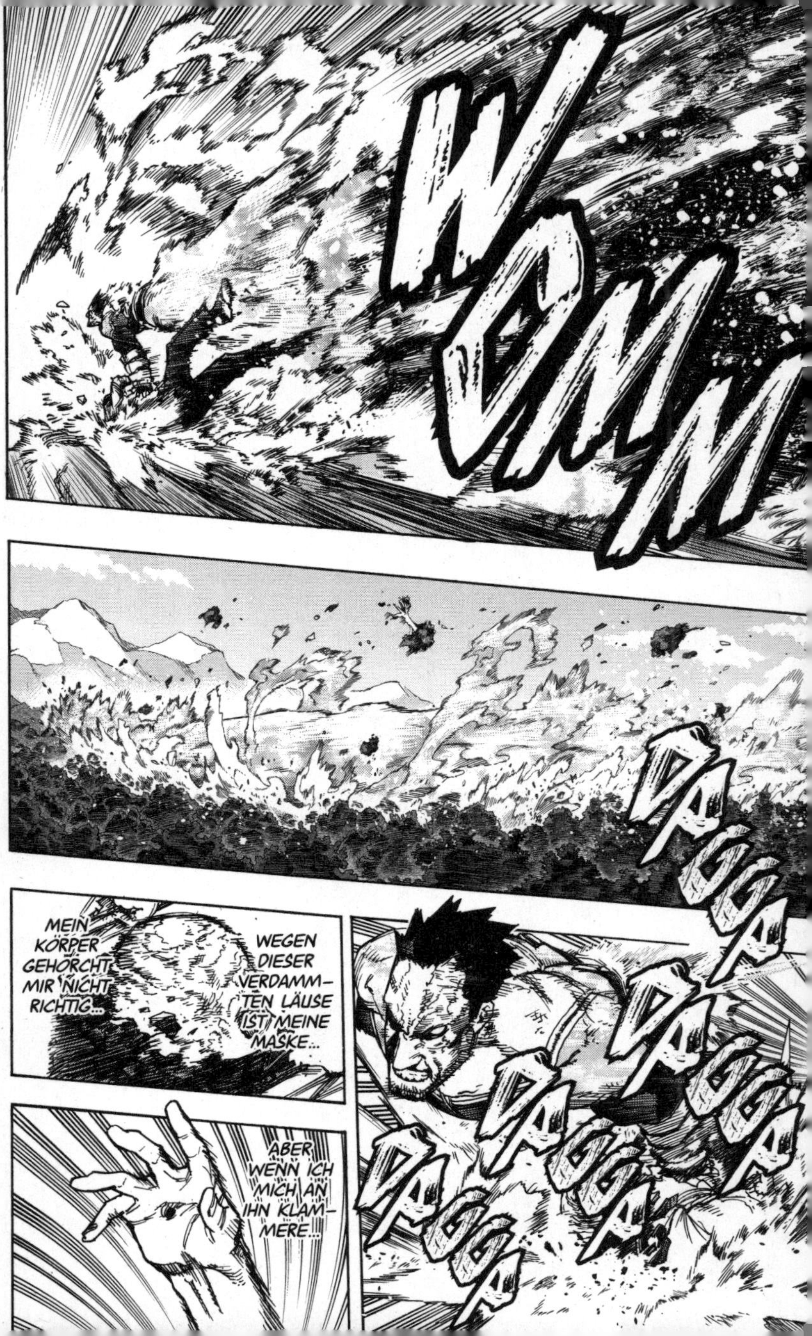
WEGEN DIESER VERDAMM-TEN LÄUSE IST MEINE MASKE...
MEIN KÖRPER GEHORCHT MIR NICHT RICHTIG...
ABER WENN ICH MICH AN IHN KLAM-MERE...

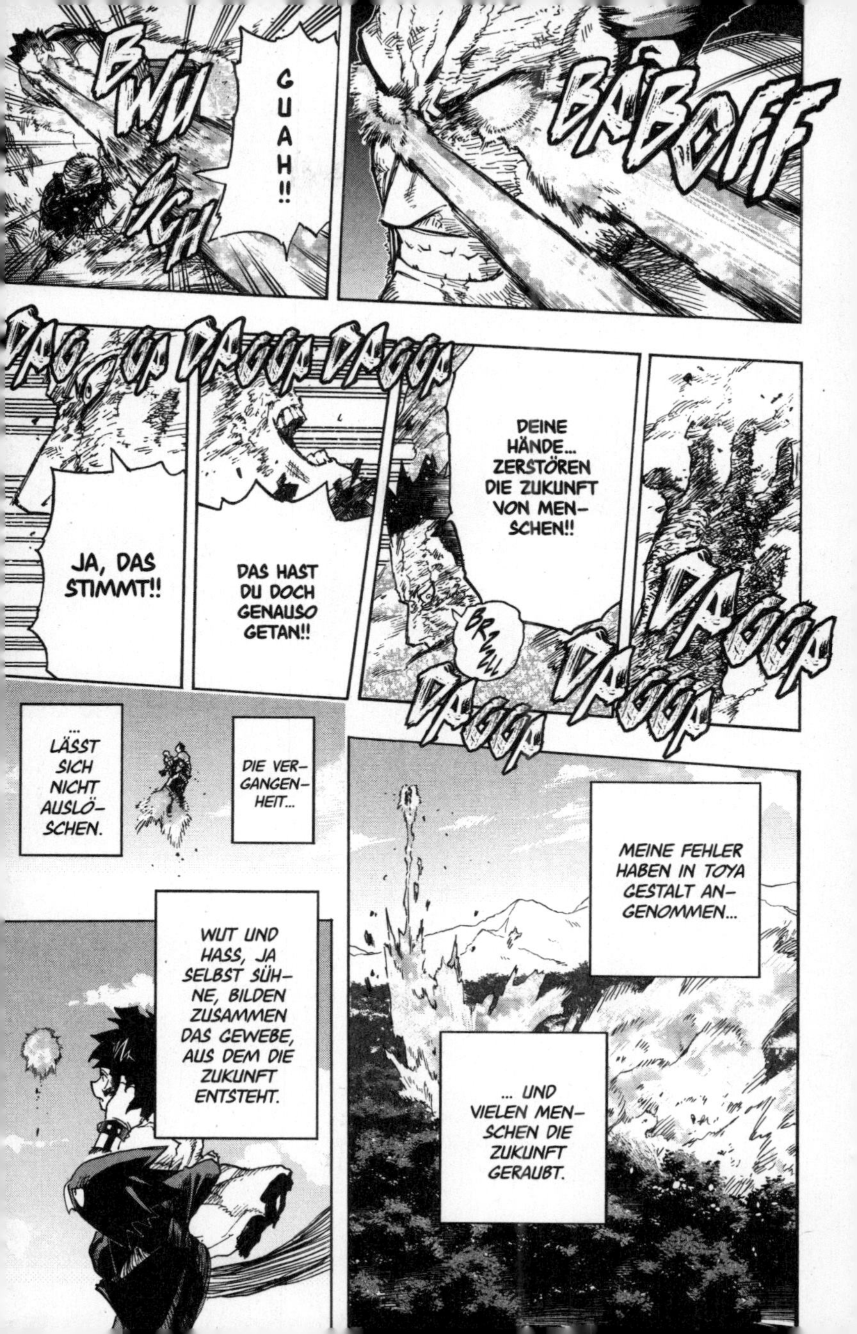
BÂBOFF
BWUSCH
GUAH!!
DAGGA DAGGA DAGGA
DEINE HÄNDE... ZERSTÖREN DIE ZUKUNFT VON MEN-SCHEN!!
DAS HAST DU DOCH GENAUSO GETAN!!
JA, DAS STIMMT!!
DAGGA DAGGA DAGGA
MEINE FEHLER HABEN IN TOYA GESTALT AN-GENOMMEN...
... UND VIELEN MEN-SCHEN DIE ZUKUNFT GERAUBT.
DIE VER-GANGEN-HEIT...
... LÄSST SICH NICHT AUSLÖ-SCHEN.
WUT UND HASS, JA SELBST SÜH-NE, BILDEN ZUSAMMEN DAS GEWEBE, AUS DEM DIE ZUKUNFT ENTSTEHT.

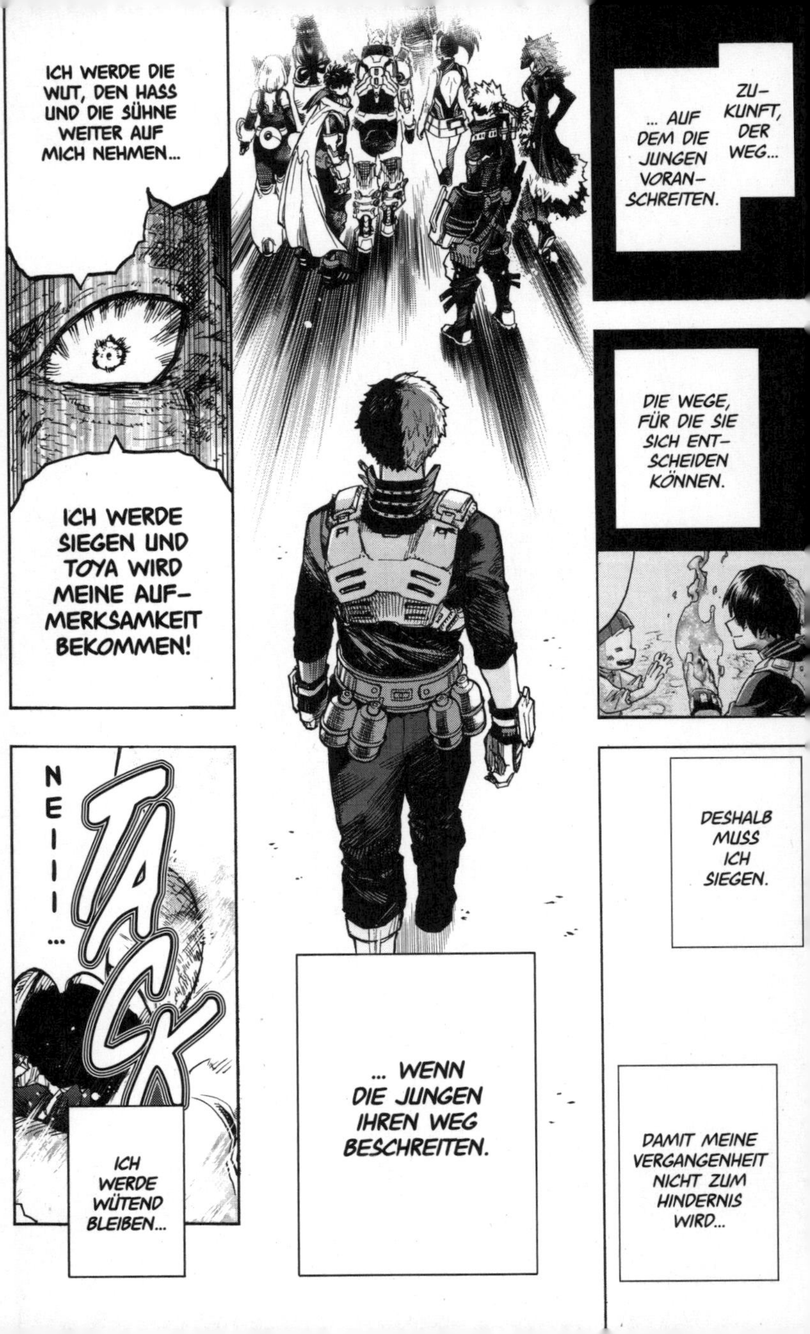
ZU-KUNFT, DER WEG...
... AUF DEM DIE JUNGEN VORAN-SCHREITEN.
DIE WEGE, FÜR DIE SIE SICH ENT-SCHEIDEN KÖNNEN.
DESHALB MUSS ICH SIEGEN.
DAMIT MEINE VERGANGENHEIT NICHT ZUM HINDERNIS WIRD...
... WENN DIE JUNGEN IHREN WEG BESCHREITEN.
ICH WERDE DIE WUT, DEN HASS UND DIE SÜHNE WEITER AUF MICH NEHMEN...
ICH WERDE SIEGEN UND TOYA WIRD MEINE AUF-MERKSAMKEIT BEKOMMEN!
NEIIII...
TACK
ICH WERDE WÜTEND BLEIBEN...

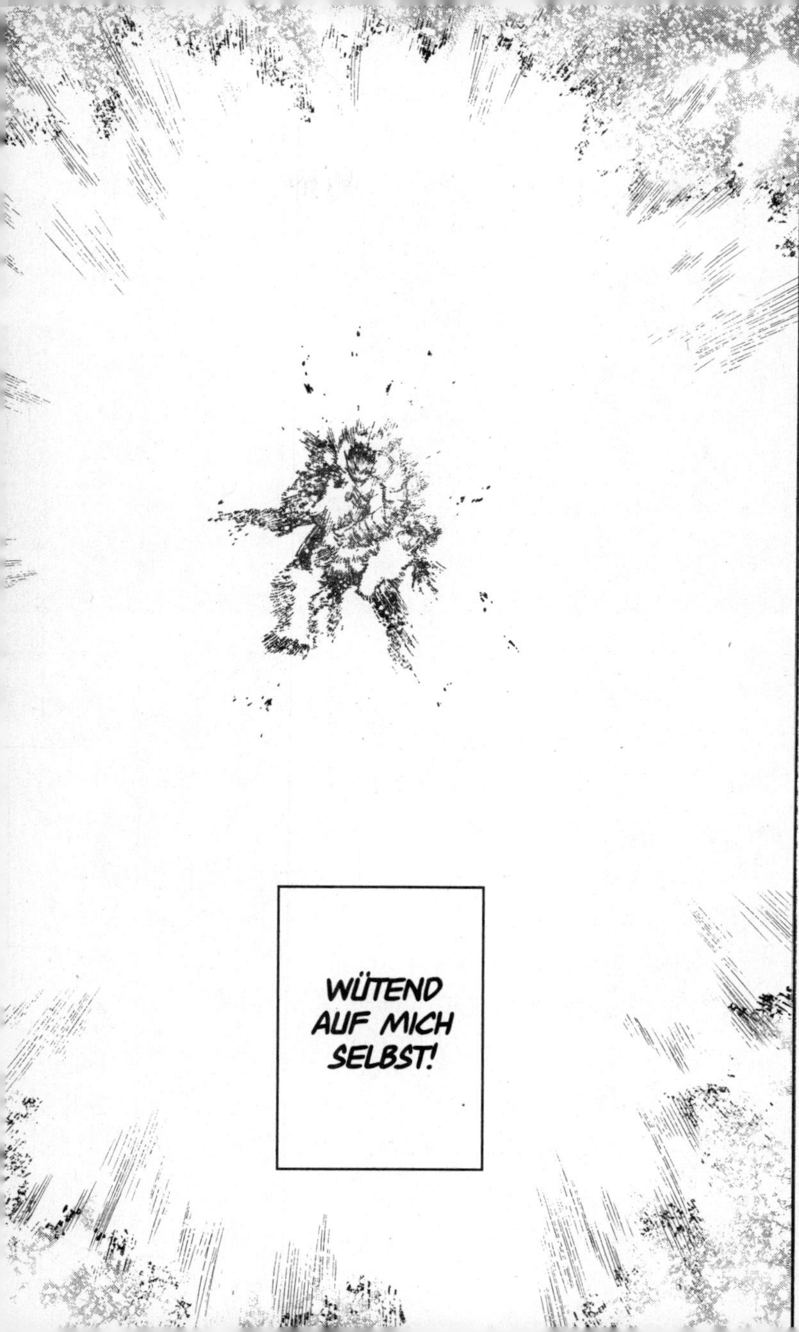
WÜTEND
AUF MICH
SELBST!

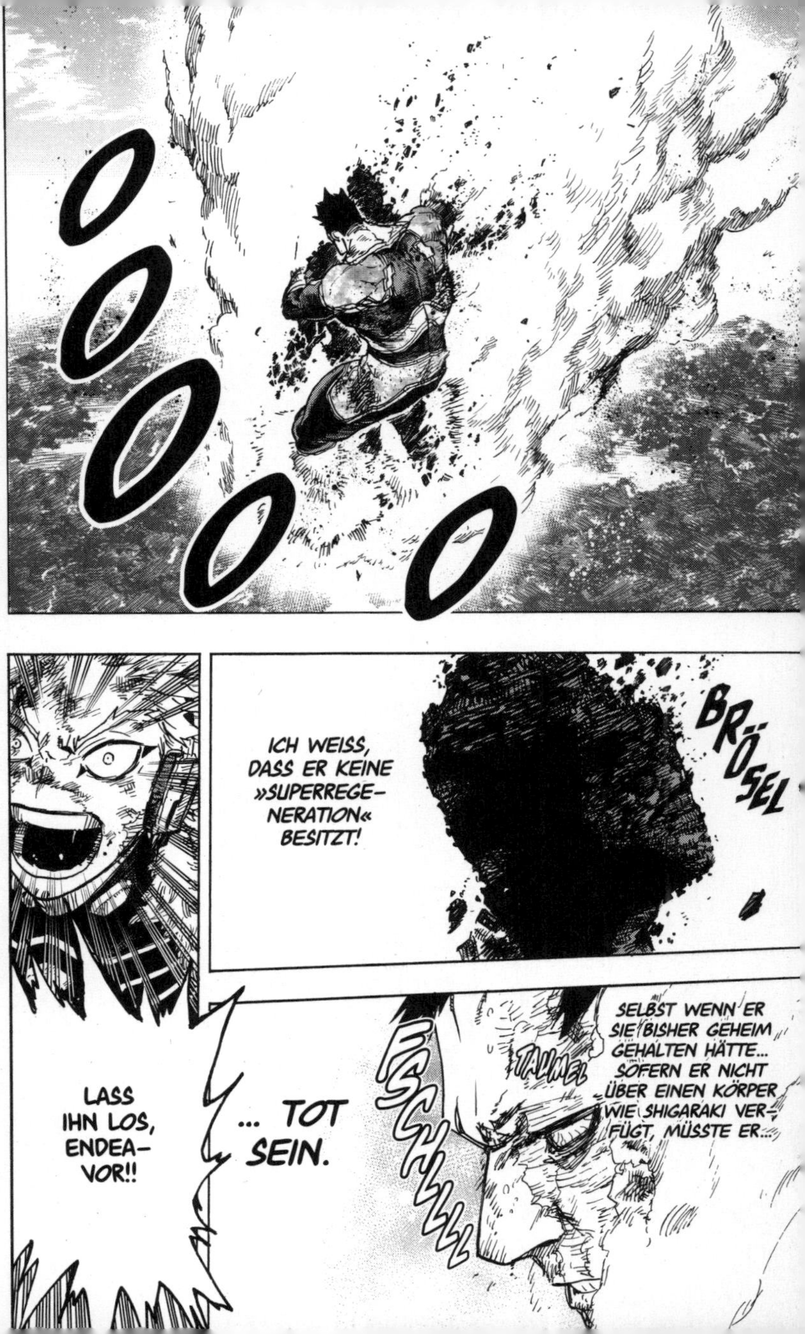
OOOOO
BRÖSEL
ICH WEISS, DASS ER KEINE »SUPERREGENERATION« BESITZT!
SELBST WENN ER SIE BISHER GEHEIM GEHALTEN HÄTTE… SOFERN ER NICHT ÜBER EINEN KÖRPER WIE SHIGARAKI VERFÜGT, MÜSSTE ER…
TAUMEL
… TOT SEIN.
LASS IHN LOS, ENDEAVOR!!

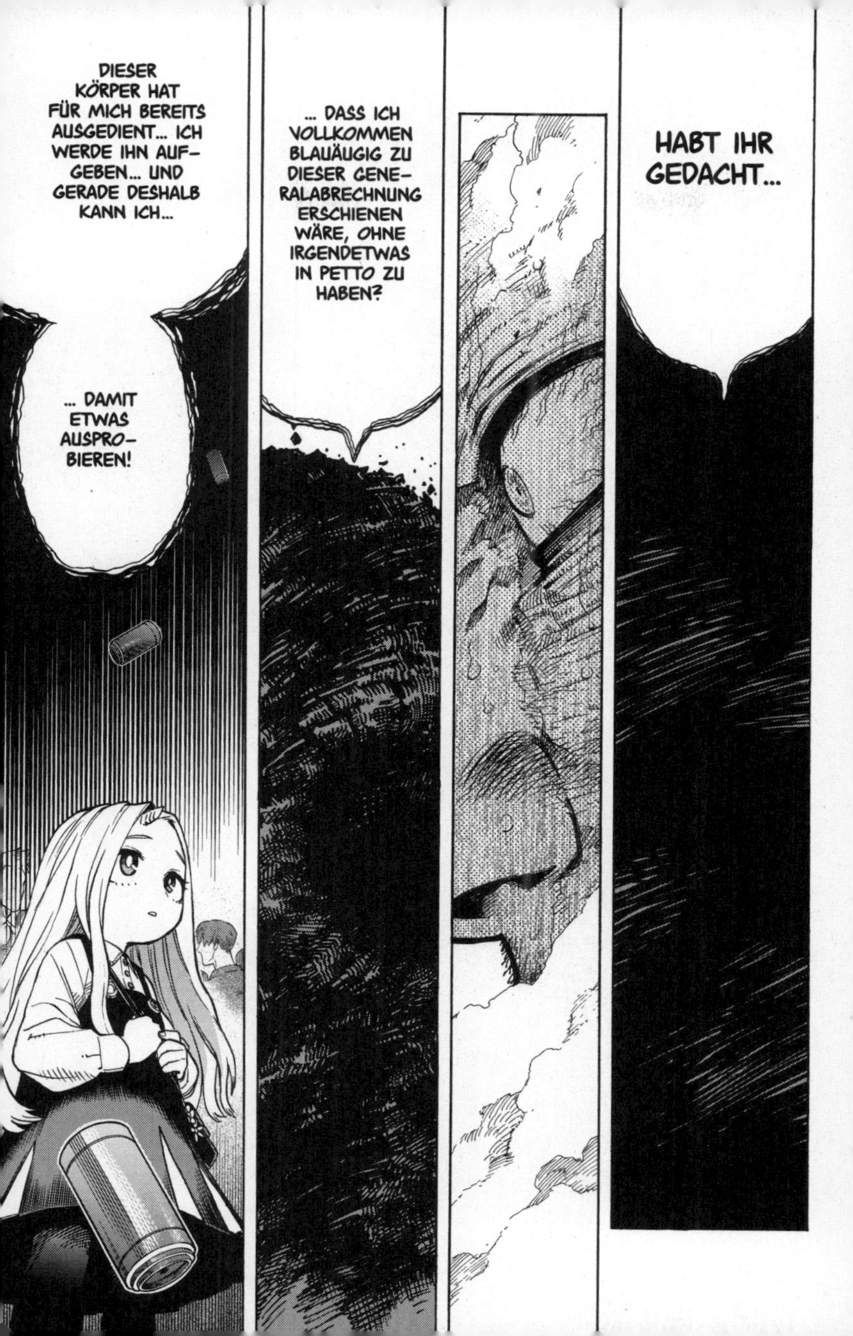
HABT IHR GEDACHT...
... DASS ICH VOLLKOMMEN BLAUÄUGIG ZU DIESER GENERALABRECHNUNG ERSCHIENEN WÄRE, OHNE IRGENDETWAS IN PETTO ZU HABEN?
DIESER KÖRPER HAT FÜR MICH BEREITS AUSGEDIENT... ICH WERDE IHN AUFGEBEN... UND GERADE DESHALB KANN ICH...
... DAMIT ETWAS AUSPROBIEREN!

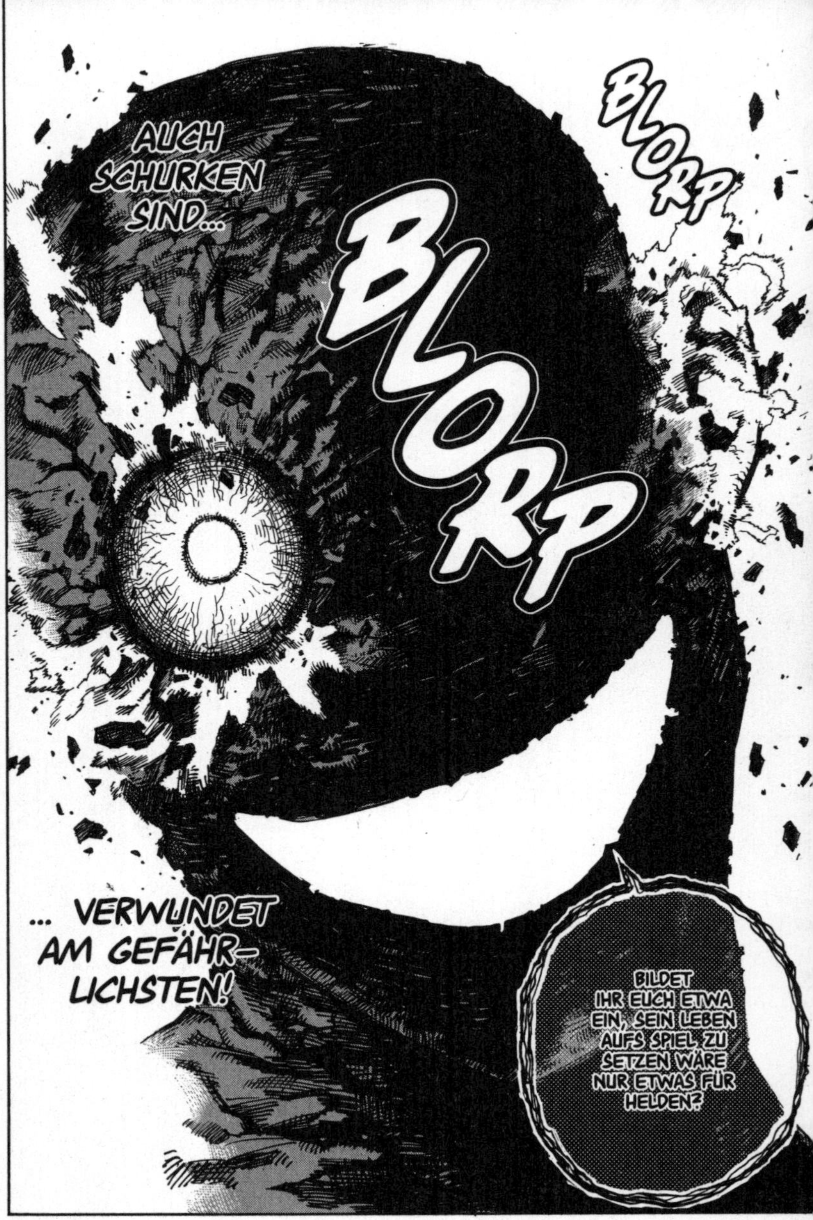
BLORP
BLORP
AUCH SCHURKEN SIND...
... VERWUNDET AM GEFÄHR-LICHSTEN!
BILDET IHR EUCH ETWA EIN, SEIN LEBEN AUFS SPIEL ZU SETZEN WÄRE NUR ETWAS FÜR HELDEN?

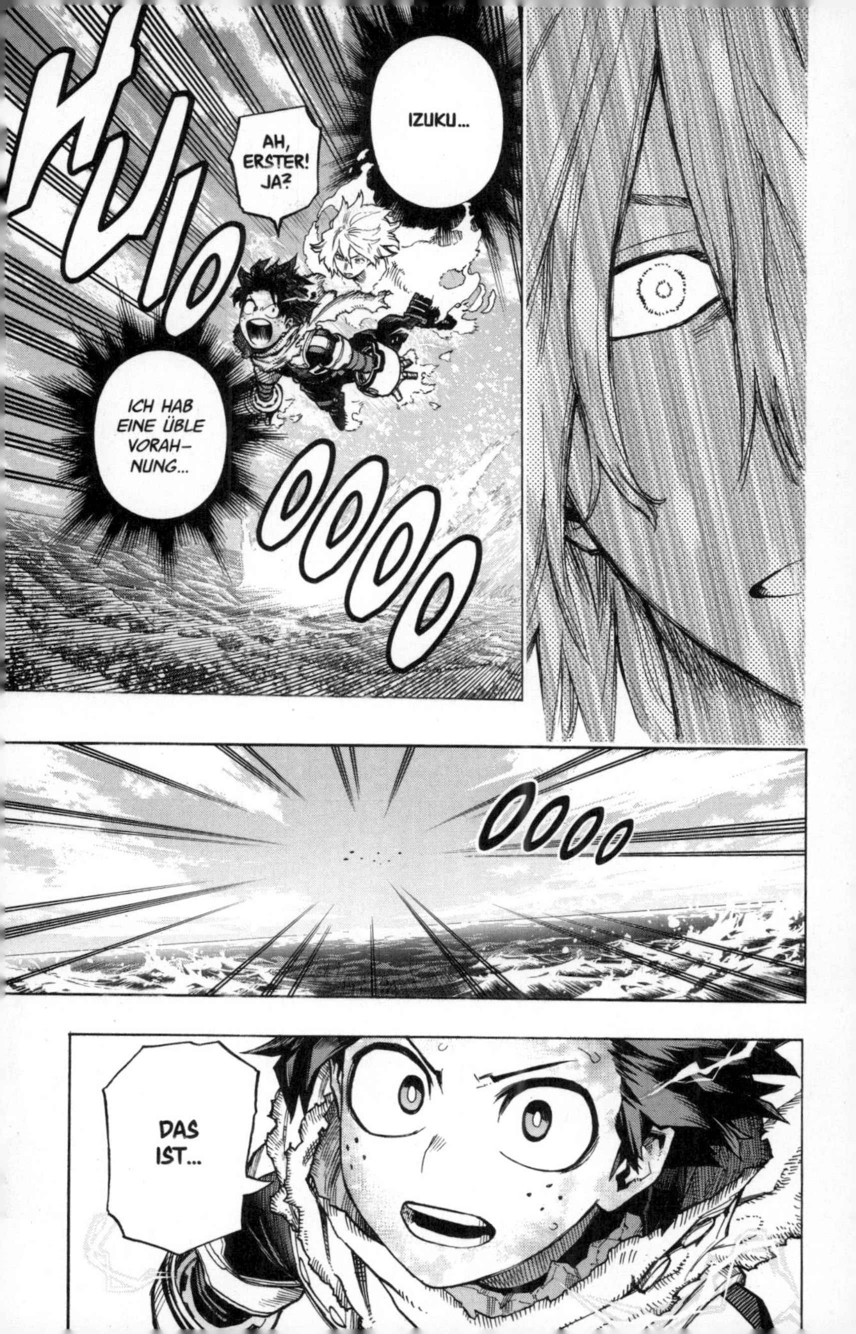
IZUKU...
AH, ERSTER! JA?
ICH HAB EINE ÜBLE VORAH- NUNG...
DAS IST...

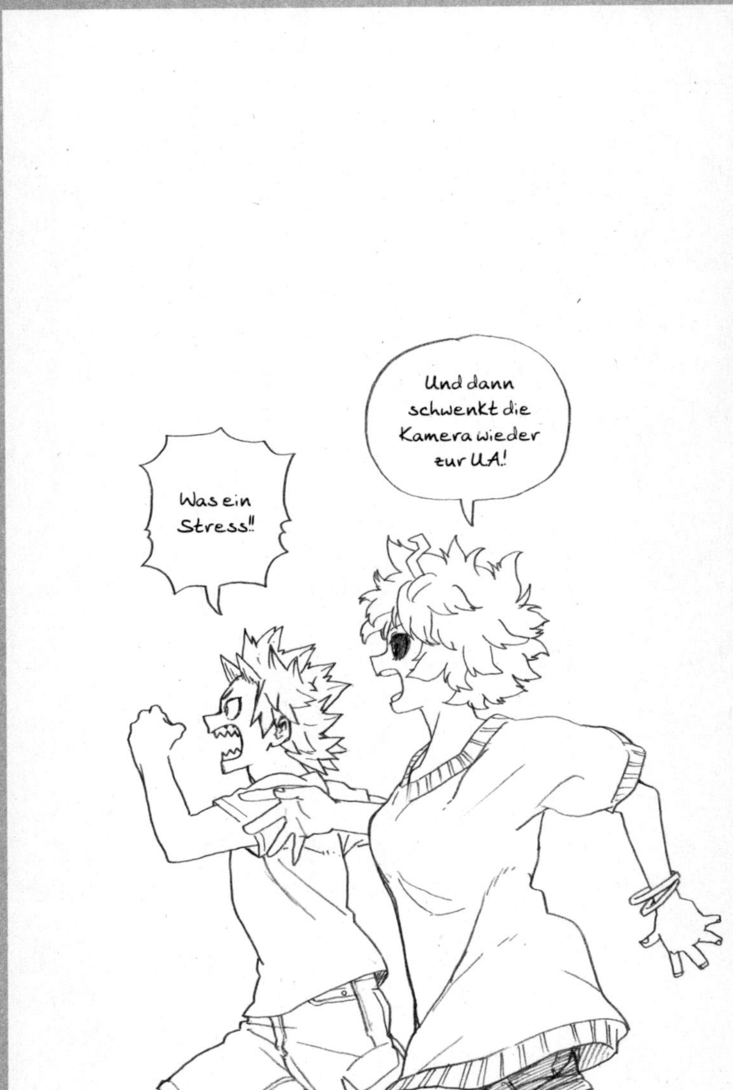
Und dann schwenkt die Kamera wieder zur U.A.!
Was ein Stress!!

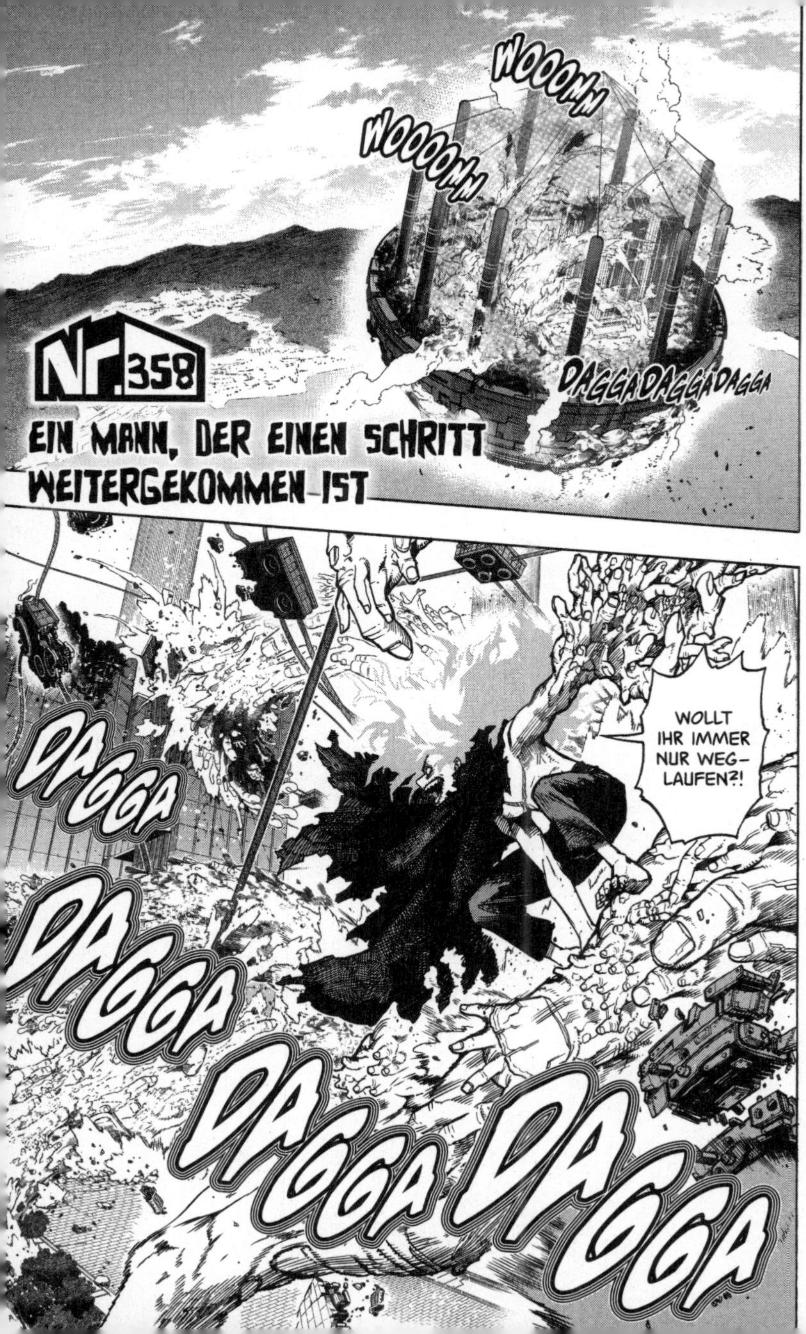
WOOOMM
WOOOOMM
DAGGADAGGADAGGA
Nr. 358
EIN MANN, DER EINEN SCHRITT WEITERGEKOMMEN IST
WOLLT IHR IMMER NUR WEG-LAUFEN?!
DAGGA
DAGGA
DAGGA
DAGGA

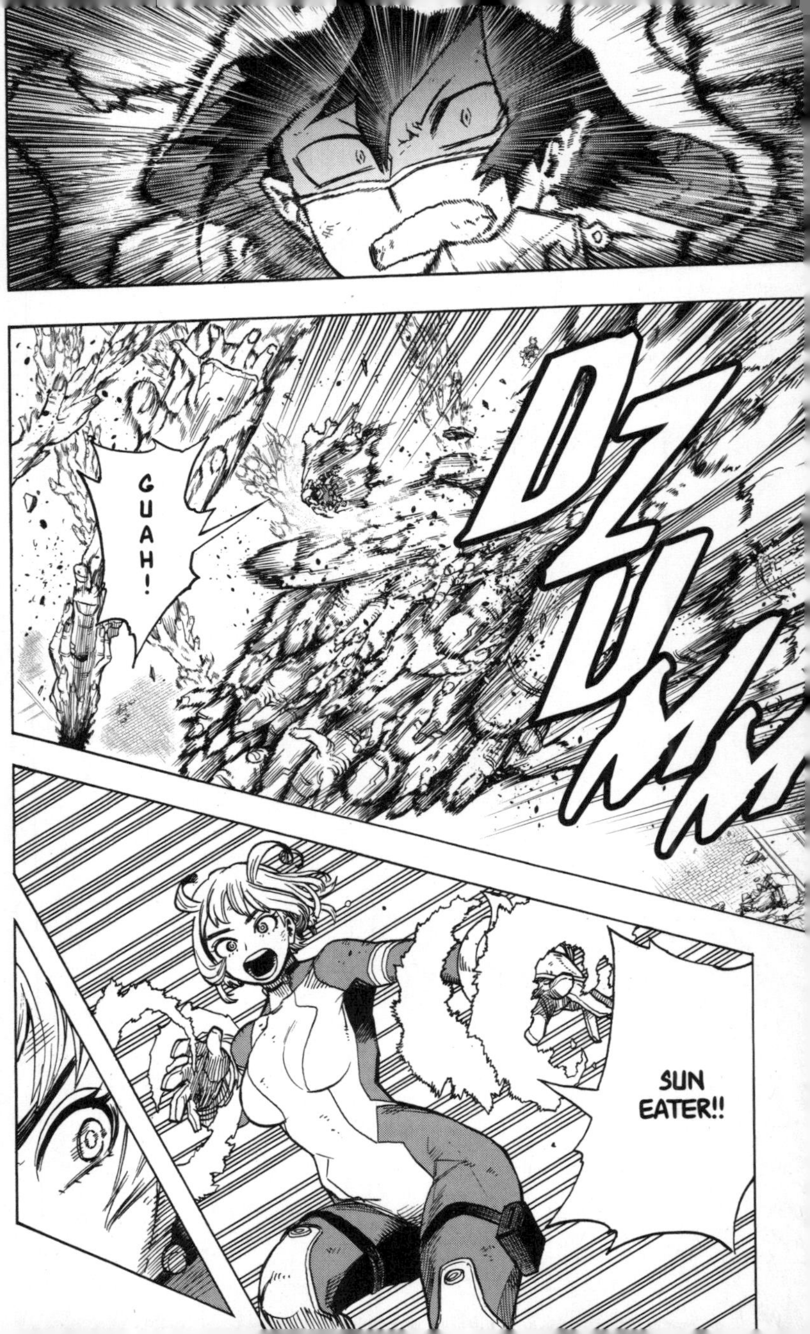

DZUM
GUAH!
SUN EATER!!

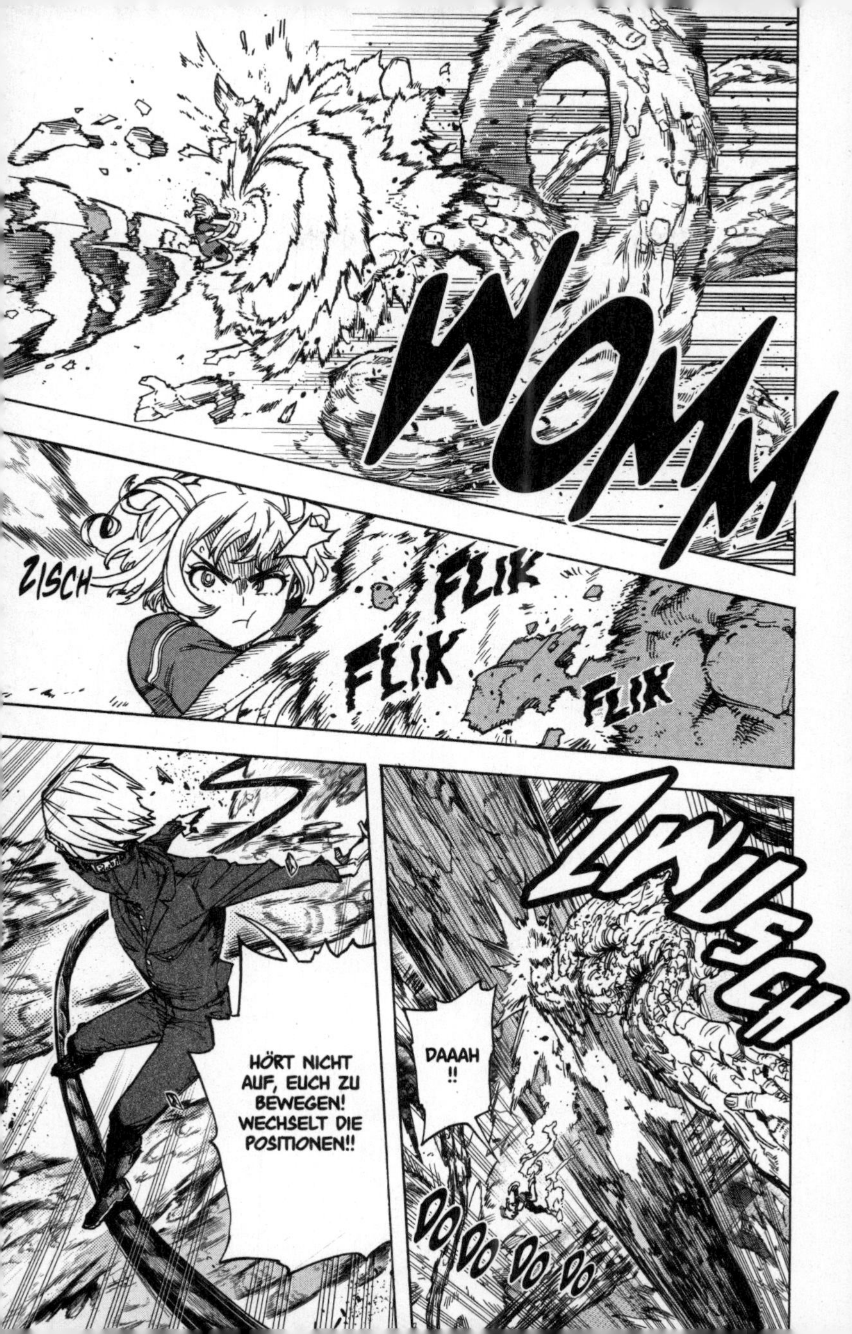
WOMM
FLIK
FLIK
FLIK
ZISCH
ZWUSCH
DAAAH !!
DO DO DO DO
HÖRT NICHT AUF, EUCH ZU BEWEGEN! WECHSELT DIE POSITIONEN!!

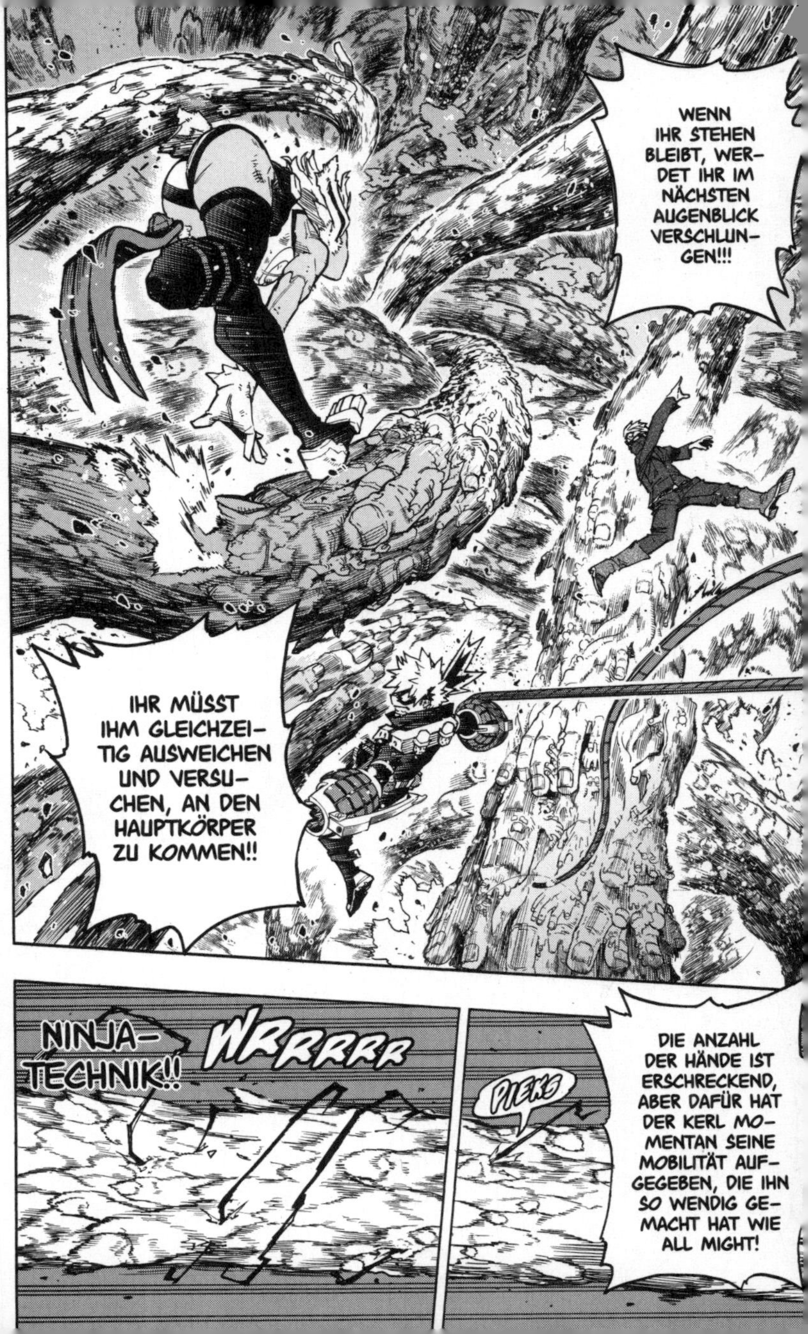
WENN IHR STEHEN BLEIBT, WERDET IHR IM NÄCHSTEN AUGENBLICK VERSCHLUNGEN!!!
IHR MÜSST IHM GLEICHZEITIG AUSWEICHEN UND VERSUCHEN, AN DEN HAUPTKÖRPER ZU KOMMEN!!
DIE ANZAHL DER HÄNDE IST ERSCHRECKEND, ABER DAFÜR HAT DER KERL MOMENTAN SEINE MOBILITÄT AUFGEGEBEN, DIE IHN SO WENDIG GEMACHT HAT WIE ALL MIGHT!
PIEKS
NINJA-TECHNIK!!
WRRRRRR

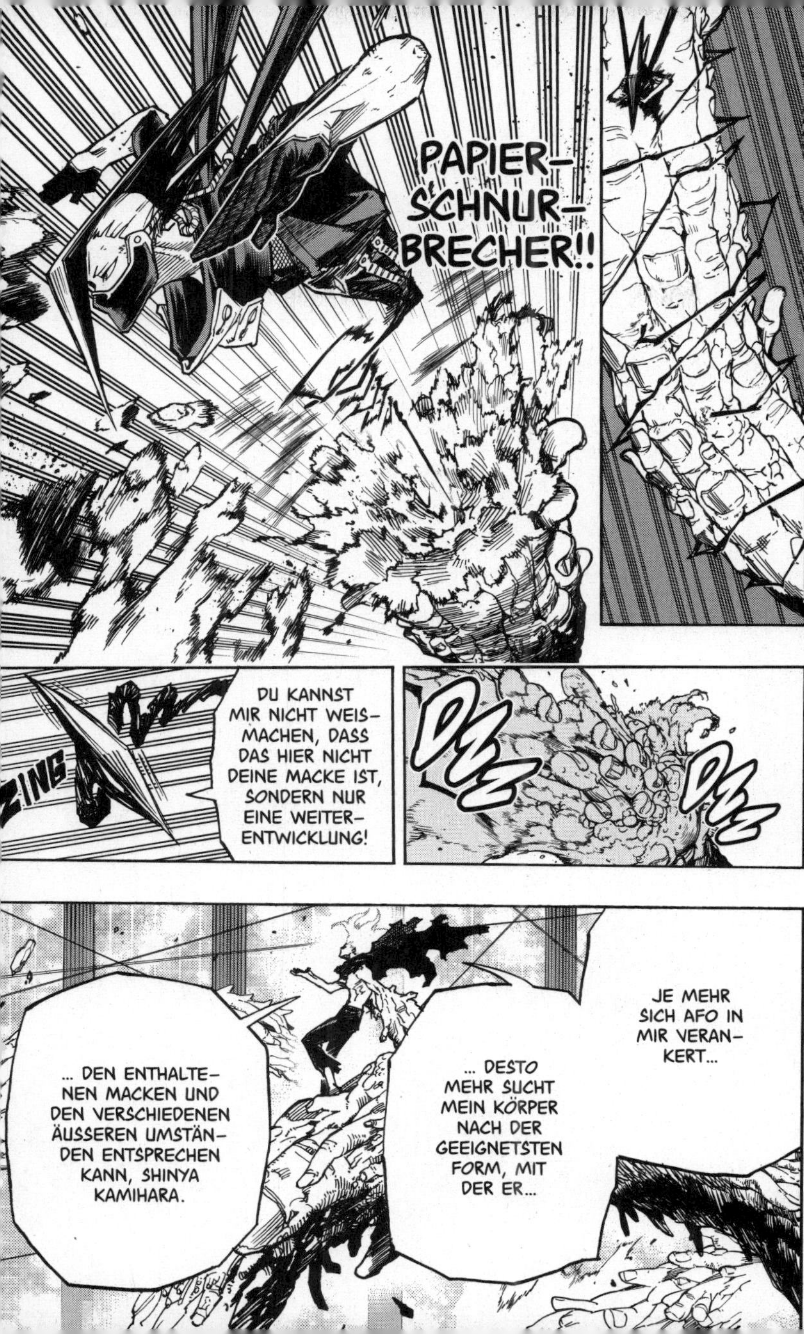
PAPIER-SCHNUR-BRECHER!!
ZING
DU KANNST MIR NICHT WEISMACHEN, DASS DAS HIER NICHT DEINE MACKE IST, SONDERN NUR EINE WEITERENTWICKLUNG!
JE MEHR SICH AFO IN MIR VERANKERT...
... DESTO MEHR SUCHT MEIN KÖRPER NACH DER GEEIGNETSTEN FORM, MIT DER ER...
... DEN ENTHALTENEN MACKEN UND DEN VERSCHIEDENEN ÄUSSEREN UMSTÄNDEN ENTSPRECHEN KANN, SHINYA KAMIHARA.

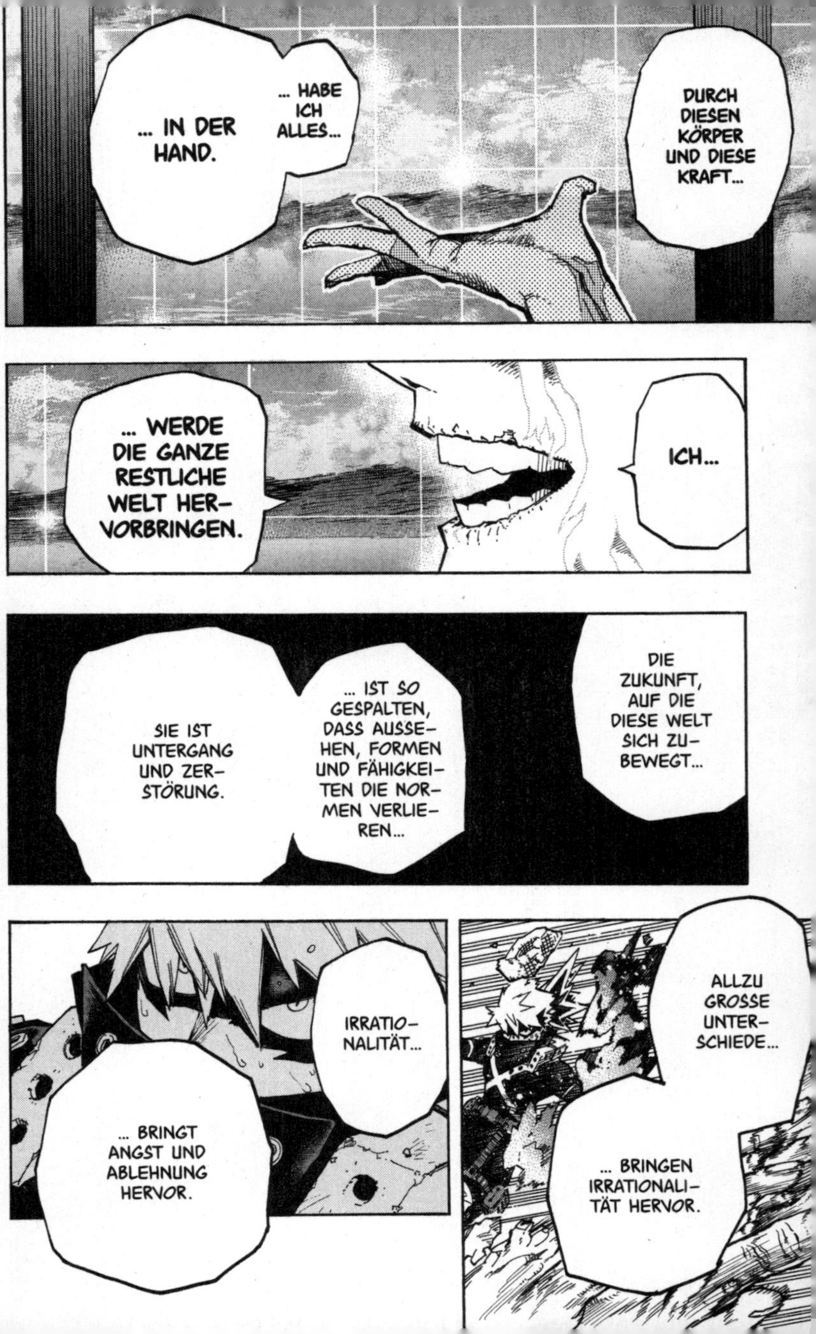
DURCH DIESEN KÖRPER UND DIESE KRAFT...
... HABE ICH ALLES...
... IN DER HAND.
ICH...
... WERDE DIE GANZE RESTLICHE WELT HERVORBRINGEN.
DIE ZUKUNFT, AUF DIE DIESE WELT SICH ZUBEWEGT...
... IST SO GESPALTEN, DASS AUSSEHEN, FORMEN UND FÄHIGKEITEN DIE NORMEN VERLIEREN...
SIE IST UNTERGANG UND ZERSTÖRUNG.
ALLZU GROSSE UNTERSCHIEDE...
... BRINGEN IRRATIONALITÄT HERVOR.
IRRATIONALITÄT...
... BRINGT ANGST UND ABLEHNUNG HERVOR.

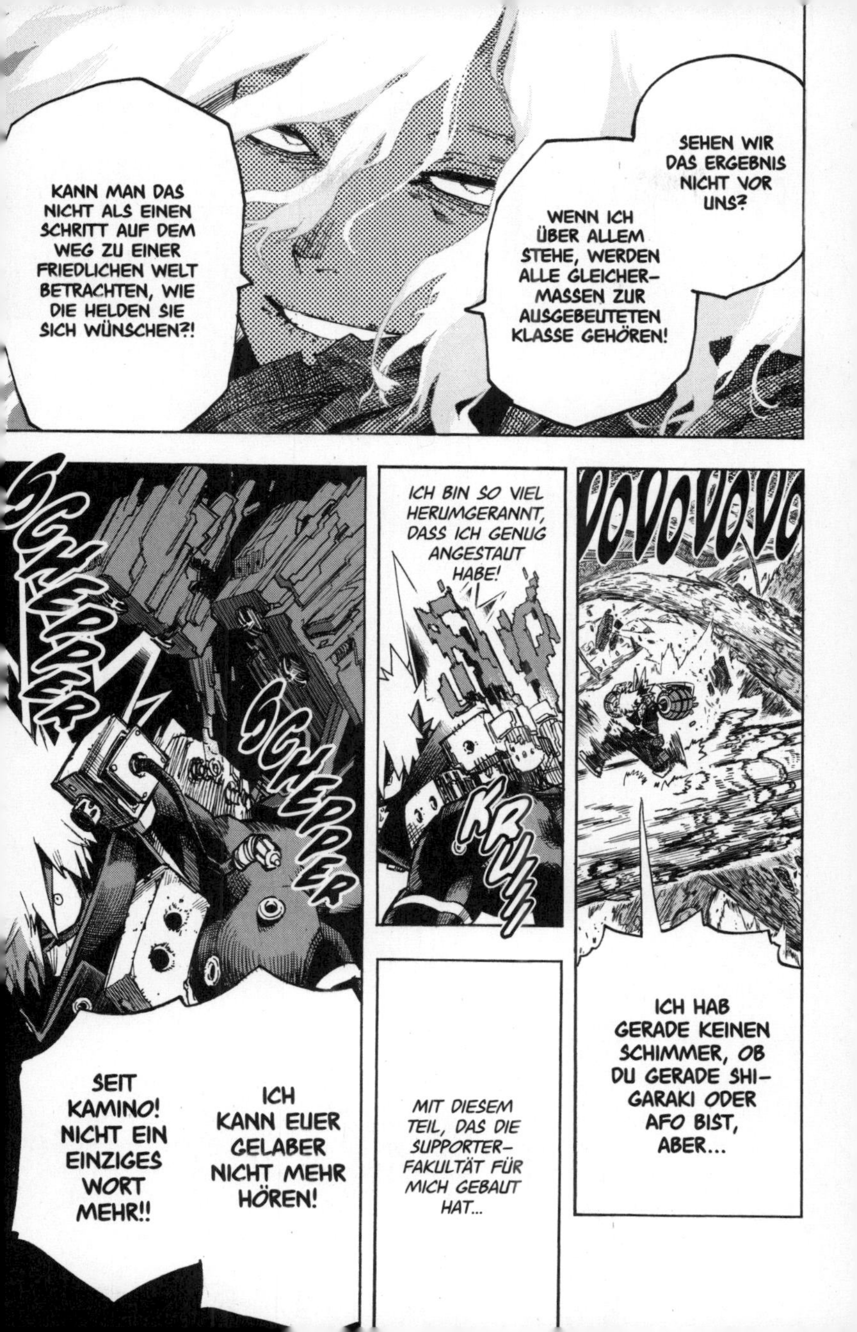
SEHEN WIR DAS ERGEBNIS NICHT VOR UNS?
WENN ICH ÜBER ALLEM STEHE, WERDEN ALLE GLEICHER-MASSEN ZUR AUSGEBEUTETEN KLASSE GEHÖREN!
KANN MAN DAS NICHT ALS EINEN SCHRITT AUF DEM WEG ZU EINER FRIEDLICHEN WELT BETRACHTEN, WIE DIE HELDEN SIE SICH WÜNSCHEN?!
VOVOVOVOVO
ICH HAB GERADE KEINEN SCHIMMER, OB DU GERADE SHI-GARAKI ODER AFO BIST, ABER…
ICH BIN SO VIEL HERUMGERANNT, DASS ICH GENUG ANGESTAUT HABE!
MIT DIESEM TEIL, DAS DIE SUPPORTER-FAKULTÄT FÜR MICH GEBAUT HAT…
SCHEPPER
SCHEPPER
ICH KANN EUER GELABER NICHT MEHR HÖREN!
SEIT KAMINO! NICHT EIN EINZIGES WORT MEHR!!

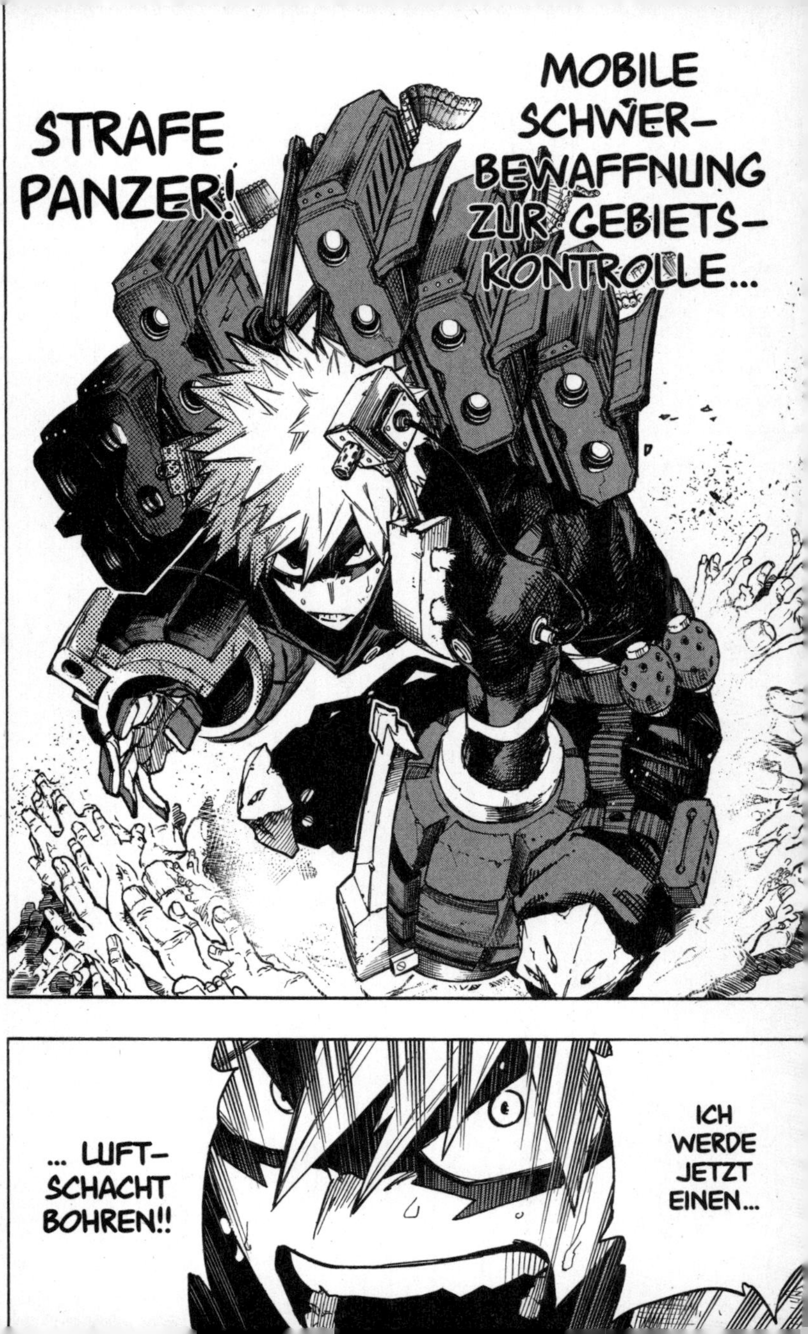
MOBILE SCHWER-BEWAFFNUNG ZUR GEBIETS-KONTROLLE...
STRAFE PANZER!
ICH WERDE JETZT EINEN...
... LUFT-SCHACHT BOHREN!!

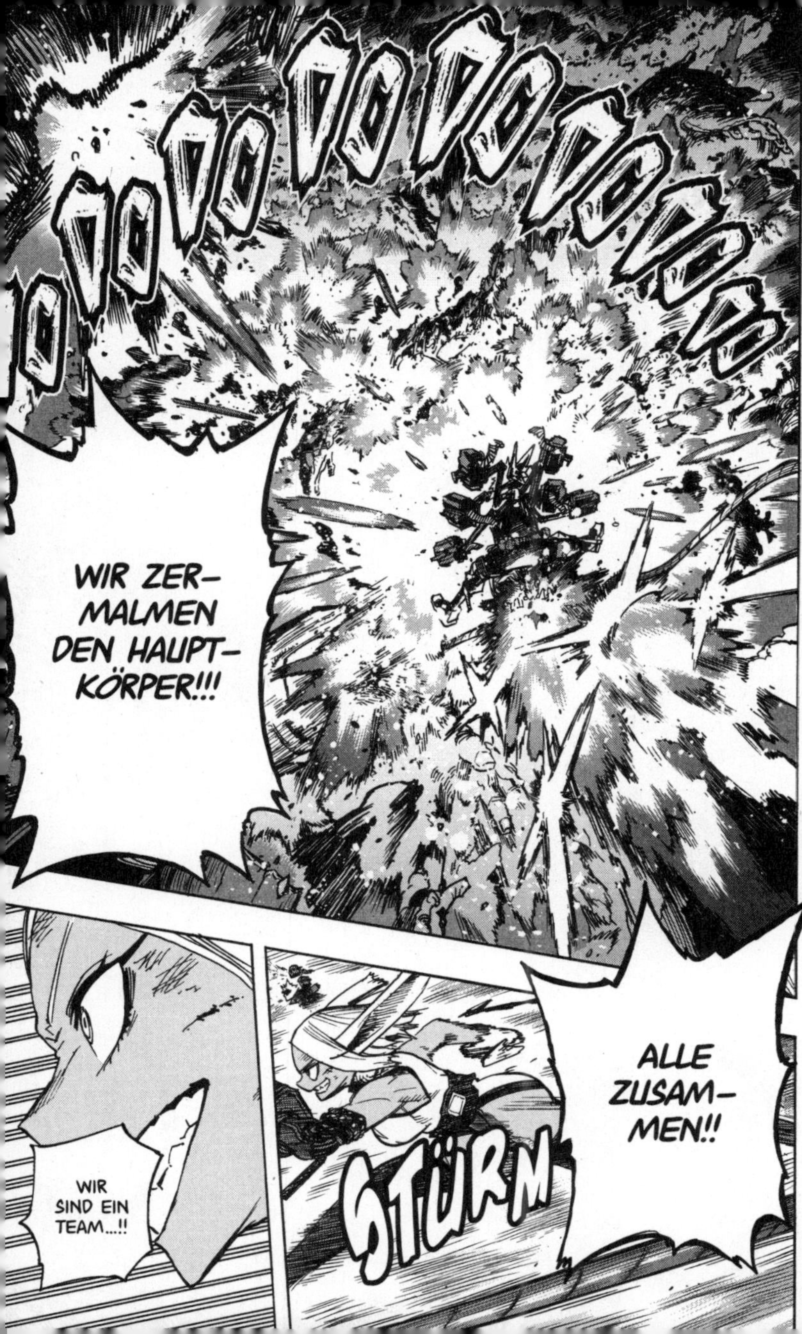
DODODODODODODODODODODODODODO
WIR ZERMALMEN DEN HAUPTKÖRPER!!!
ALLE ZUSAMMEN!!
STÜRM
WIR SIND EIN TEAM...!!

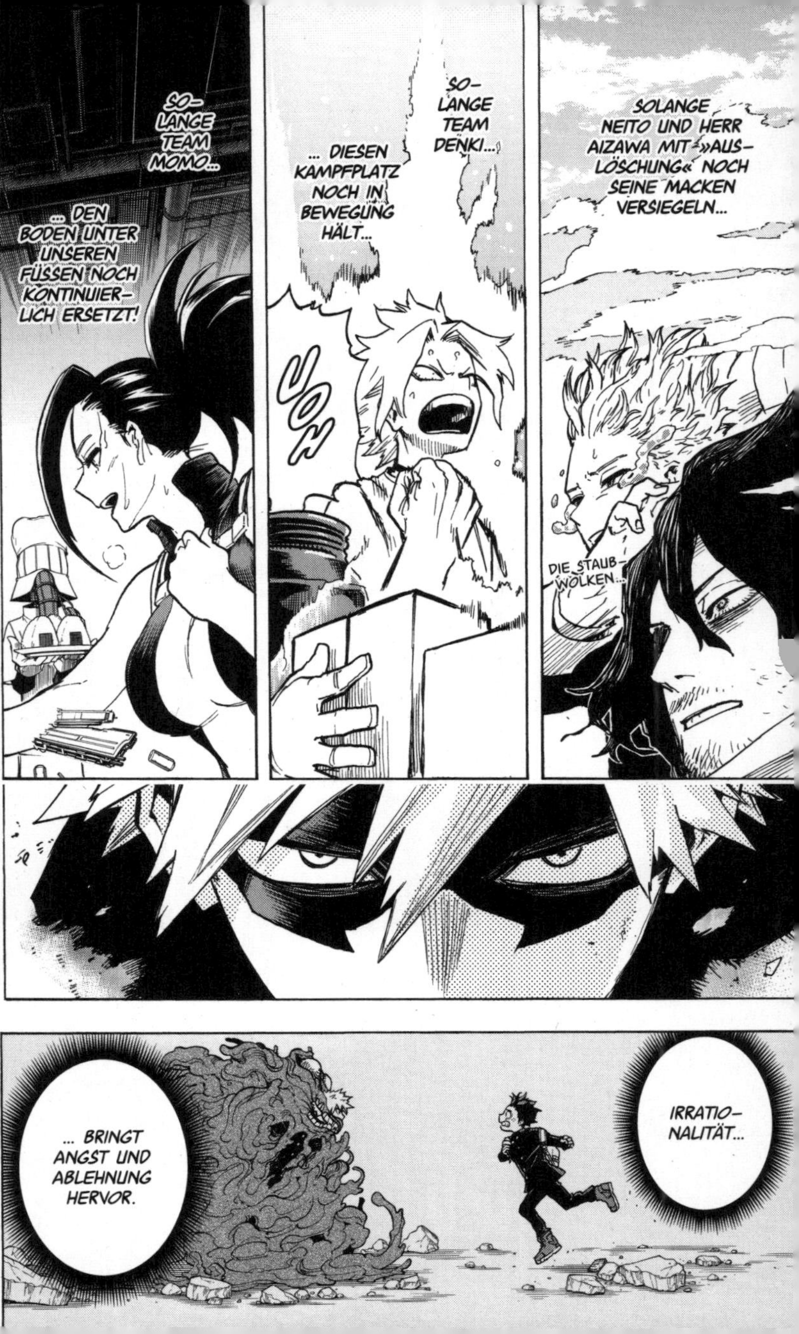
SOLANGE NEITO UND HERR AIZAWA MIT »AUSLÖSCHUNG« NOCH SEINE MACKEN VERSIEGELN...
DIE STAUBWOLKEN...
SO-LANGE TEAM DENKI...
... DIESEN KAMPFPLATZ NOCH IN BEWEGUNG HÄLT...
SO-LANGE TEAM MOMO...
... DEN BODEN UNTER UNSEREN FÜSSEN NOCH KONTINUIER-LICH ERSETZT!
IRRATIO-NALITÄT...
... BRINGT ANGST UND ABLEHNUNG HERVOR.

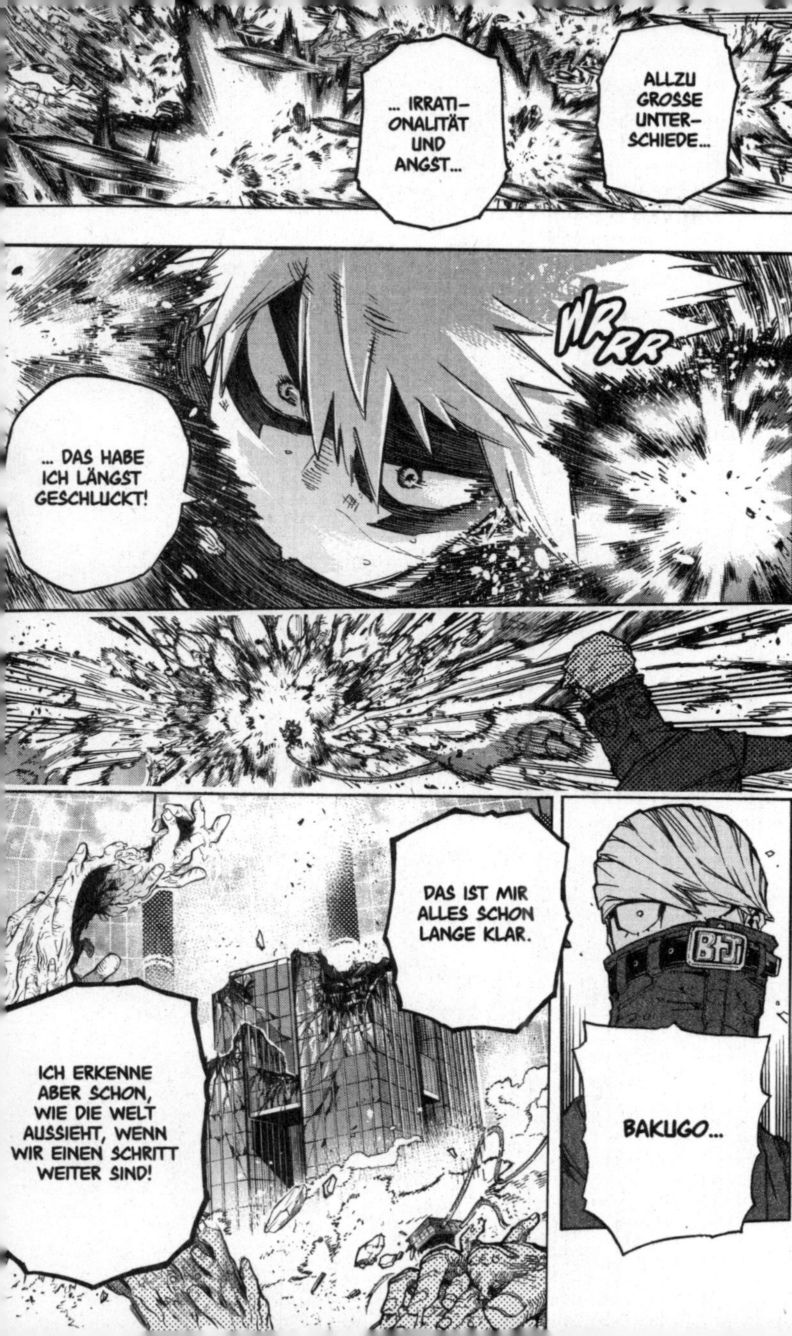
ALLZU GROSSE UNTER-SCHIEDE...
... IRRATI-ONALITÄT UND ANGST...
WRRR
... DAS HABE ICH LÄNGST GESCHLUCKT!
BAKUGO...
DAS IST MIR ALLES SCHON LANGE KLAR.
ICH ERKENNE ABER SCHON, WIE DIE WELT AUSSIEHT, WENN WIR EINEN SCHRITT WEITER SIND!

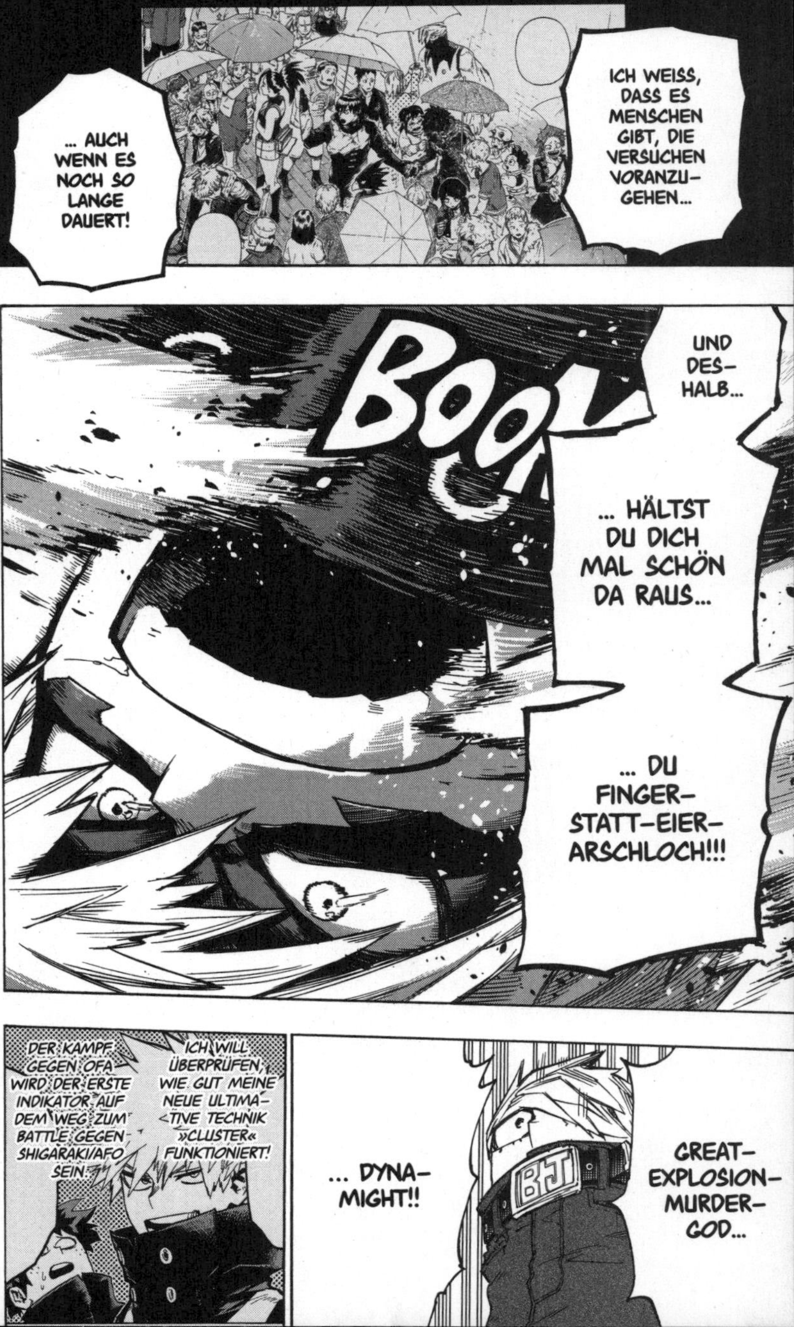
ICH WEISS, DASS ES MENSCHEN GIBT, DIE VERSUCHEN VORANZU-GEHEN...
... AUCH WENN ES NOCH SO LANGE DAUERT!
BOO
UND DES-HALB...
... HÄLTST DU DICH MAL SCHÖN DA RAUS...
... DU FINGER-STATT-EIER-ARSCHLOCH!!!
GREAT-EXPLOSION-MURDER-GOD...
... DYNA-MIGHT!!
ICH WILL ÜBERPRÜFEN, WIE GUT MEINE NEUE ULTIMA-TIVE TECHNIK »CLUSTER« FUNKTIONIERT!
DER KAMPF GEGEN OFA WIRD DER ERSTE INDIKATOR AUF DEM WEG ZUM BATTLE GEGEN SHIGARAKI/AFO SEIN.

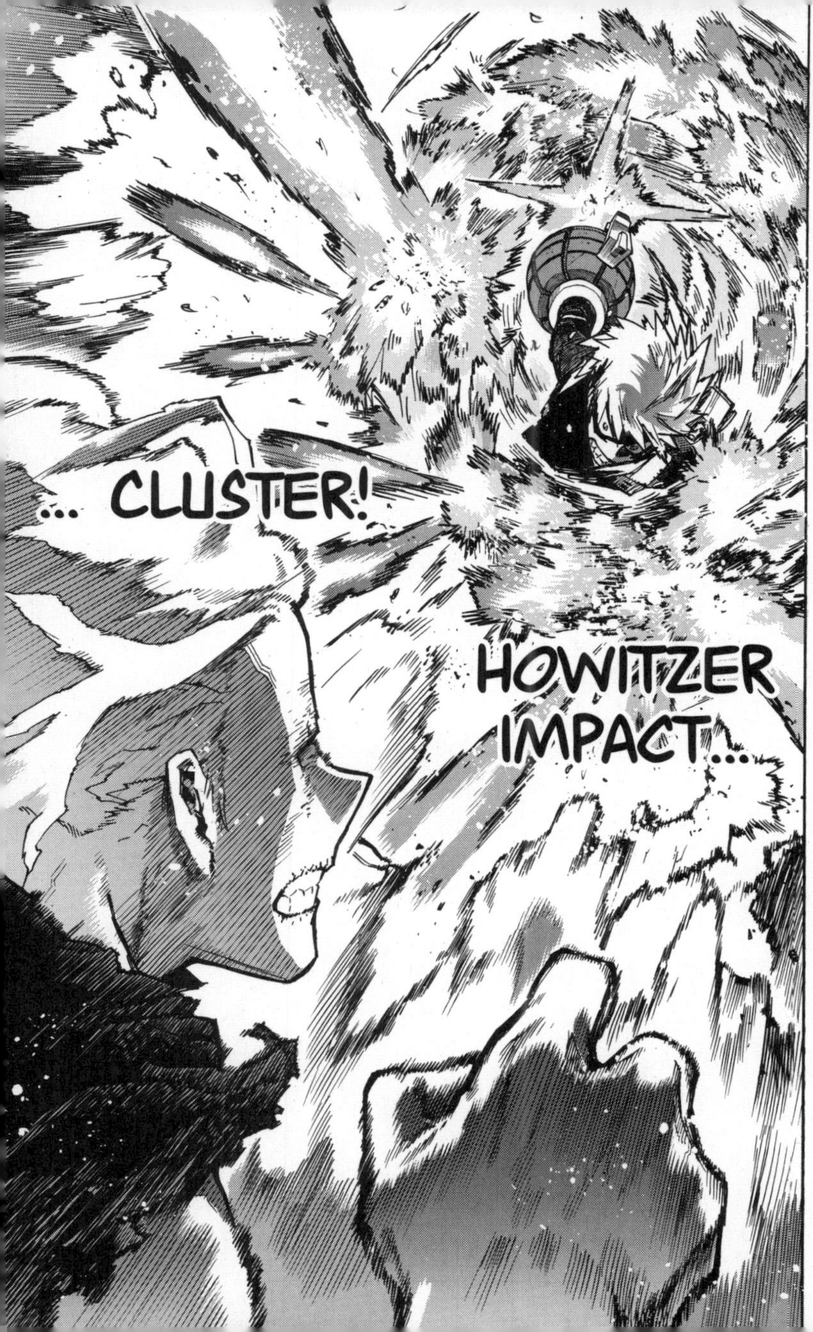
HOWITZER IMPACT...
... CLUSTER!

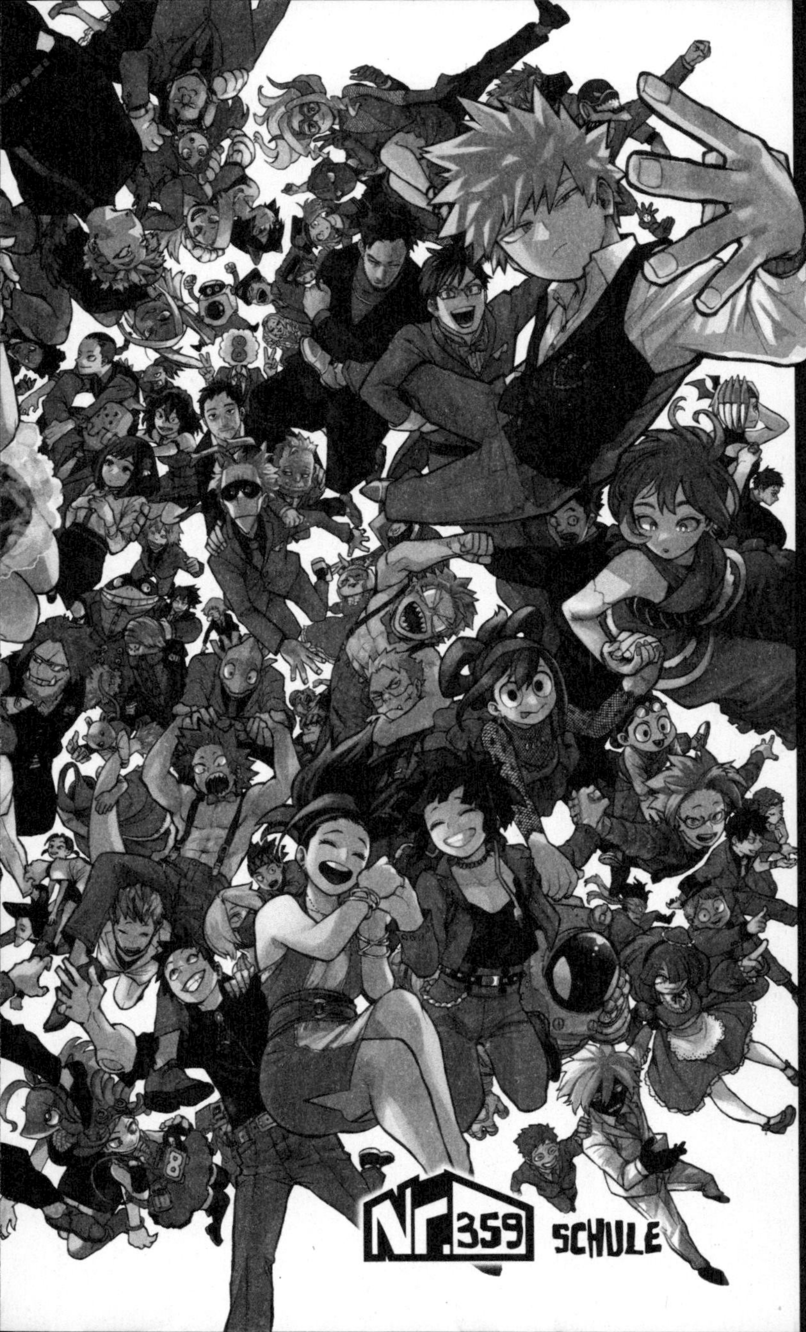
Nr. 359 SCHULE

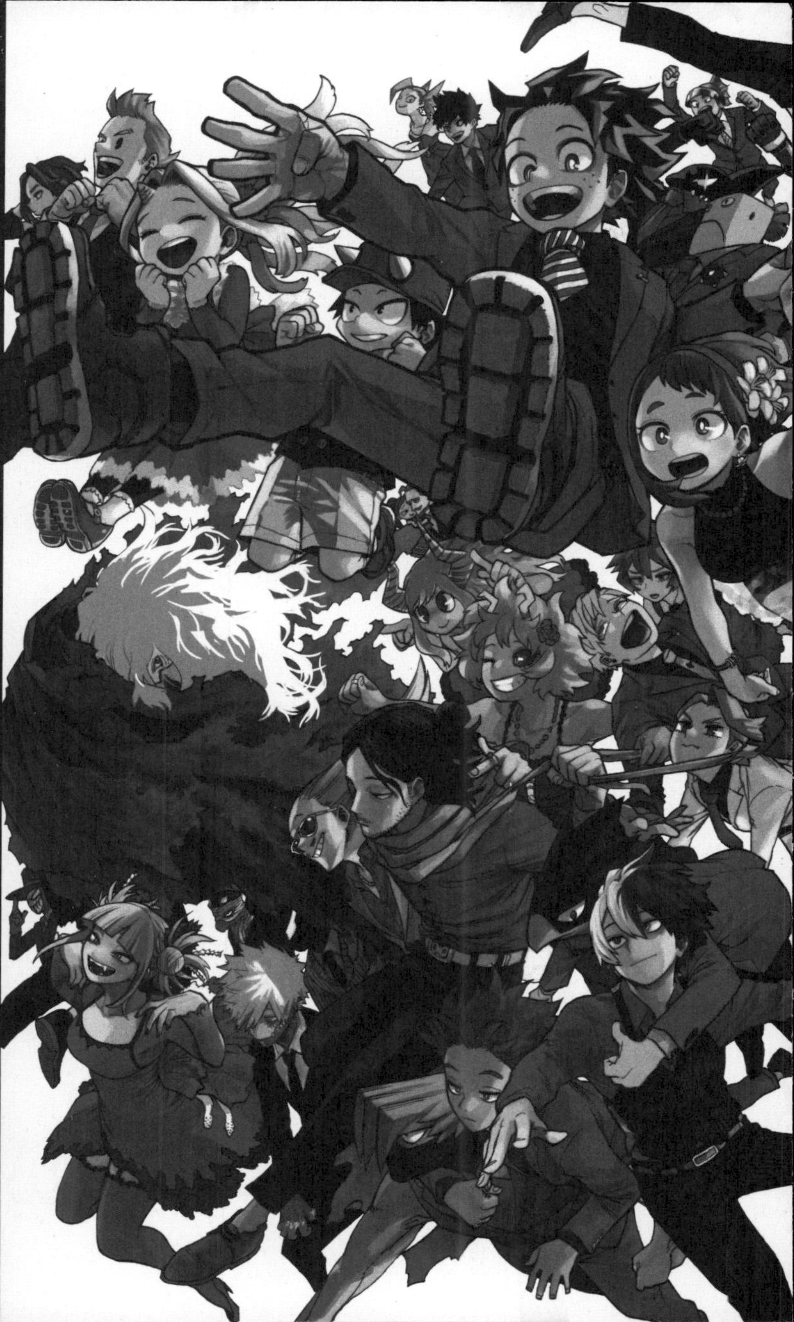

MY HERO ACADEMIA

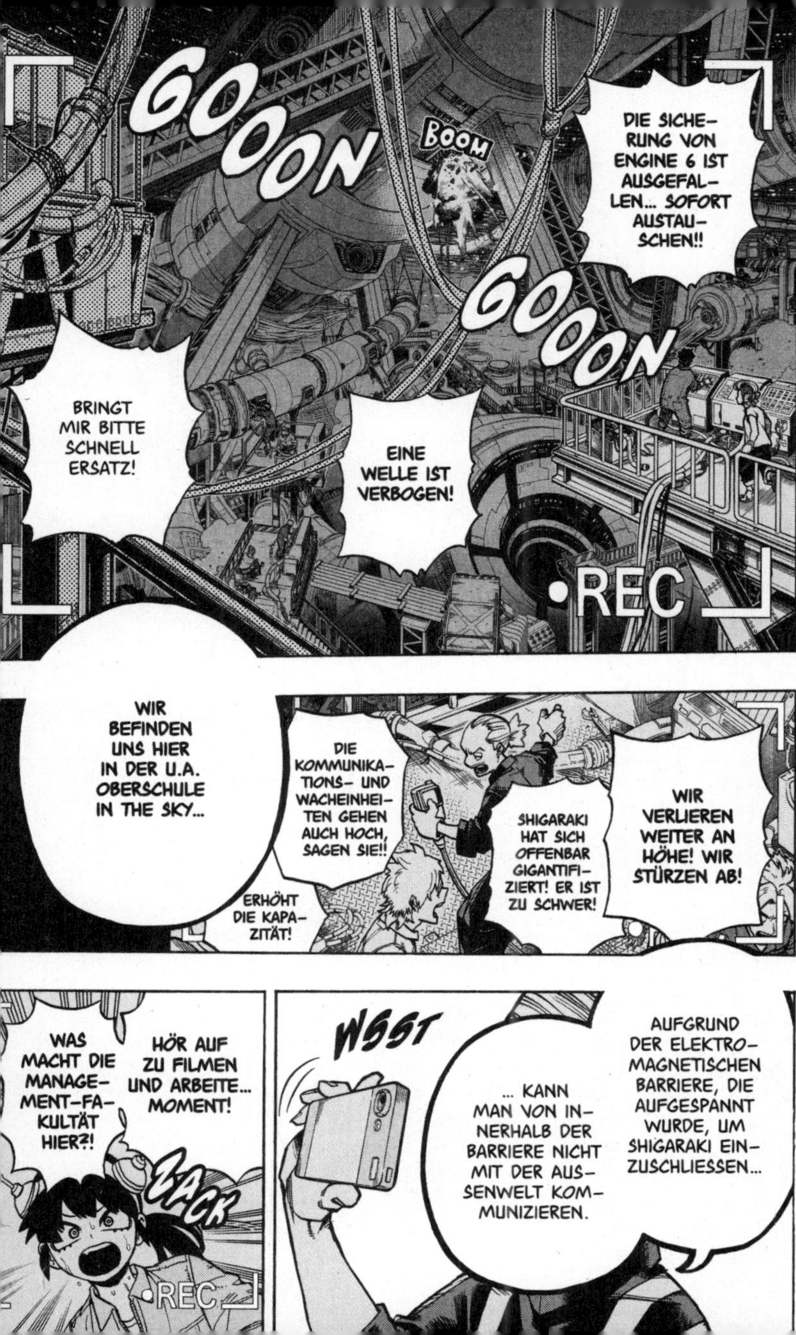
DIE SICHERUNG VON ENGINE 6 IST AUSGEFALLEN... SOFORT AUSTAUSCHEN!!
GOOON
BOOM
GOOON
EINE WELLE IST VERBOGEN!
BRINGT MIR BITTE SCHNELL ERSATZ!
•REC
WIR VERLIEREN WEITER AN HÖHE! WIR STÜRZEN AB!
SHIGARAKI HAT SICH OFFENBAR GIGANTIFIZIERT! ER IST ZU SCHWER!
DIE KOMMUNIKATIONS- UND WACHEINHEITEN GEHEN AUCH HOCH, SAGEN SIE!!
ERHÖHT DIE KAPAZITÄT!
WIR BEFINDEN UNS HIER IN DER U.A. OBERSCHULE IN THE SKY...
AUFGRUND DER ELEKTROMAGNETISCHEN BARRIERE, DIE AUFGESPANNT WURDE, UM SHIGARAKI EINZUSCHLIESSEN...
... KANN MAN VON INNERHALB DER BARRIERE NICHT MIT DER AUSSENWELT KOMMUNIZIEREN.
WSST
HÖR AUF ZU FILMEN UND ARBEITE... MOMENT!
WAS MACHT DIE MANAGEMENT-FAKULTÄT HIER?!
ZACK
•REC

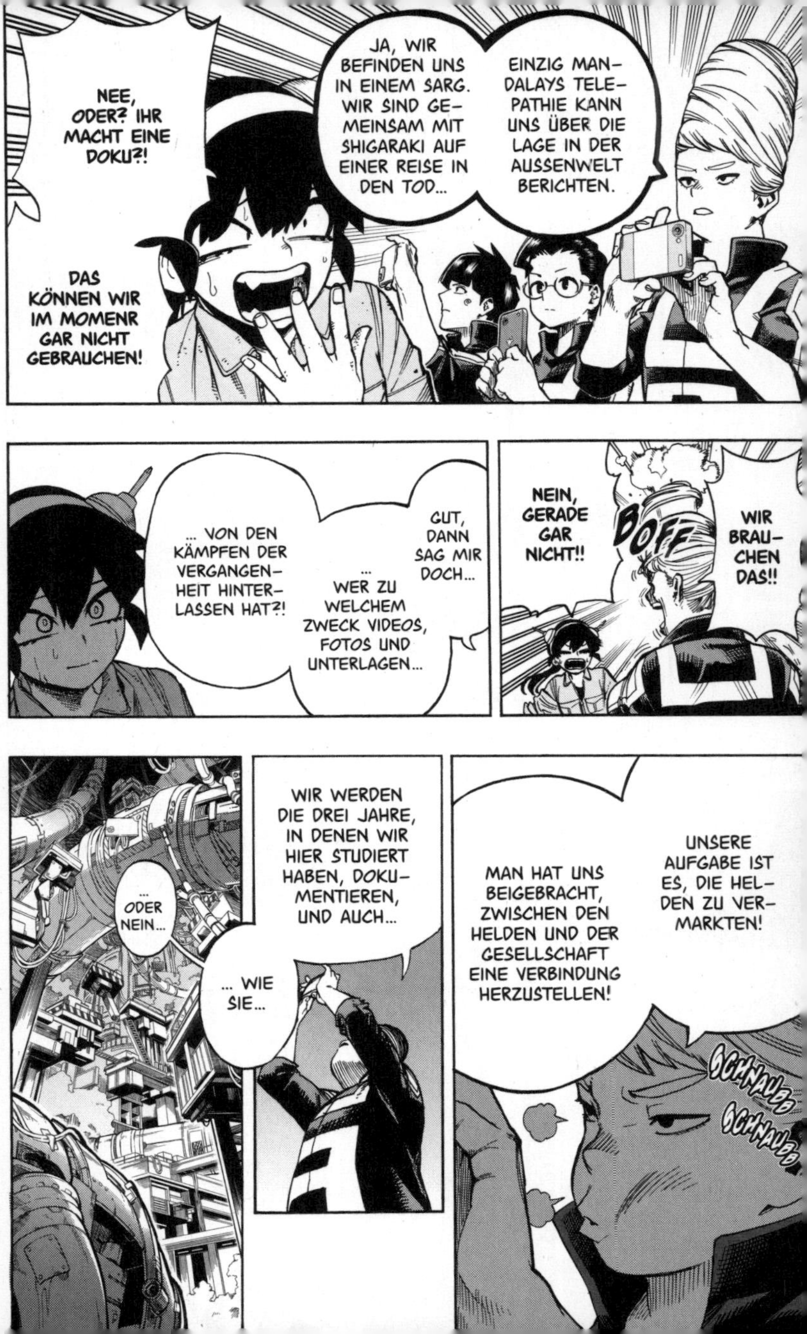
EINZIG MANDALAYS TELEPATHIE KANN UNS ÜBER DIE LAGE IN DER AUSSENWELT BERICHTEN.
JA, WIR BEFINDEN UNS IN EINEM SARG. WIR SIND GEMEINSAM MIT SHIGARAKI AUF EINER REISE IN DEN TOD…
NEE, ODER?! IHR MACHT EINE DOKU?!
DAS KÖNNEN WIR IM MOMENR GAR NICHT GEBRAUCHEN!
WIR BRAUCHEN DAS!!
BOFF
NEIN, GERADE GAR NICHT!!
GUT, DANN SAG MIR DOCH…
… WER ZU WELCHEM ZWECK VIDEOS, FOTOS UND UNTERLAGEN…
… VON DEN KÄMPFEN DER VERGANGENHEIT HINTERLASSEN HAT?!
UNSERE AUFGABE IST ES, DIE HELDEN ZU VERMARKTEN!
MAN HAT UNS BEIGEBRACHT, ZWISCHEN DEN HELDEN UND DER GESELLSCHAFT EINE VERBINDUNG HERZUSTELLEN!
SCHNAUB SCHNAUB
WIR WERDEN DIE DREI JAHRE, IN DENEN WIR HIER STUDIERT HABEN, DOKUMENTIEREN, UND AUCH…
… WIE SIE…
… ODER NEIN…

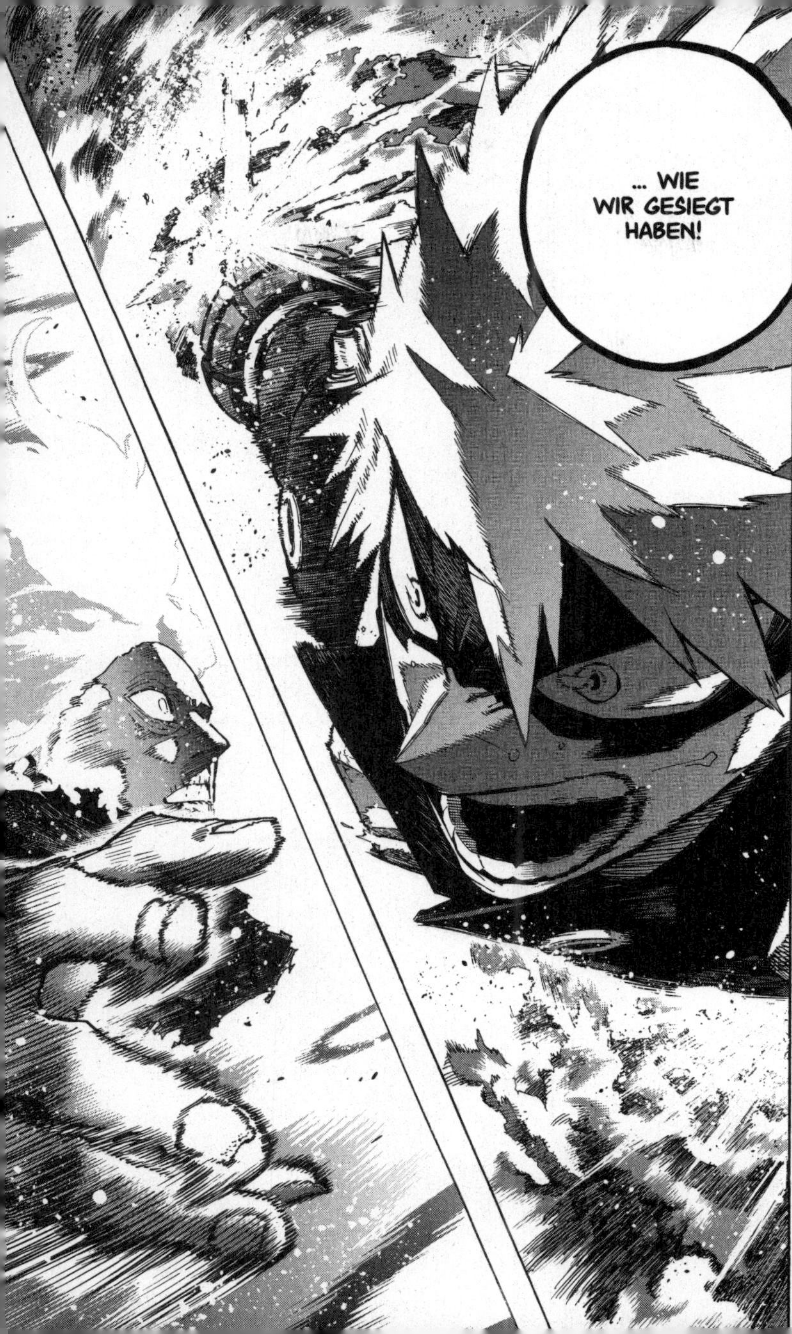
... WIE WIR GESIEGT HABEN!

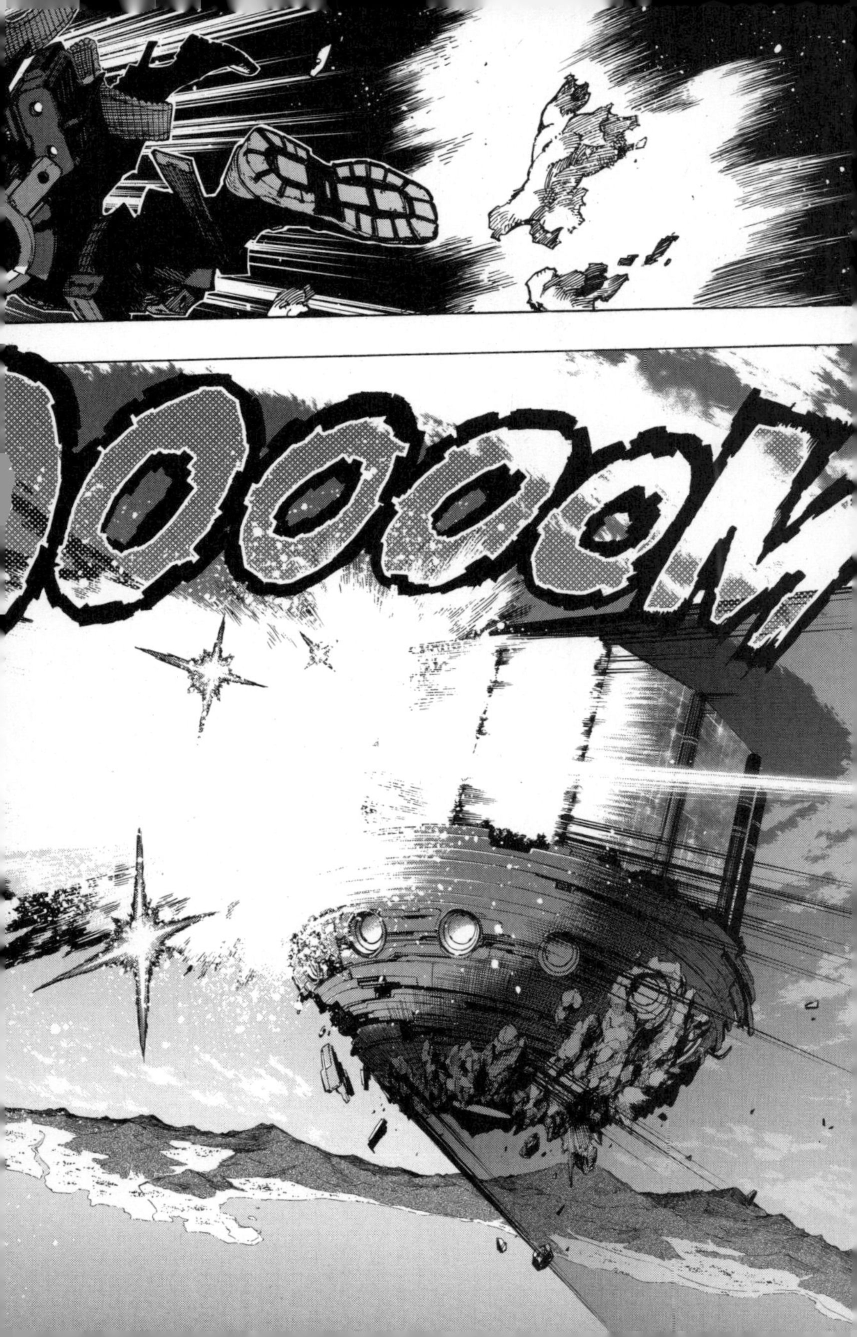
OOOOOM

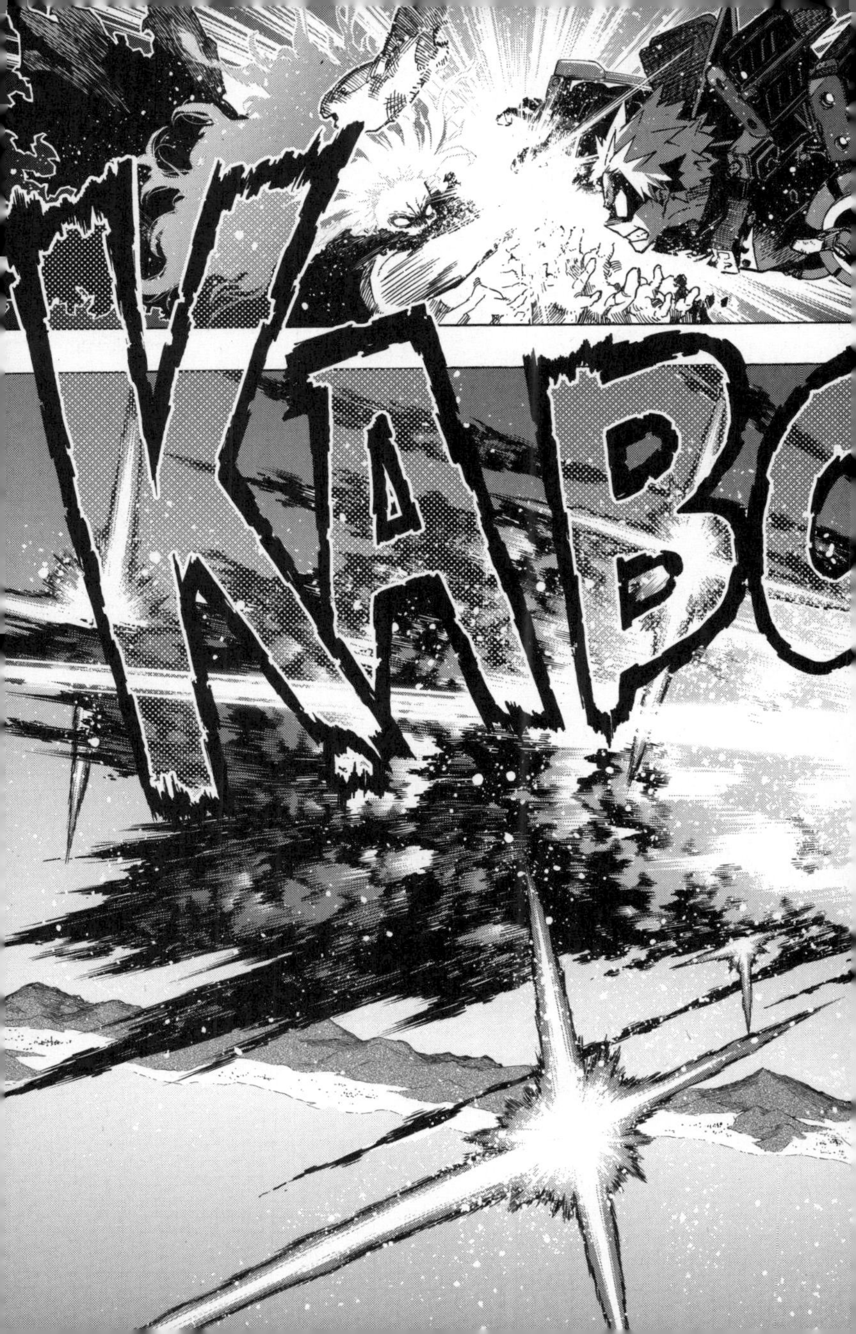
KAB

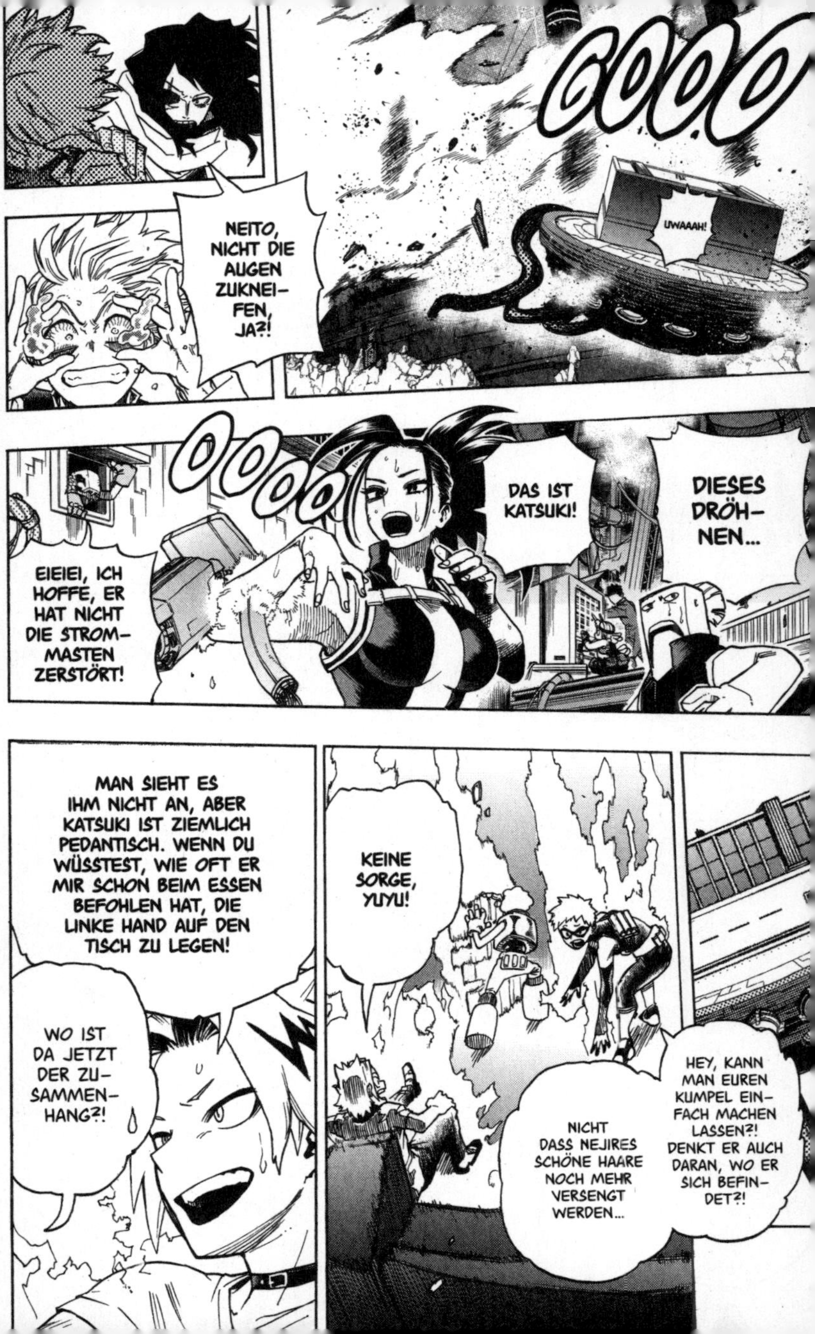
GOOOO
UWAAAH!
NEITO, NICHT DIE AUGEN ZUKNEIFEN, JA?!
DIESES DRÖHNEN...
DAS IST KATSUKI!
OOOO
EIEIEI, ICH HOFFE, ER HAT NICHT DIE STROMMASTEN ZERSTÖRT!
HEY, KANN MAN EUREN KUMPEL EINFACH MACHEN LASSEN?! DENKT ER AUCH DARAN, WO ER SICH BEFINDET?!
NICHT DASS NEJIRES SCHÖNE HAARE NOCH MEHR VERSENGT WERDEN...
KEINE SORGE, YUYU!
MAN SIEHT ES IHM NICHT AN, ABER KATSUKI IST ZIEMLICH PEDANTISCH. WENN DU WÜSSTEST, WIE OFT ER MIR SCHON BEIM ESSEN BEFOHLEN HAT, DIE LINKE HAND AUF DEN TISCH ZU LEGEN!
WO IST DA JETZT DER ZUSAMMENHANG?!

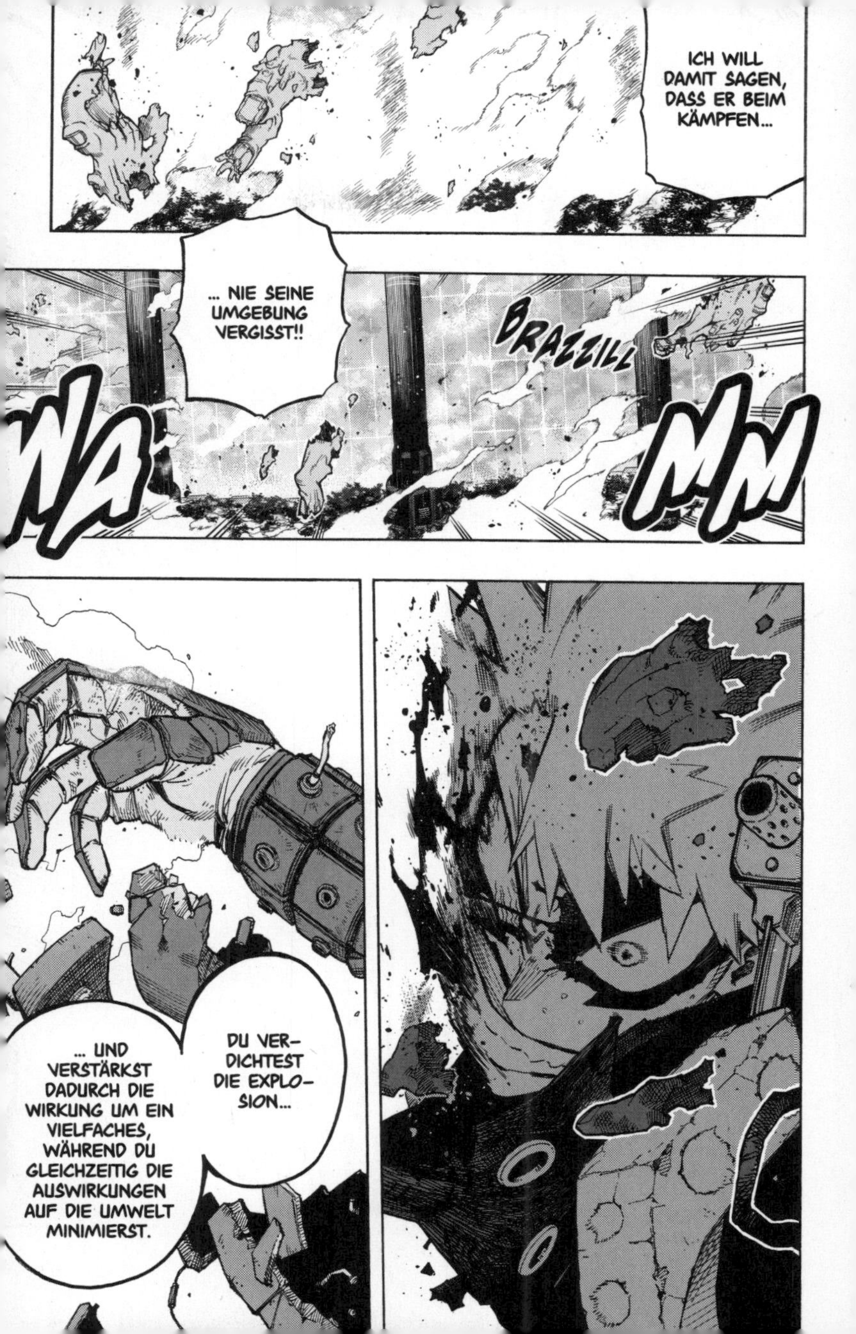
ICH WILL DAMIT SAGEN, DASS ER BEIM KÄMPFEN...
... NIE SEINE UMGEBUNG VERGISST!!
BRAZZILL
MM
WA
DU VER-DICHTEST DIE EXPLO-SION...
... UND VERSTÄRKST DADURCH DIE WIRKUNG UM EIN VIELFACHES, WÄHREND DU GLEICHZEITIG DIE AUSWIRKUNGEN AUF DIE UMWELT MINIMIERST.

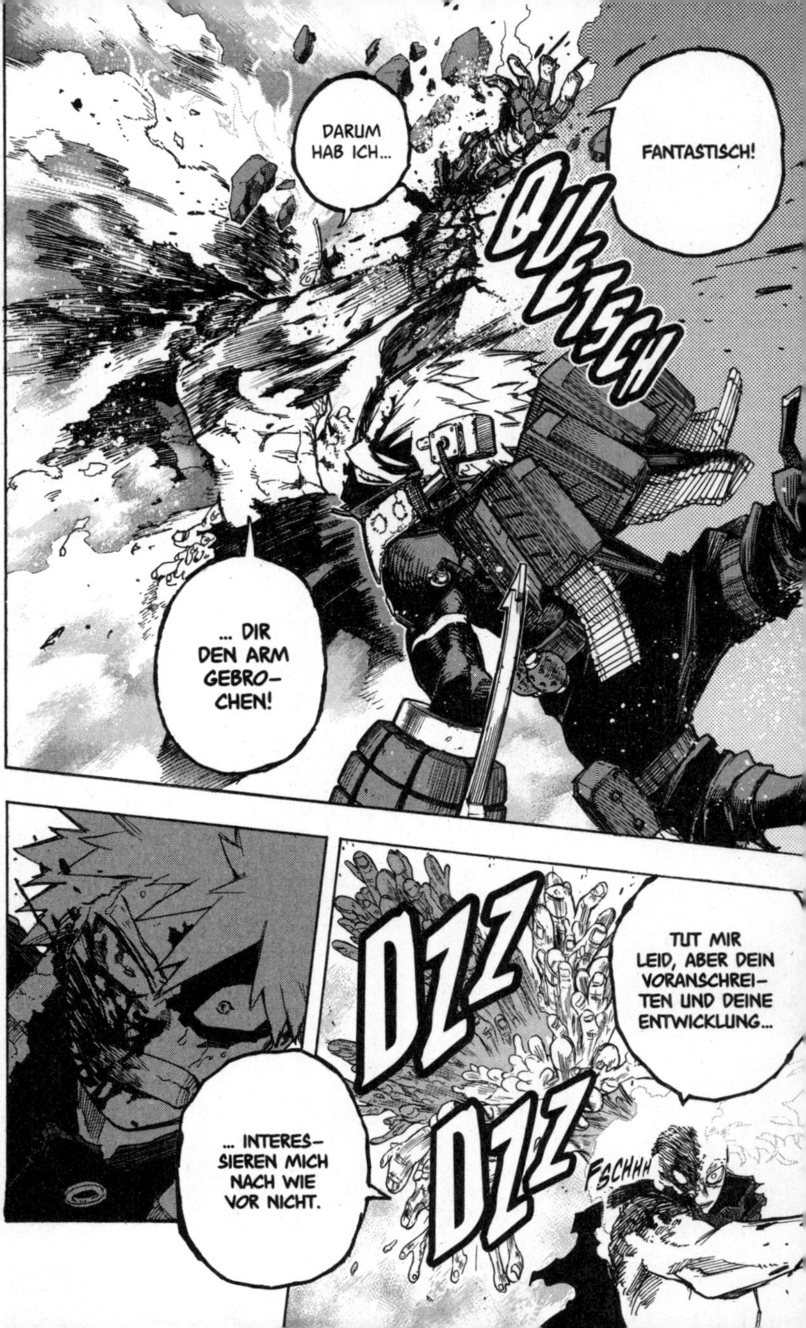
FANTASTISCH!
DARUM HAB ICH...
QUETSCH
... DIR DEN ARM GEBROCHEN!
TUT MIR LEID, ABER DEIN VORANSCHREITEN UND DEINE ENTWICKLUNG...
DZZ
DZZ
FSCHHH
... INTERESSIEREN MICH NACH WIE VOR NICHT.

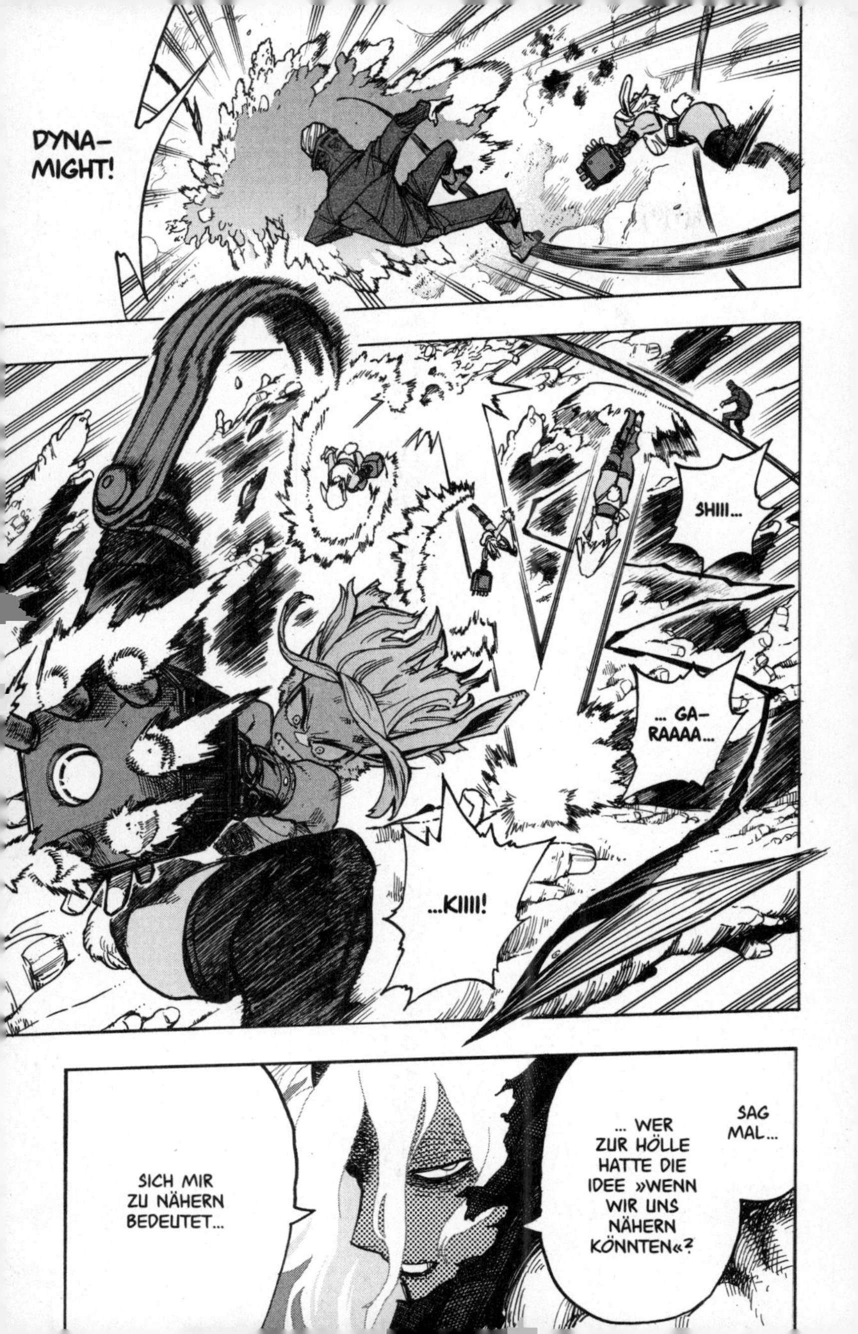
DYNA-
MIGHT!
SHIII…
… GA-
RAAAA…
…KIIII!
SAG
MAL…
… WER
ZUR HÖLLE
HATTE DIE
IDEE »WENN
WIR UNS
NÄHERN
KÖNNTEN«?
SICH MIR
ZU NÄHERN
BEDEUTET…

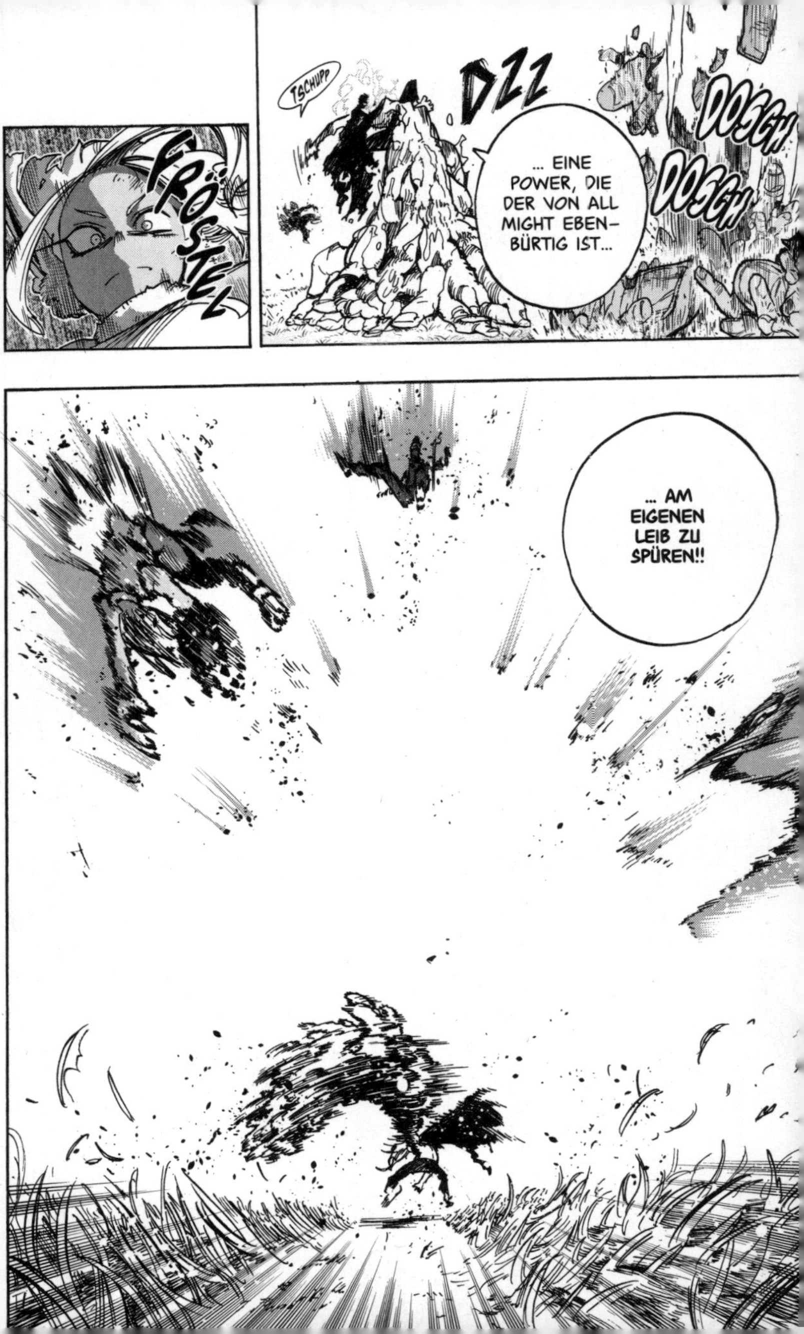
DOOGH
DOOGH
... EINE POWER, DIE DER VON ALL MIGHT EBEN-BÜRTIG IST...
DZZ
TSCHUPP
FRÖSTEL
... AM EIGENEN LEIB ZU SPÜREN!!

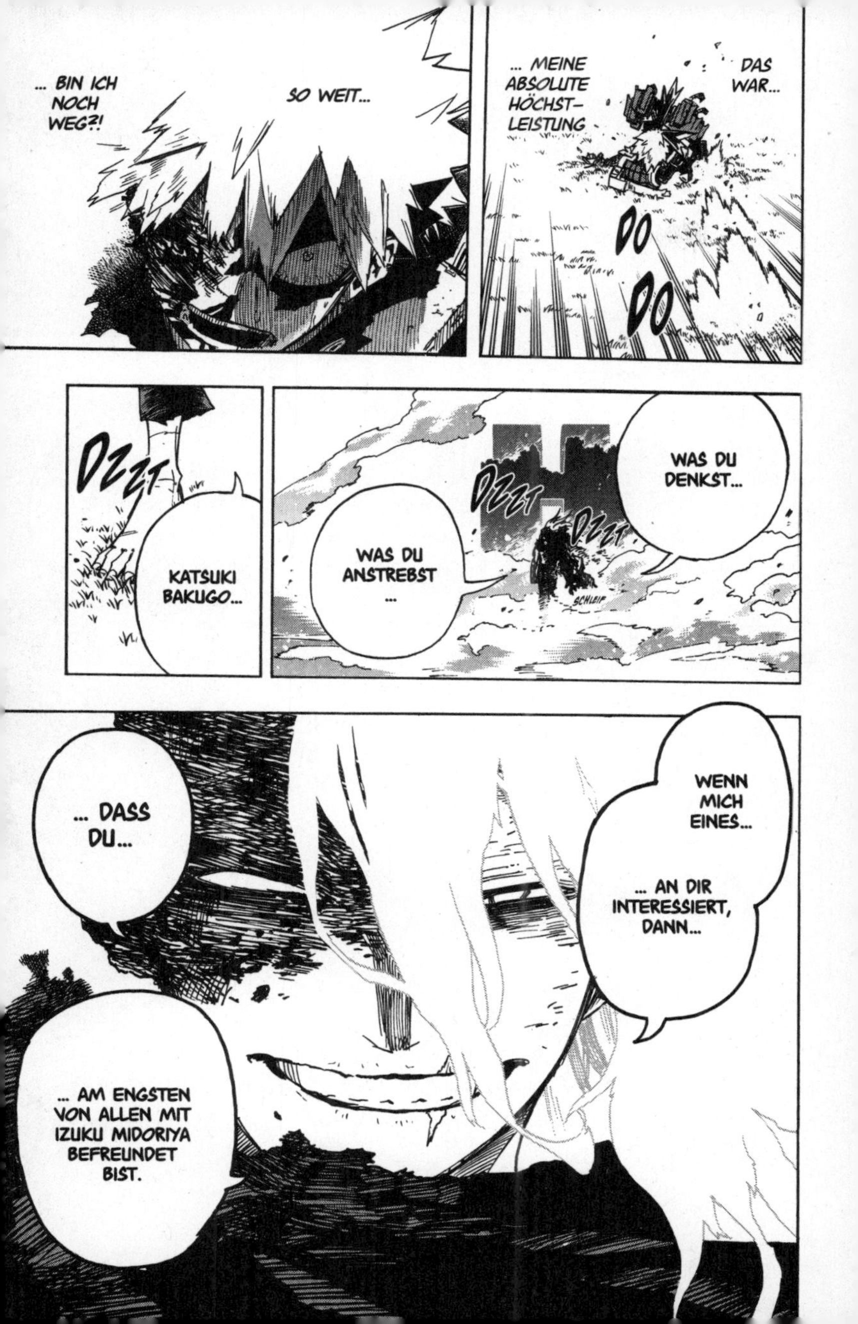
DAS WAR...
... MEINE ABSOLUTE HÖCHST-LEISTUNG
DO
DO
SO WEIT...
... BIN ICH NOCH WEG?!
WAS DU DENKST...
DZZT
DZZT
WAS DU ANSTREBST ...
SCHLEIF
DZZT
KATSUKI BAKUGO...
WENN MICH EINES...
... AN DIR INTERESSIERT, DANN...
... DASS DU...
... AM ENGSTEN VON ALLEN MIT IZUKU MIDORIYA BEFREUNDET BIST.

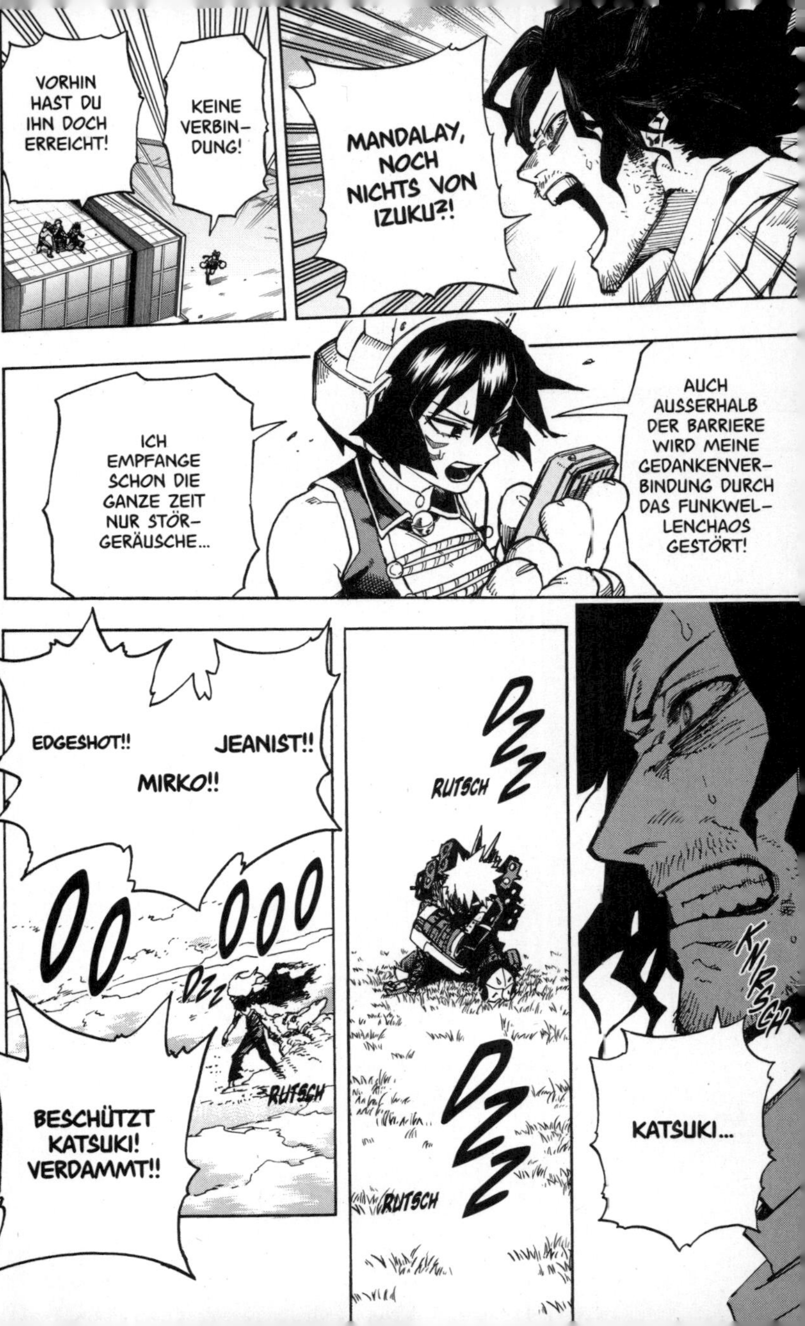
MANDALAY, NOCH NICHTS VON IZUKU?!
KEINE VERBIN-DUNG!
VORHIN HAST DU IHN DOCH ERREICHT!
AUCH AUSSERHALB DER BARRIERE WIRD MEINE GEDANKENVER-BINDUNG DURCH DAS FUNKWEL-LENCHAOS GESTÖRT!
ICH EMPFANGE SCHON DIE GANZE ZEIT NUR STÖR-GERÄUSCHE...
KNIRSCH
KATSUKI...
DZZ
RUTSCH
DZZ
RUTSCH
JEANIST!!
EDGESHOT!!
MIRKO!!
OOOOO
DZZ
RUTSCH
BESCHÜTZT KATSUKI! VERDAMMT!!

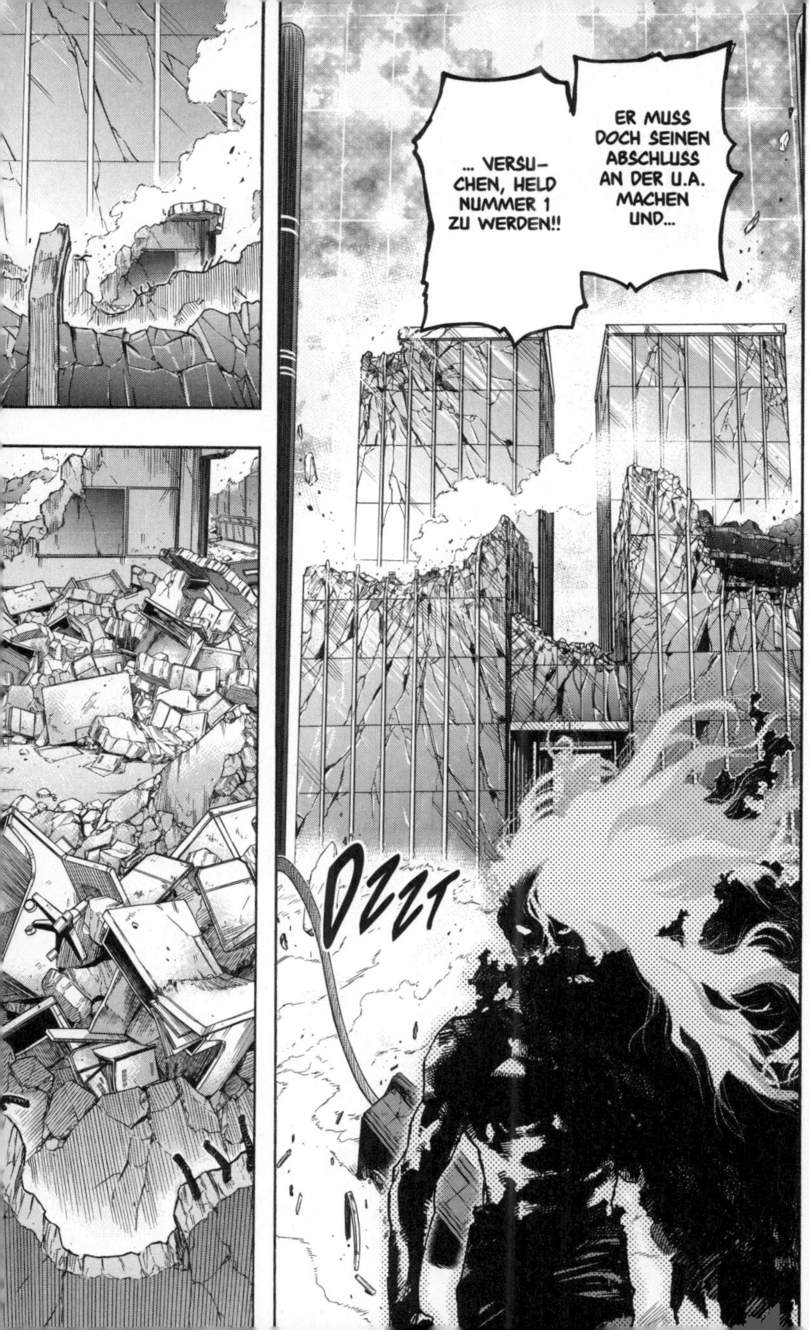
ER MUSS DOCH SEINEN ABSCHLUSS AN DER U.A. MACHEN UND...
... VERSU-CHEN, HELD NUMMER 1 ZU WERDEN!!
DZZT

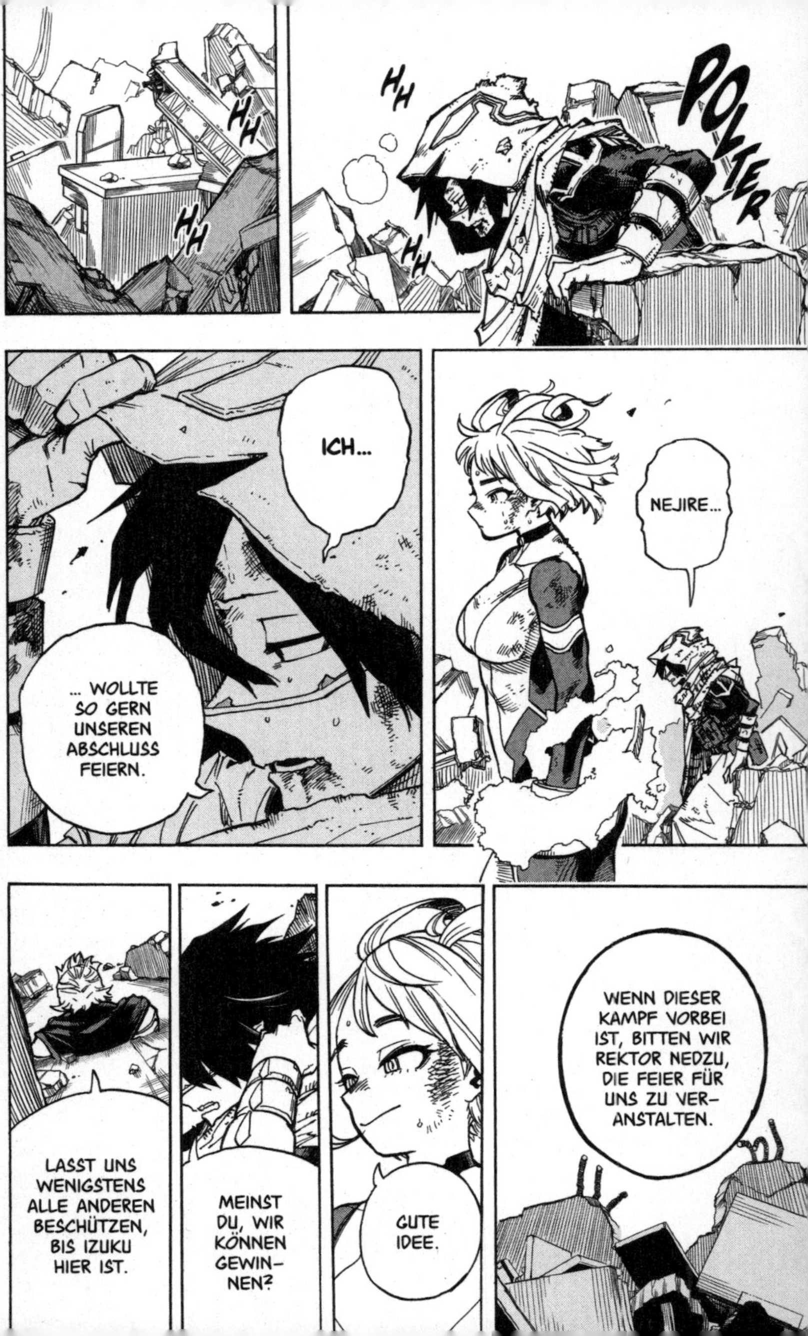
POLTER
HH
HH
HH
HH
NEJIRE...
ICH...
... WOLLTE SO GERN UNSEREN ABSCHLUSS FEIERN.
WENN DIESER KAMPF VORBEI IST, BITTEN WIR REKTOR NEDZU, DIE FEIER FÜR UNS ZU VERANSTALTEN.
GUTE IDEE.
MEINST DU, WIR KÖNNEN GEWINNEN?
LASST UNS WENIGSTENS ALLE ANDEREN BESCHÜTZEN, BIS IZUKU HIER IST.

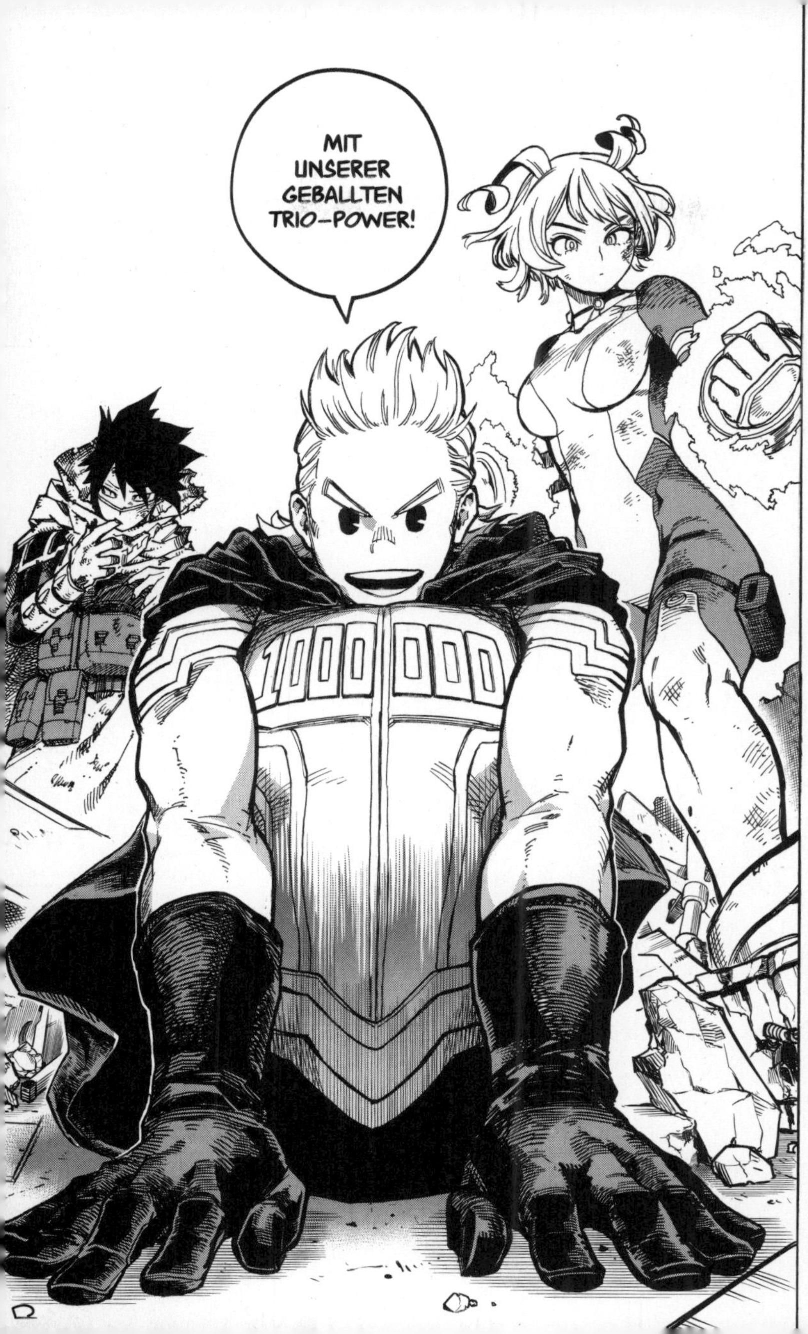
MIT UNSERER GEBALLTEN TRIO-POWER!
1000000

Die Abschlussfeier der U.A. findet immer Ende März statt. Je nach Jahr und Schule ist das Datum sehr unterschiedlich. Anscheinend veranstalten manche Schulen sie sogar im Februar. Ganz schön früh.

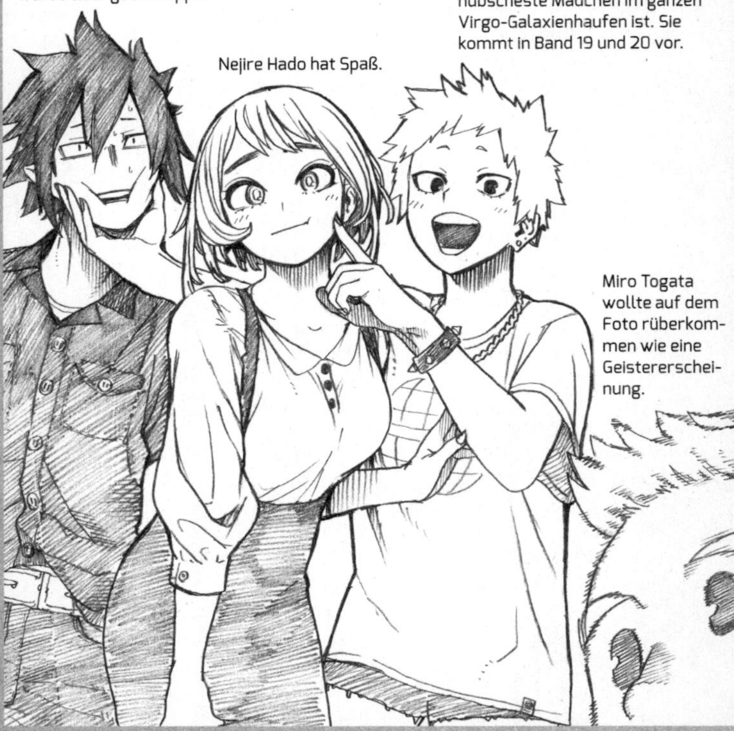

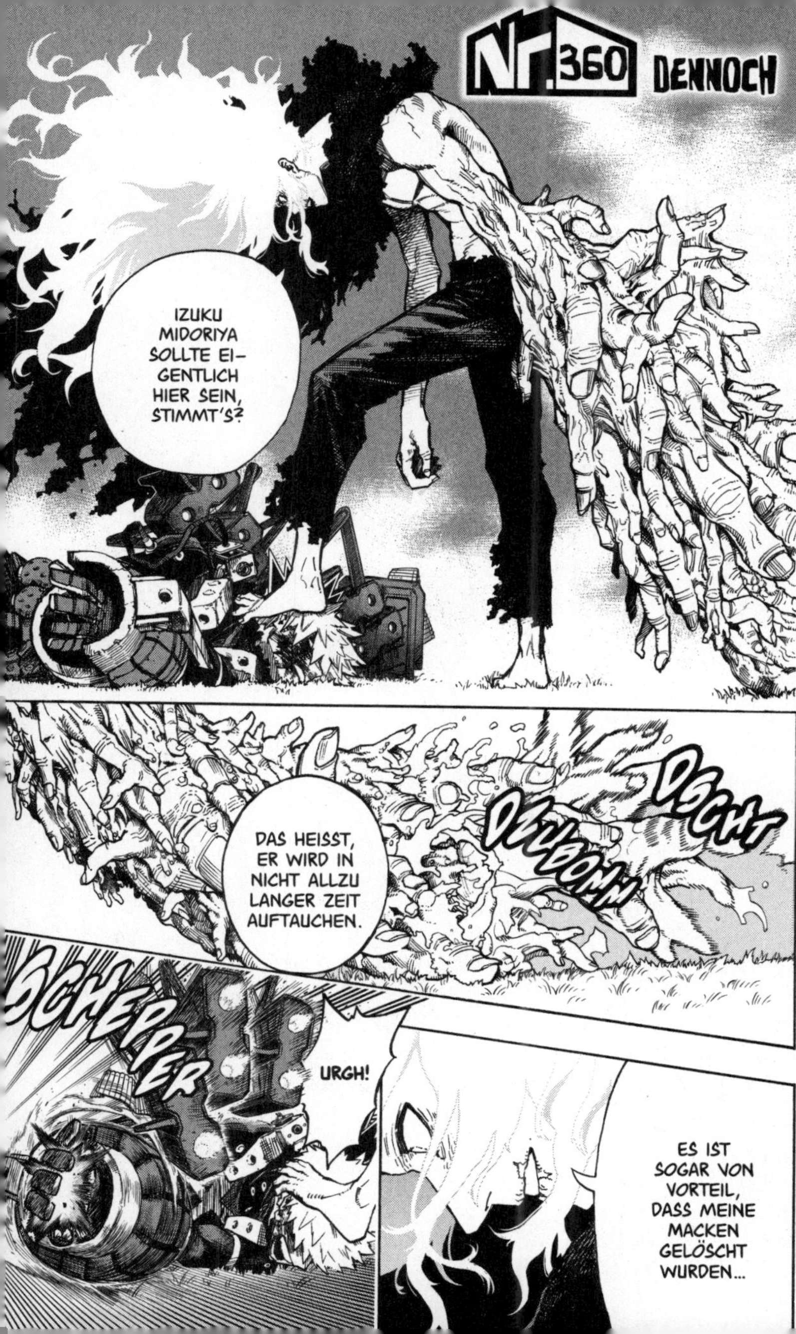

NR. 360 DENNOCH
IZUKU MIDORIYA SOLLTE EI-GENTLICH HIER SEIN, STIMMT'S?
DOCHT
DUUDOMM
DAS HEISST, ER WIRD IN NICHT ALLZU LANGER ZEIT AUFTAUCHEN.
SCHEPPER
URGH!
ES IST SOGAR VON VORTEIL, DASS MEINE MACKEN GELÖSCHT WURDEN...

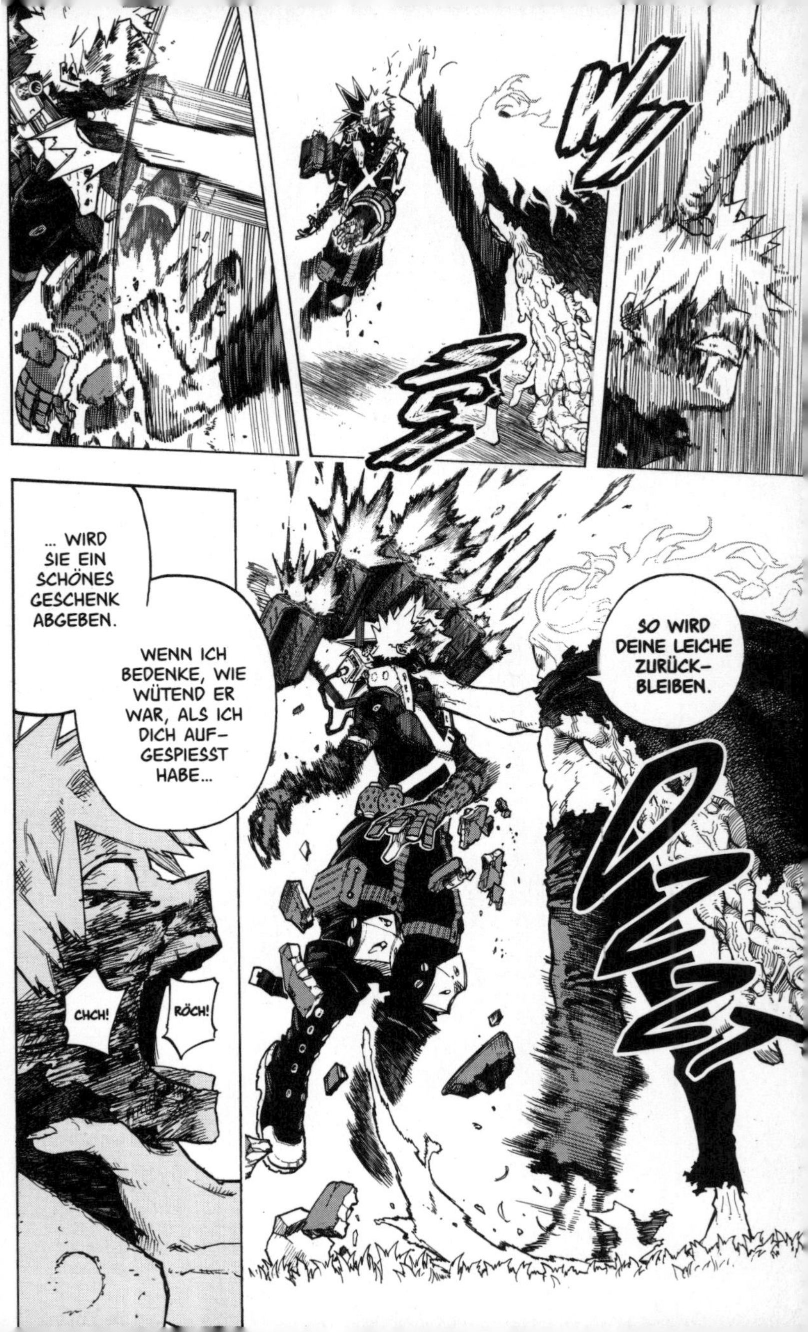
SO WIRD DEINE LEICHE ZURÜCK-BLEIBEN.
WENN ICH BEDENKE, WIE WÜTEND ER WAR, ALS ICH DICH AUF-GESPIESST HABE...
... WIRD SIE EIN SCHÖNES GESCHENK ABGEBEN.
RÖCH!
CHCH!

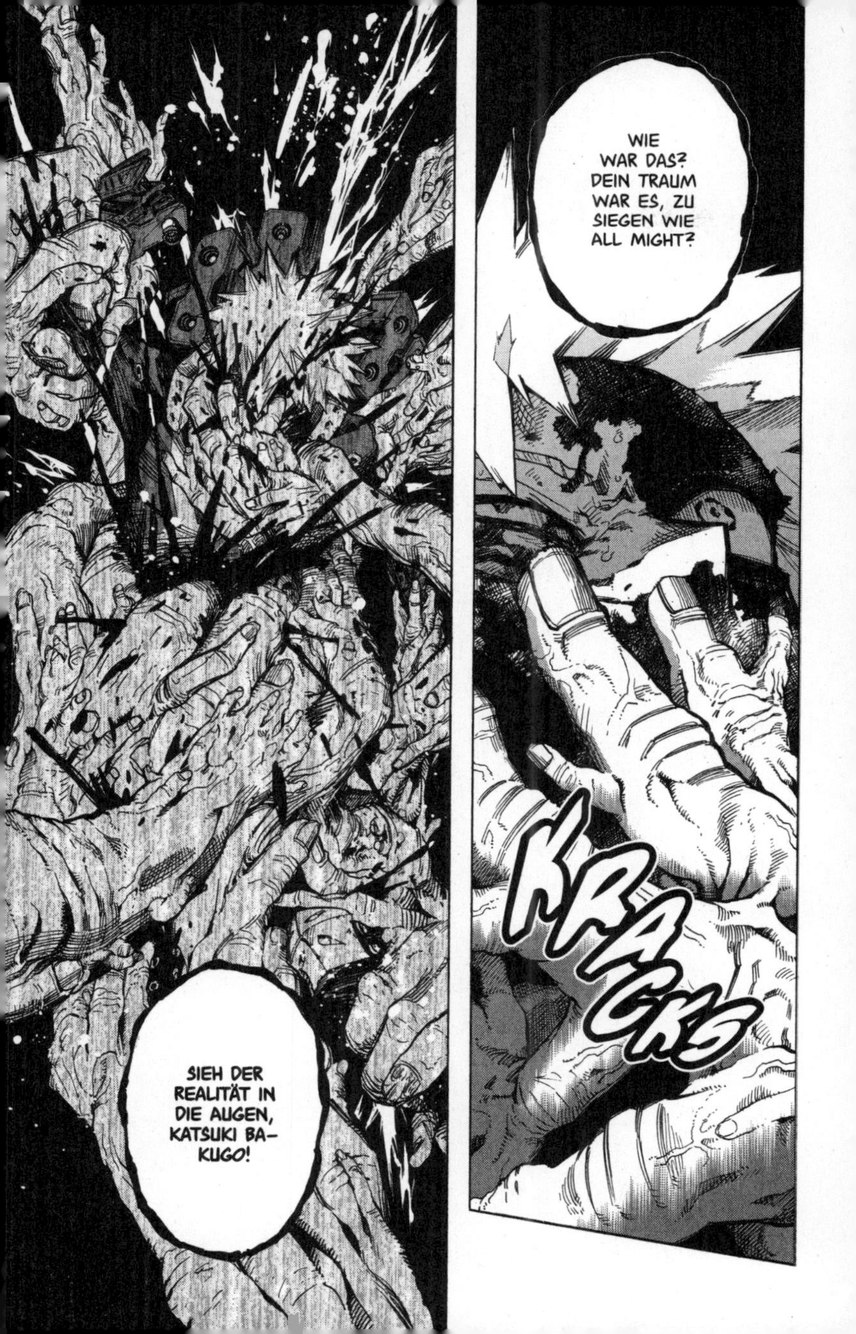
WIE WAR DAS? DEIN TRAUM WAR ES, ZU SIEGEN WIE ALL MIGHT?
KRACKS
SIEH DER REALITÄT IN DIE AUGEN, KATSUKI BA-KUGO!

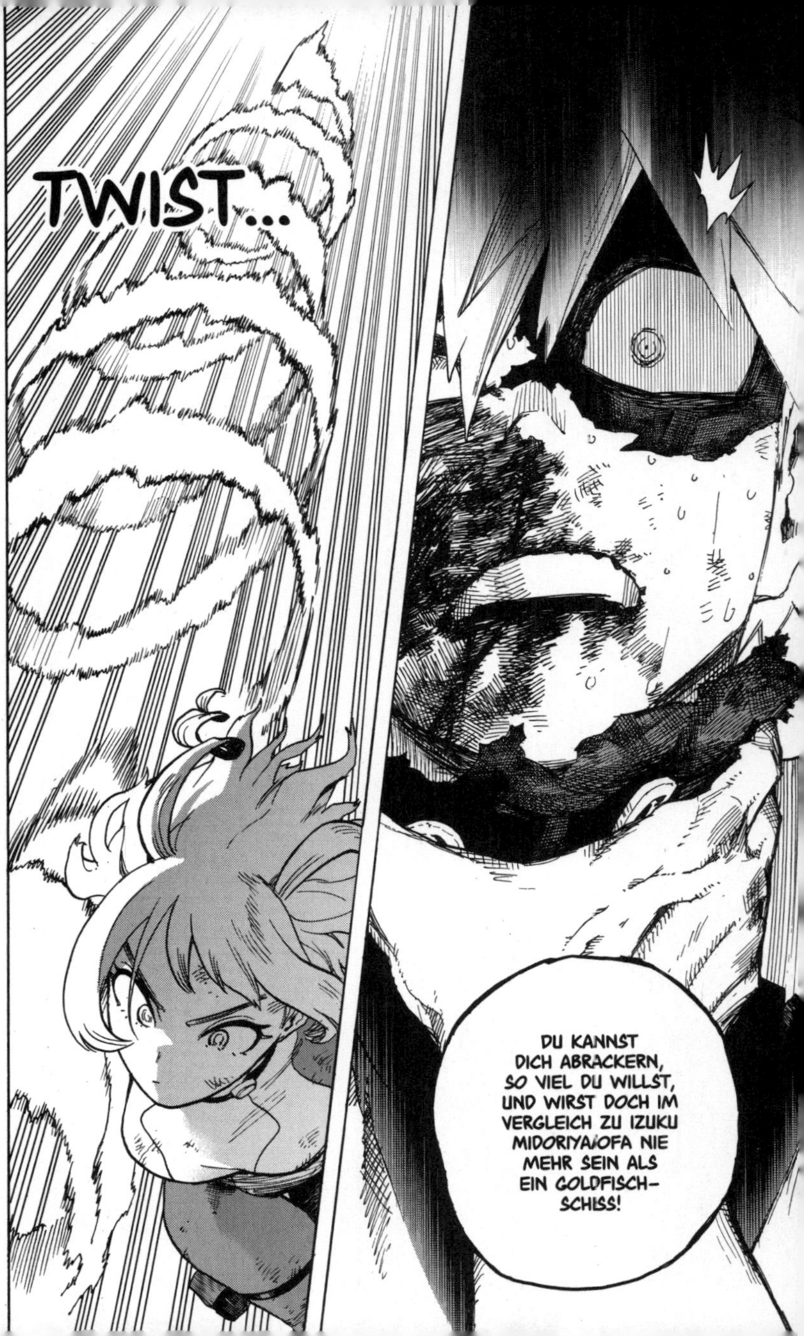
TWIST...
DU KANNST DICH ABRACKERN, SO VIEL DU WILLST, UND WIRST DOCH IM VERGLEICH ZU IZUKU MIDORIYA/OFA NIE MEHR SEIN ALS EIN GOLDFISCH-SCHISS!

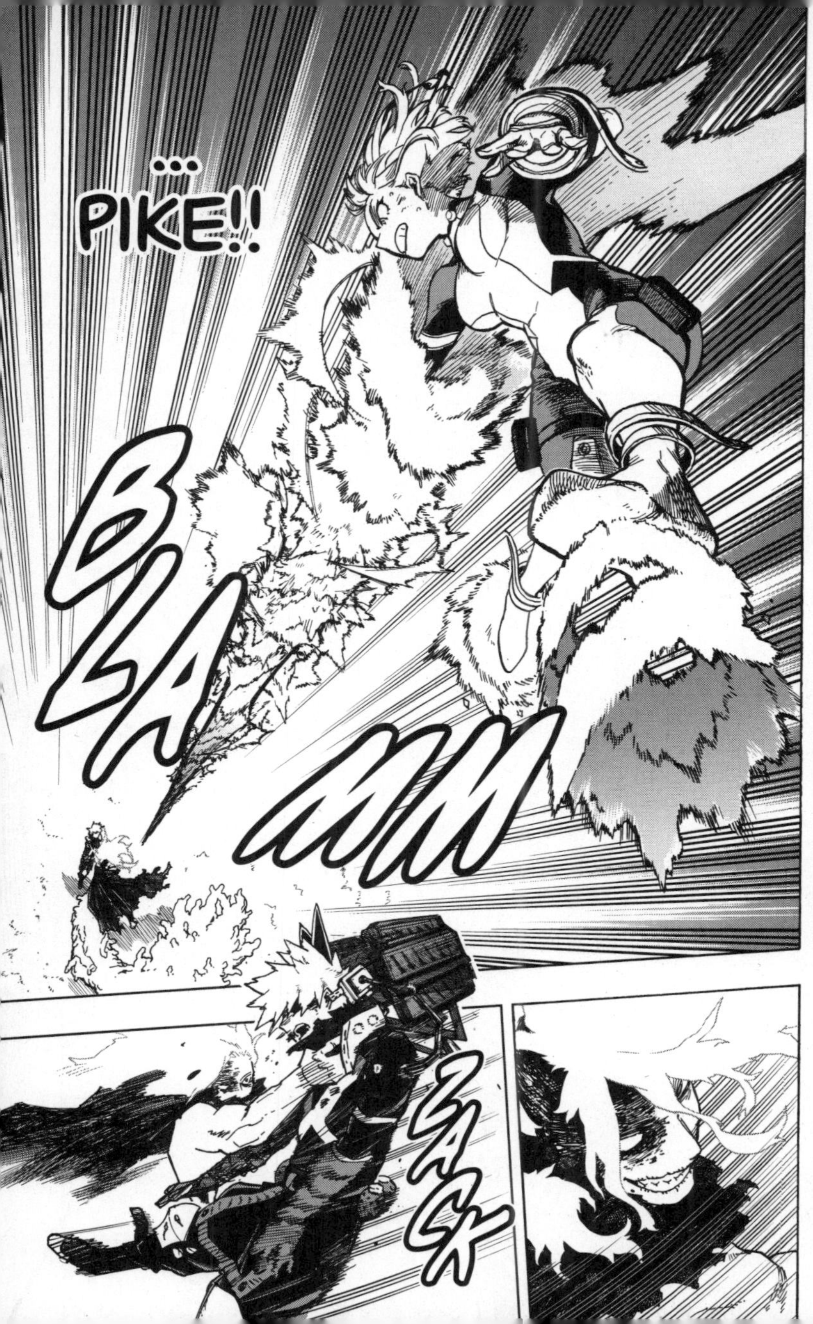
...PIKE!!
BLAMM
ZACK

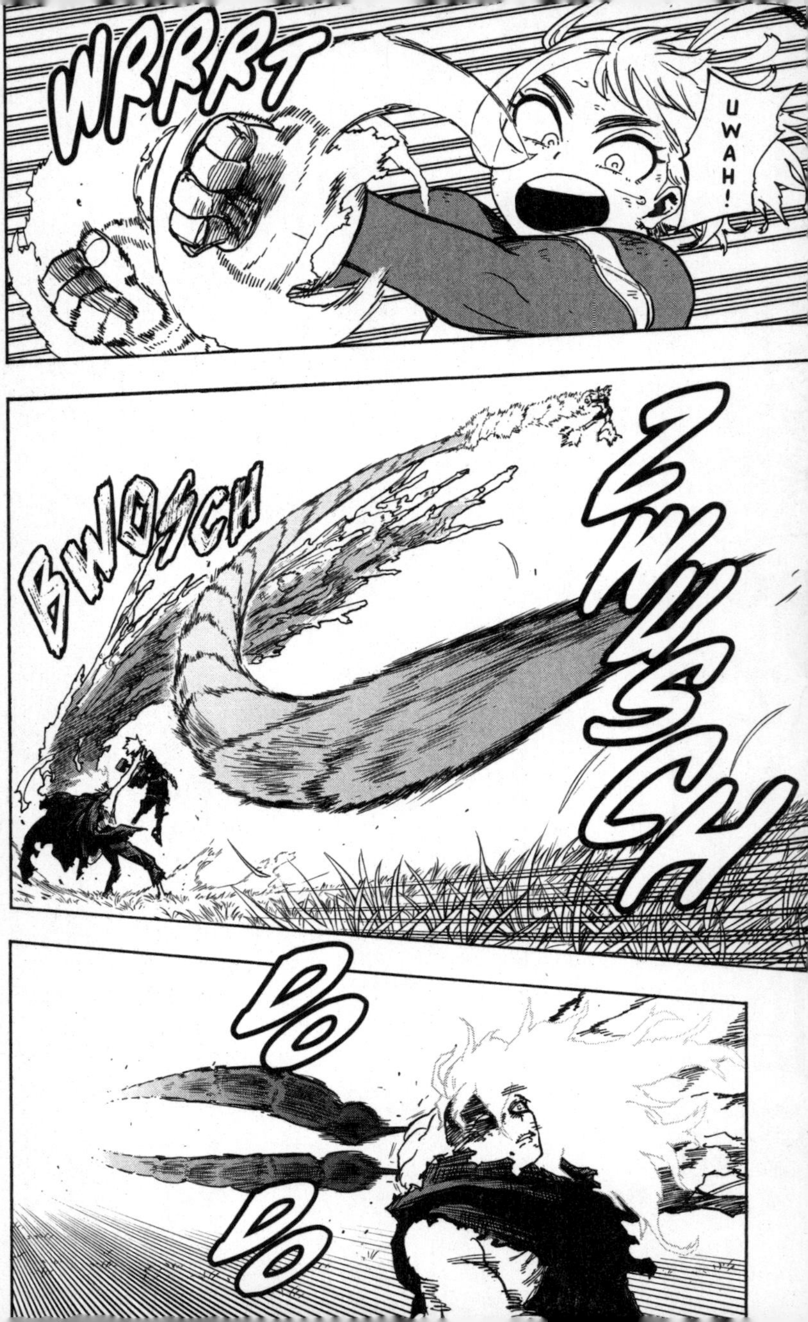

UWAH!
WRRRT
ZWUSCH
BWOSCH
DO
DO

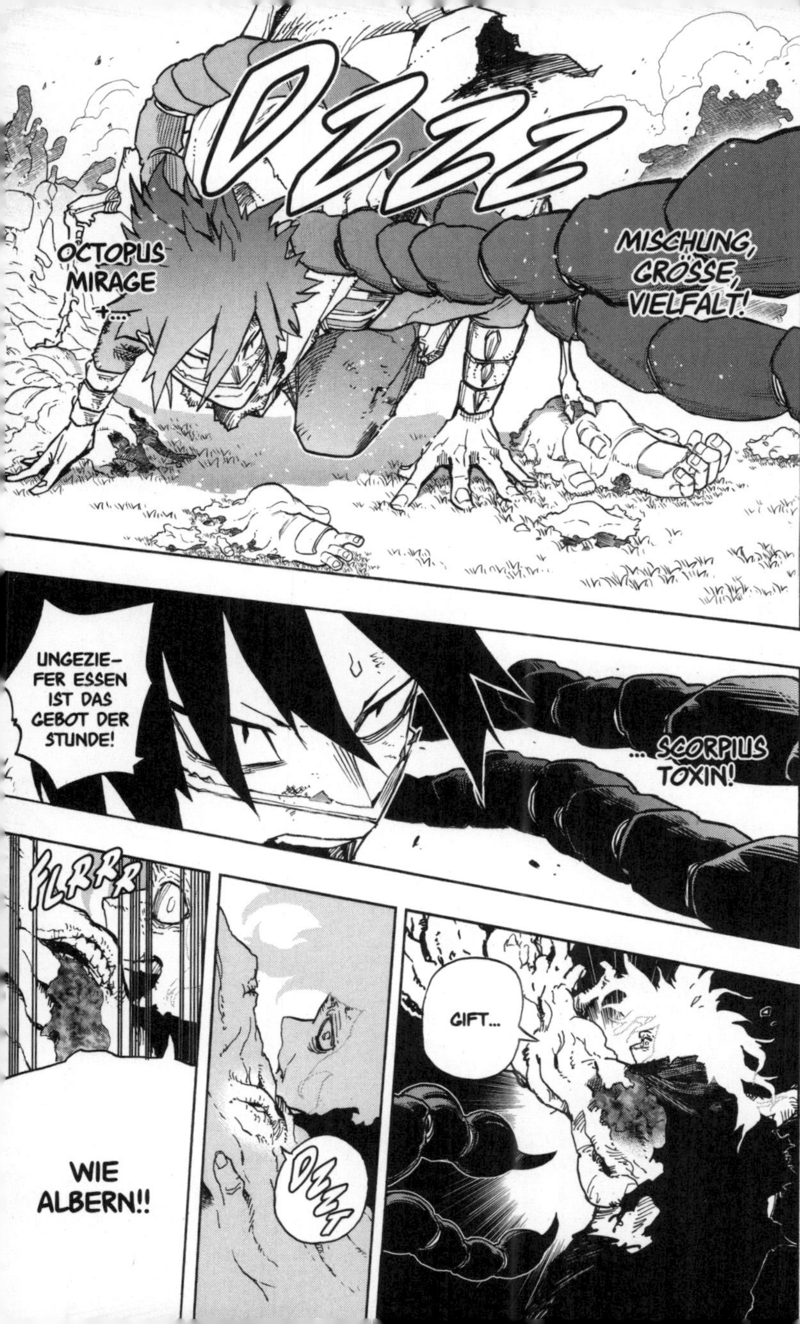
MISCHUNG, GRÖSSE, VIELFALT!
DZZZ
OCTOPUS MIRAGE +...
... SCORPIUS TOXIN!
UNGEZIE-FER ESSEN IST DAS GEBOT DER STUNDE!
GIFT...
FLRRR
WIE ALBERN!!

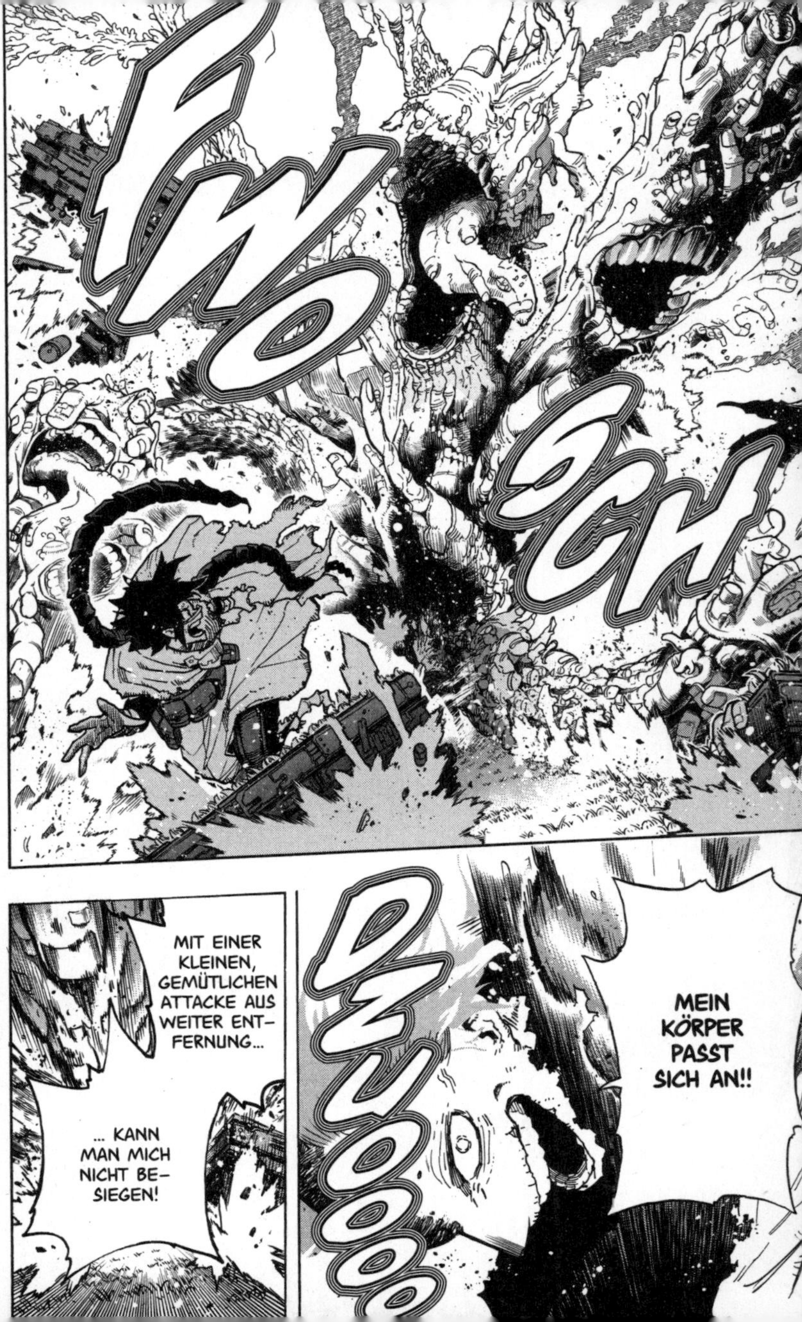
FWOSCH
MEIN KÖRPER PASST SICH AN!!
MIT EINER KLEINEN, GEMÜTLICHEN ATTACKE AUS WEITER ENT-FERNUNG...
... KANN MAN MICH NICHT BE-SIEGEN!

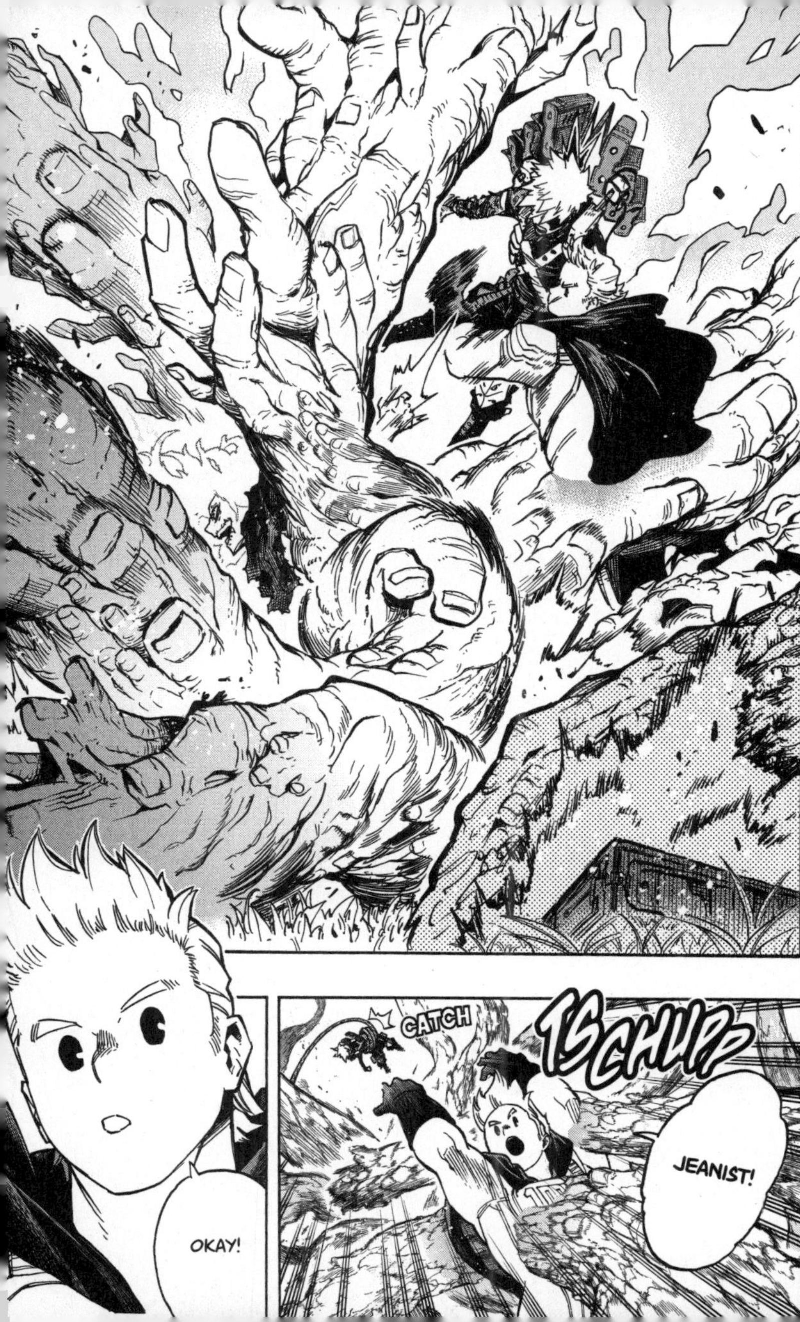
CATCH
TSCHUPP
JEANIST!
OKAY!

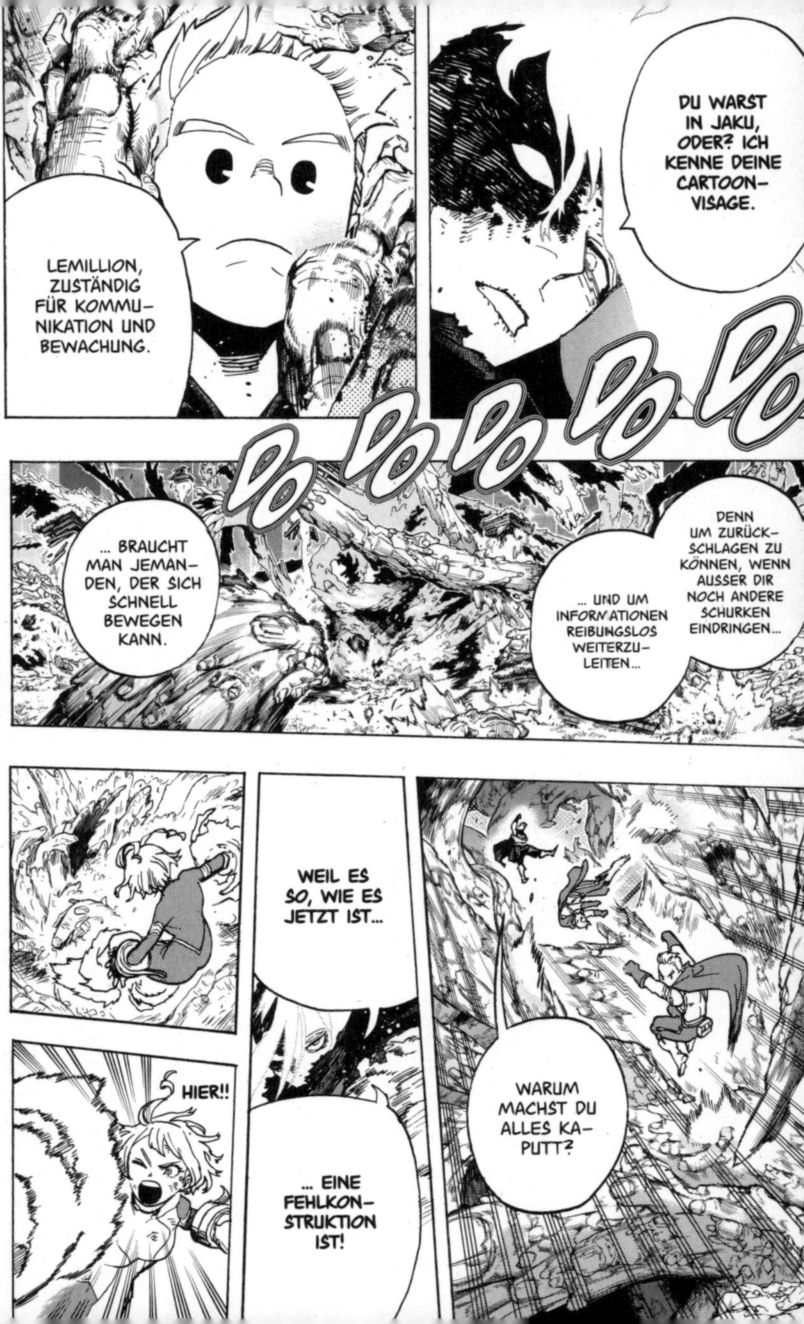
DU WARST IN JAKU, ODER? ICH KENNE DEINE CARTOON-VISAGE.
LEMILLION, ZUSTÄNDIG FÜR KOMMUNIKATION UND BEWACHUNG.
DENN UM ZURÜCKSCHLAGEN ZU KÖNNEN, WENN AUSSER DIR NOCH ANDERE SCHURKEN EINDRINGEN...
... UND UM INFORMATIONEN REIBUNGSLOS WEITERZULEITEN...
... BRAUCHT MAN JEMANDEN, DER SICH SCHNELL BEWEGEN KANN.
WARUM MACHST DU ALLES KAPUTT?
WEIL ES SO, WIE ES JETZT IST...
... EINE FEHLKONSTRUKTION IST!
HIER!!

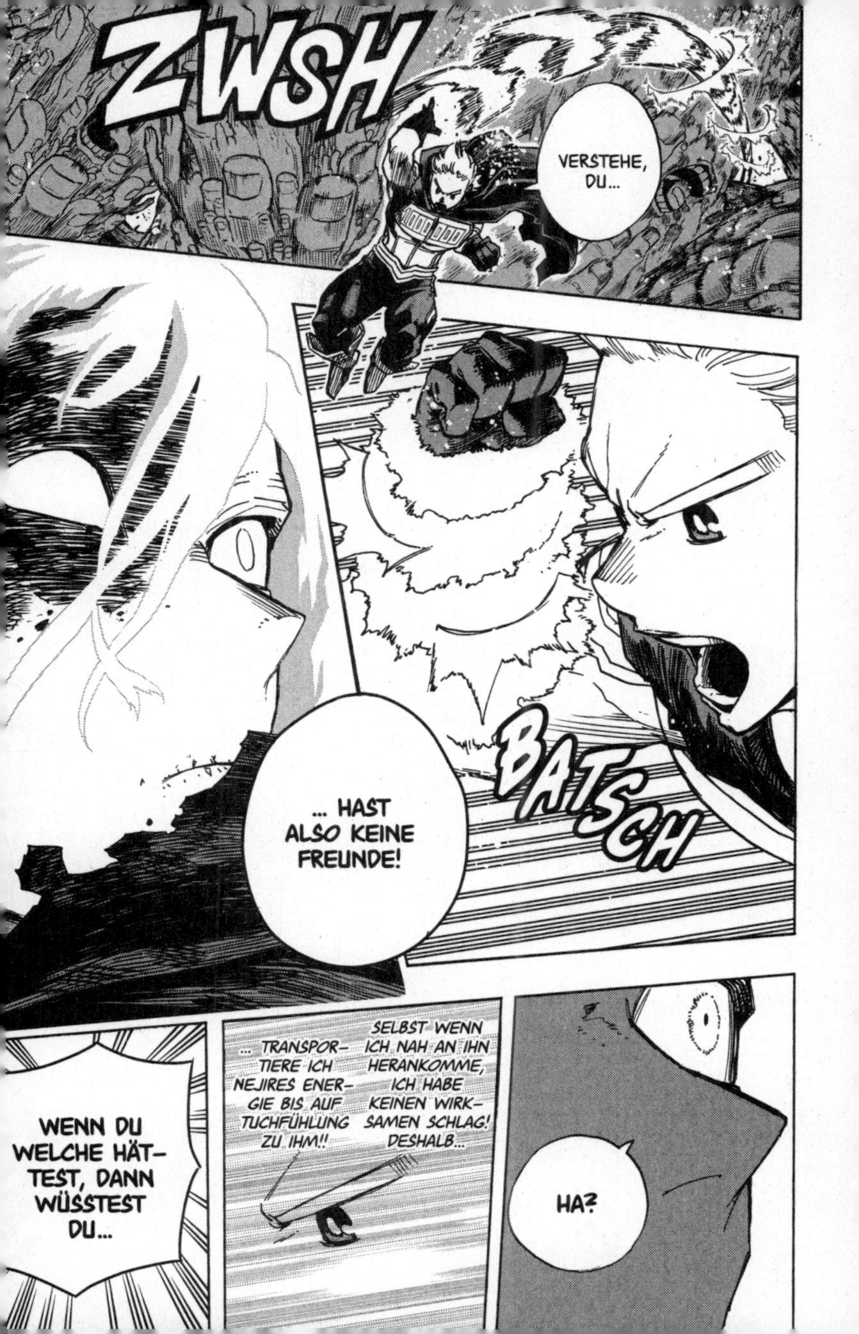

ZWSH
VERSTEHE, DU...
BATSCH
... HAST ALSO KEINE FREUNDE!
HA?
SELBST WENN ICH NAH AN IHN HERANKOMME, ICH HABE KEINEN WIRKSAMEN SCHLAG! DESHALB...
... TRANSPORTIERE ICH NEJIRES ENERGIE BIS AUF TUCHFÜHLUNG ZU IHM!!
WENN DU WELCHE HÄTTEST, DANN WÜSSTEST DU...

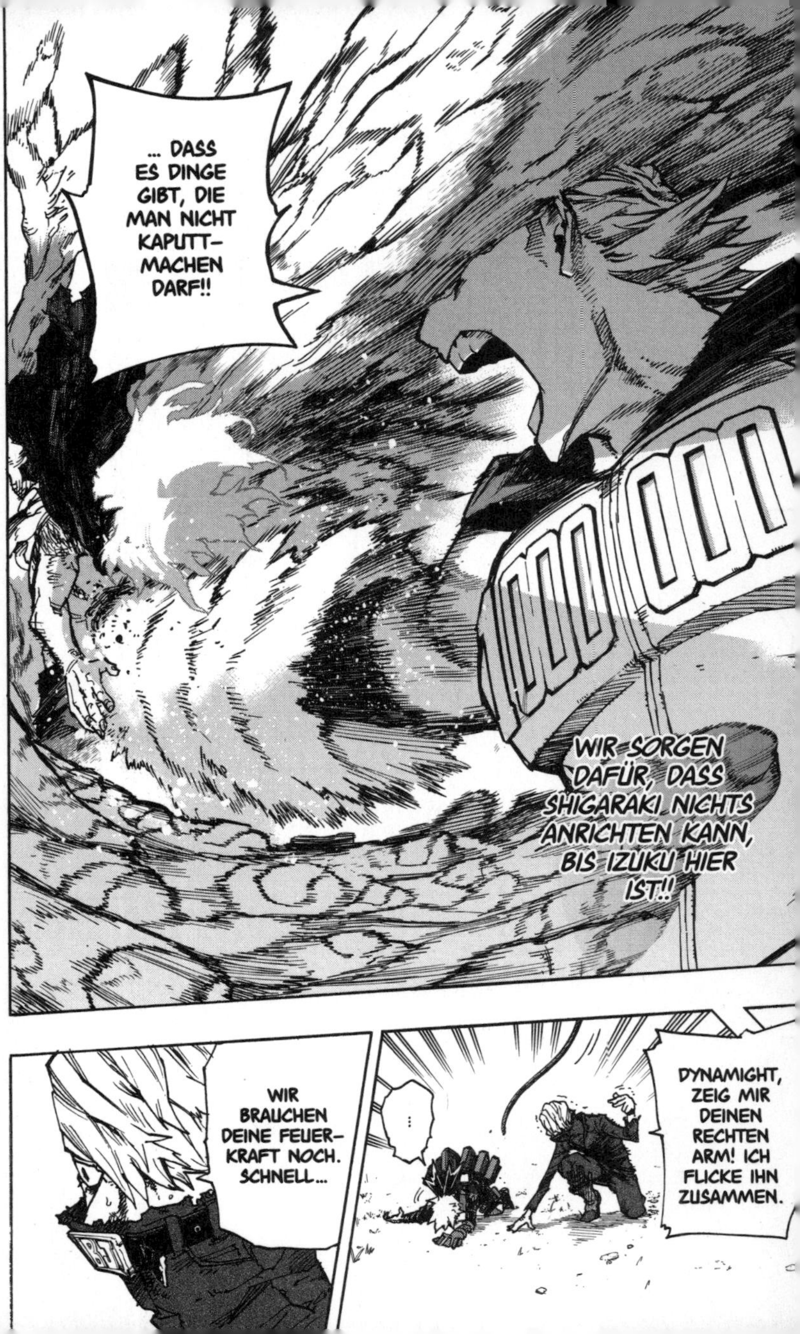
... DASS ES DINGE GIBT, DIE MAN NICHT KAPUTT-MACHEN DARF!!
WIR SORGEN DAFÜR, DASS SHIGARAKI NICHTS ANRICHTEN KANN, BIS IZUKU HIER IST!!
DYNAMIGHT, ZEIG MIR DEINEN RECHTEN ARM! ICH FLICKE IHN ZUSAMMEN.
...
WIR BRAUCHEN DEINE FEUER-KRAFT NOCH. SCHNELL...

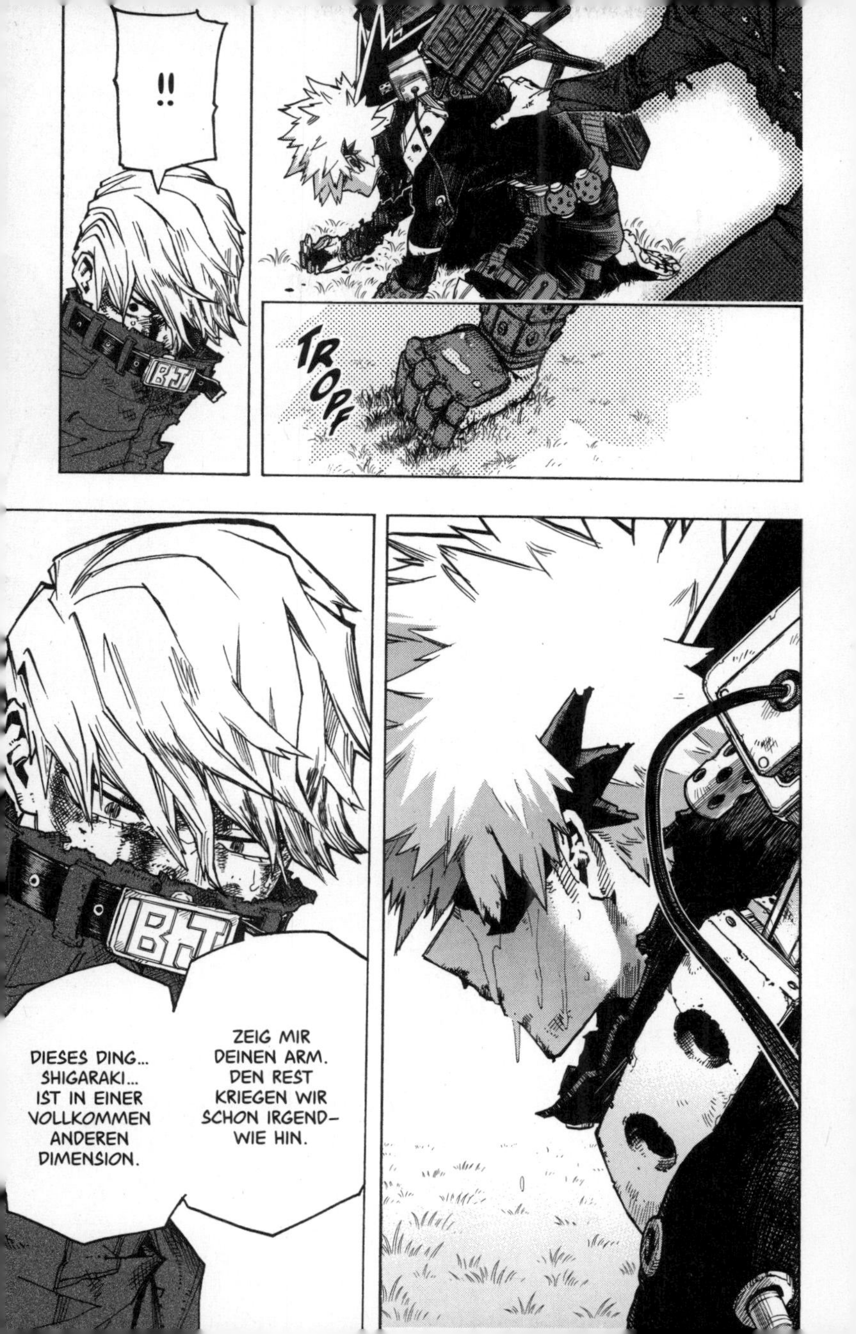

!!
TROPF
ZEIG MIR DEINEN ARM. DEN REST KRIEGEN WIR SCHON IRGEND-WIE HIN.
DIESES DING... SHIGARAKI... IST IN EINER VOLLKOMMEN ANDEREN DIMENSION.

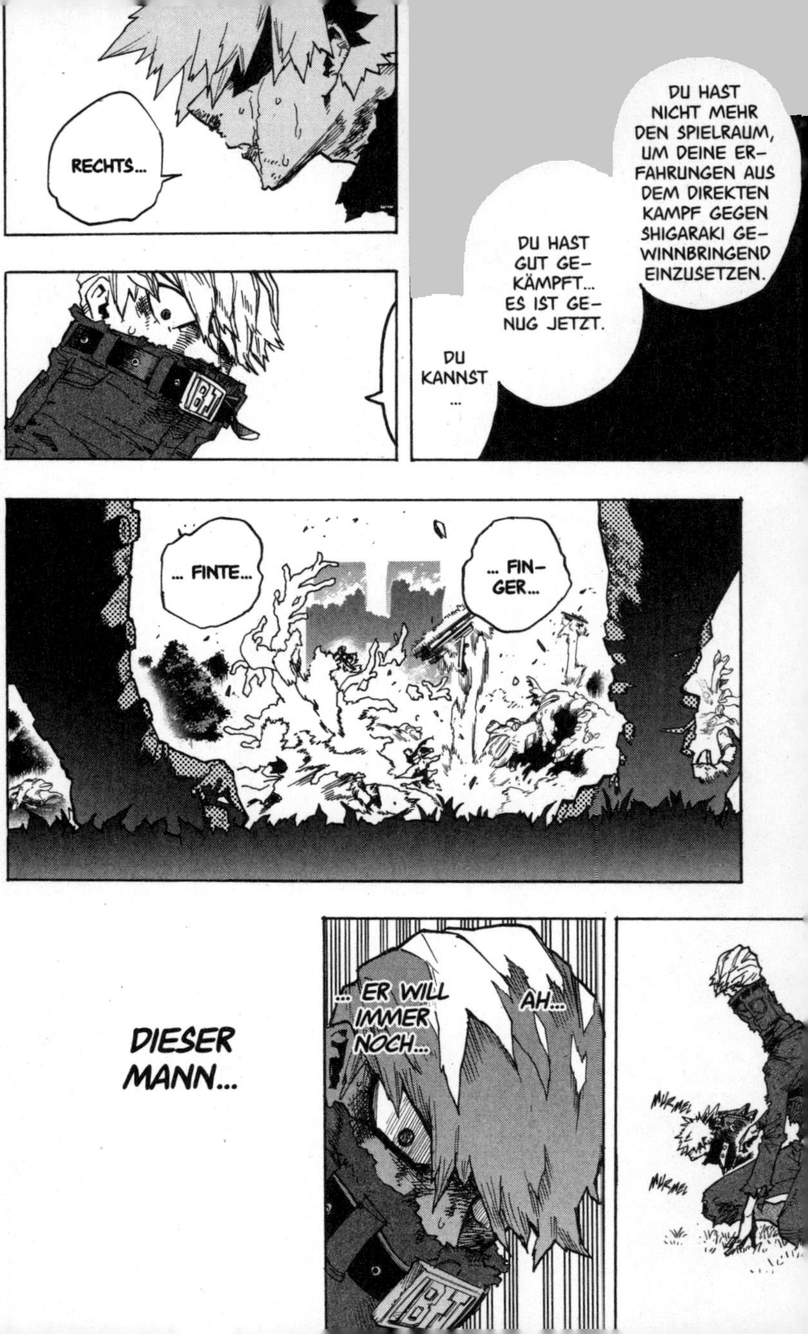
RECHTS...
DU HAST NICHT MEHR DEN SPIELRAUM, UM DEINE ER-FAHRUNGEN AUS DEM DIREKTEN KAMPF GEGEN SHIGARAKI GE-WINNBRINGEND EINZUSETZEN.
DU HAST GUT GE-KÄMPFT... ES IST GE-NUG JETZT.
DU KANNST ...
... FIN-GER...
... FINTE...
MURMEL
MURMEL
AH...
... ER WILL IMMER NOCH...
DIESER MANN...

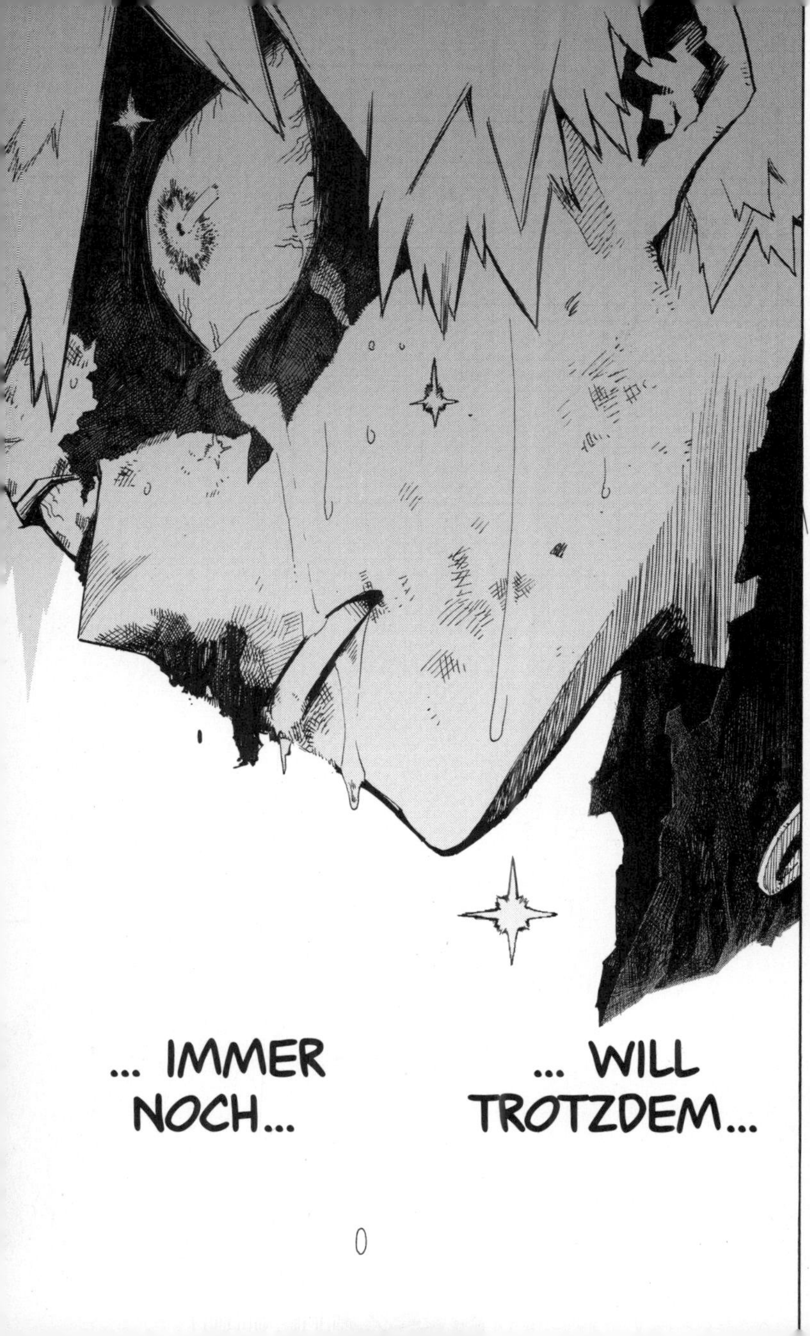
... WILL TROTZDEM...
... IMMER NOCH...

Die Management-Fakultät. Kommt auch in Band 3 vor.

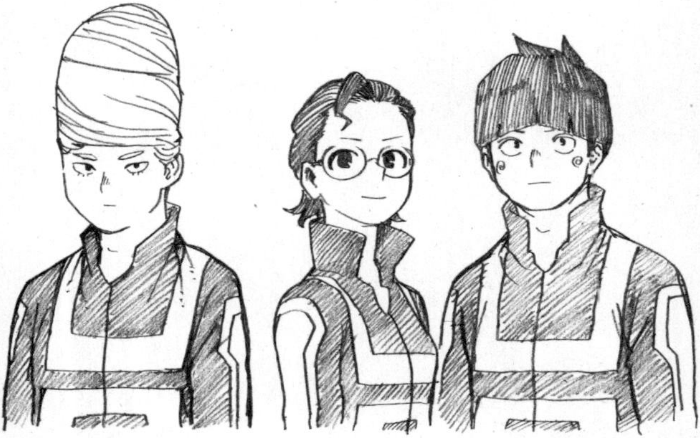

Futo Nagashira
Eifert Best Jeanist nach.

Komako Masu
Nerven aus Stahl. Stimmungskanone.

Ronaudo Keage
Stoiker.

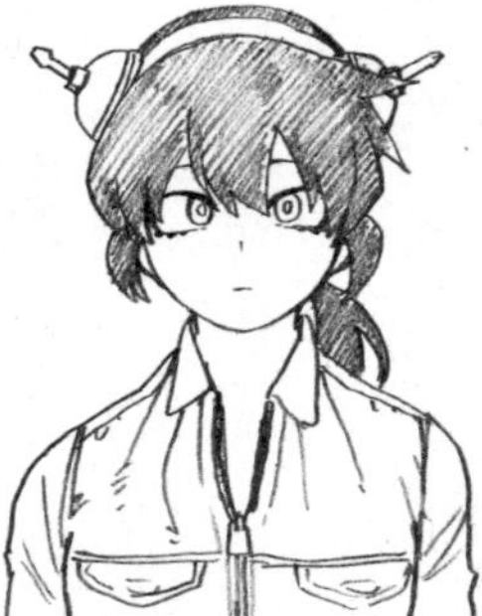

Support-Fakultät
Maina Furasu
Ist im gleichen Jahrgang wie Hatsume.

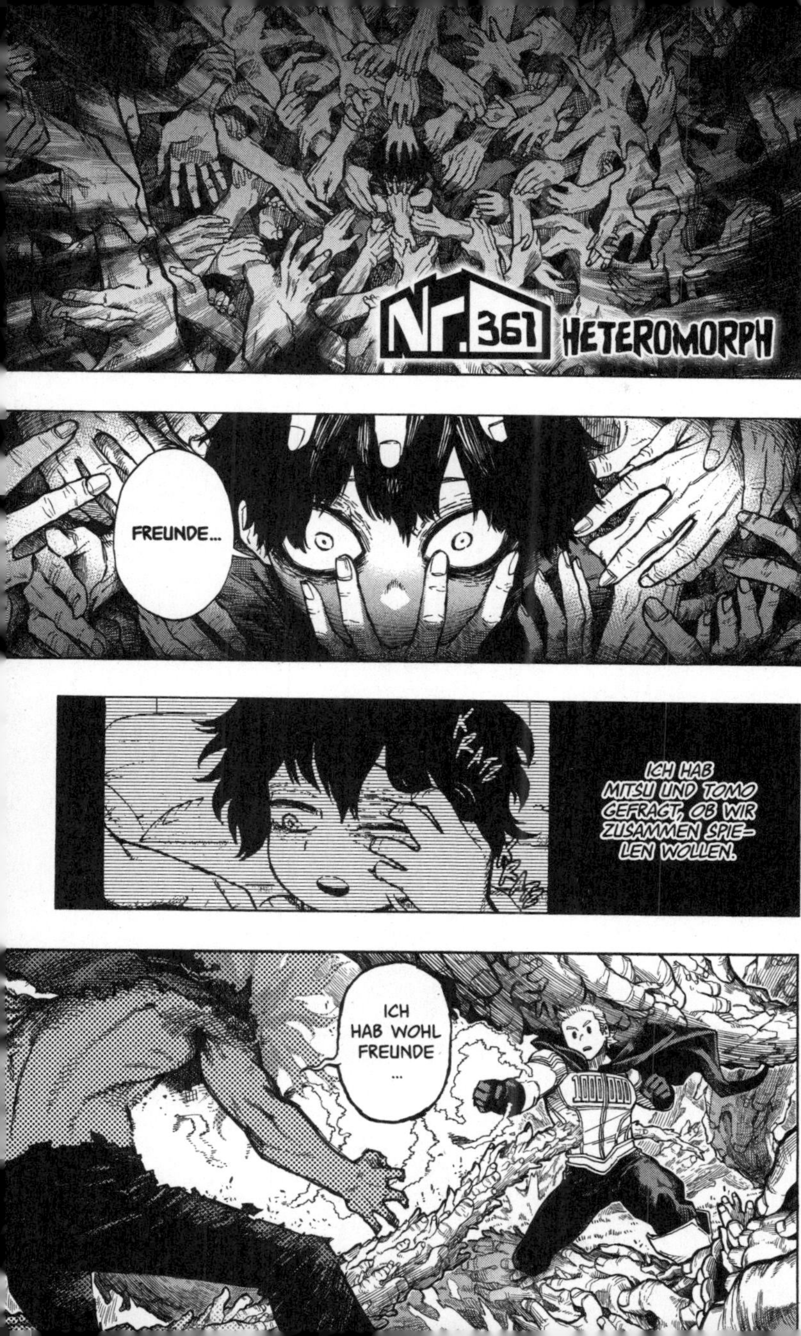
NR. 361 HETEROMORPH
FREUNDE...
ICH HAB MITSU UND TOMO GEFRAGT, OB WIR ZUSAMMEN SPIE-LEN WOLLEN.
ICH HAB WOHL FREUNDE ...

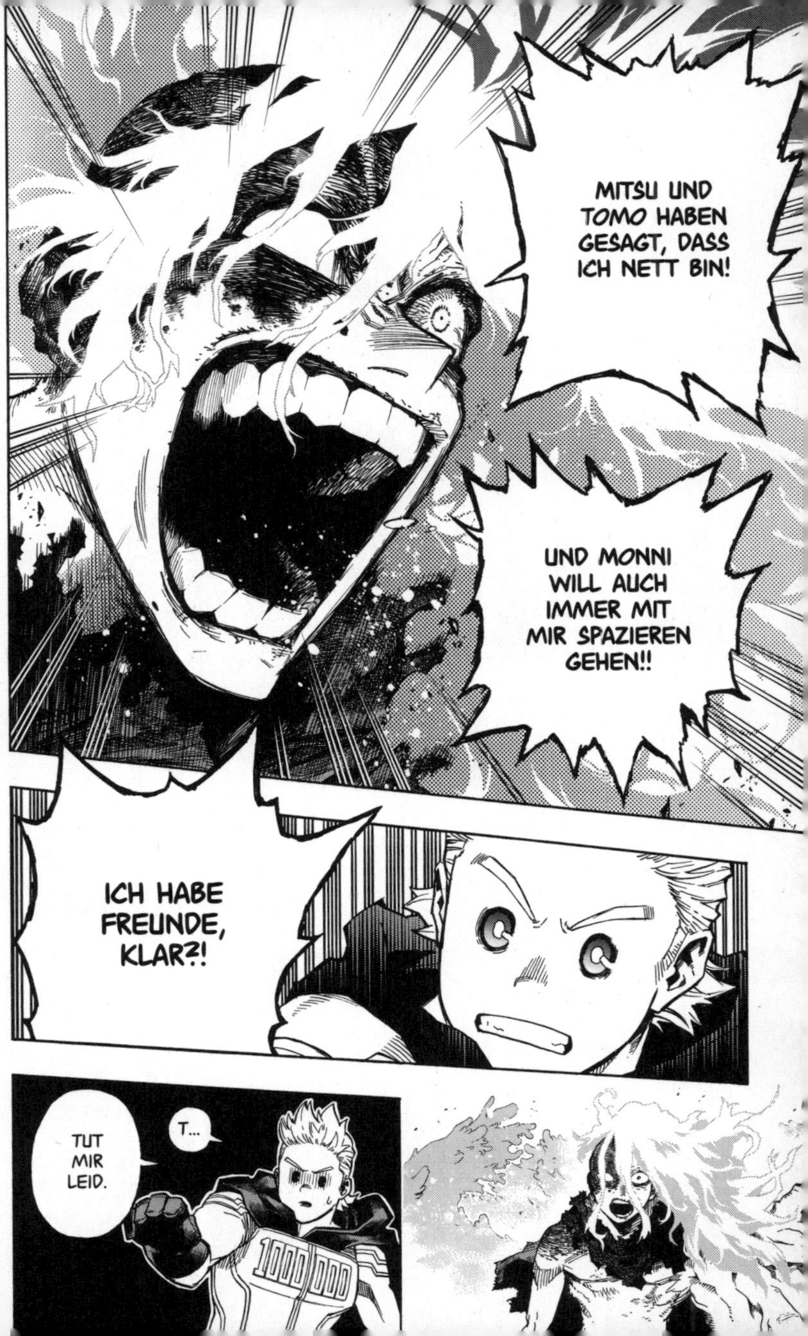
MITSU UND TOMO HABEN GESAGT, DASS ICH NETT BIN!
UND MONNI WILL AUCH IMMER MIT MIR SPAZIEREN GEHEN!!
ICH HABE FREUNDE, KLAR?!
T...
TUT MIR LEID.
1000000

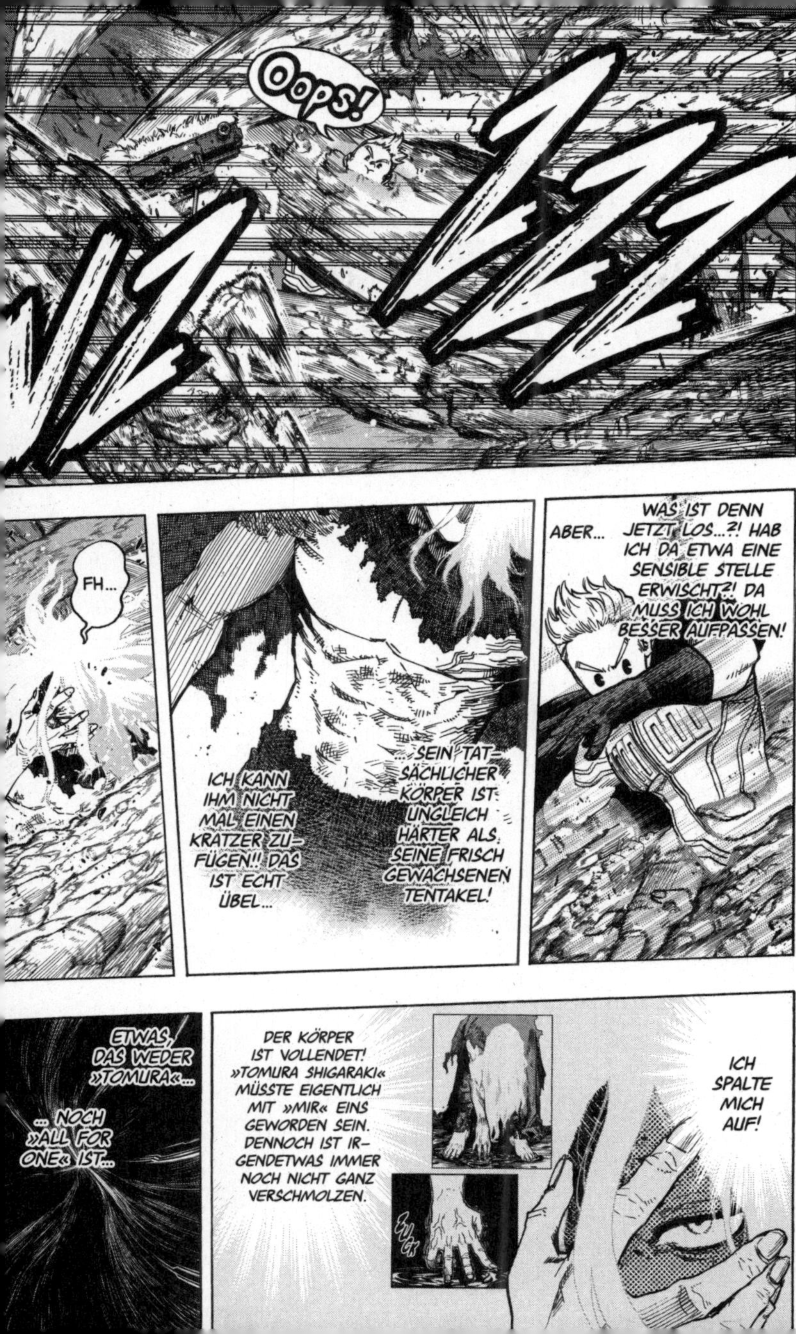
Oops!
WAS IST DENN JETZT LOS…?! HAB ICH DA ETWA EINE SENSIBLE STELLE ERWISCHT?! DA MUSS ICH WOHL BESSER AUFPASSEN!
ABER…
… SEIN TATSÄCHLICHER KÖRPER IST UNGLEICH HÄRTER ALS SEINE FRISCH GEWACHSENEN TENTAKEL!
ICH KANN IHM NICHT MAL EINEN KRATZER ZUFÜGEN!! DAS IST ECHT ÜBEL…
FH…
ICH SPALTE MICH AUF!
DER KÖRPER IST VOLLENDET! »TOMURA SHIGARAKI« MÜSSTE EIGENTLICH MIT »MIR« EINS GEWORDEN SEIN. DENNOCH IST IRGENDETWAS IMMER NOCH NICHT GANZ VERSCHMOLZEN.
ZUCK
ETWAS, DAS WEDER »TOMURA«…
… NOCH »ALL FOR ONE« IST…

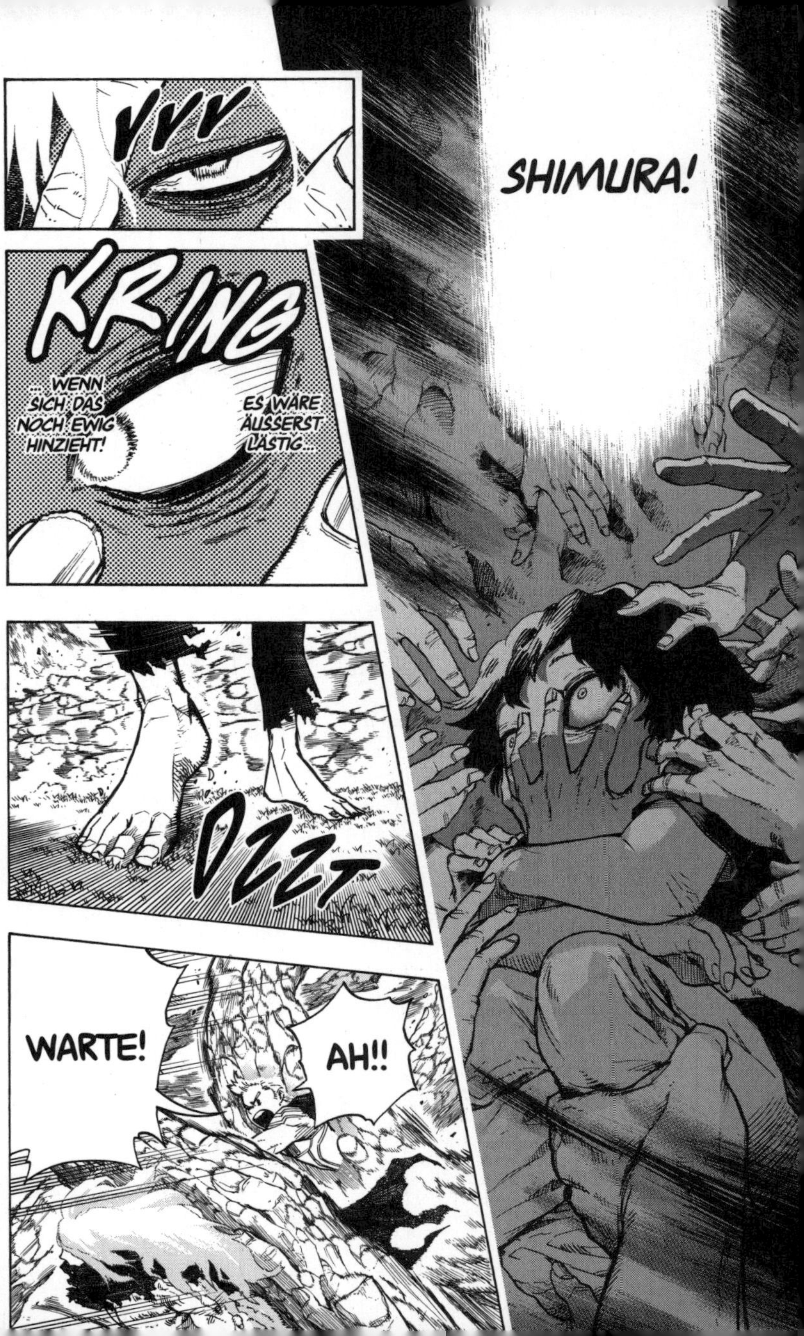
SHIMURA!
VVV
KRING
ES WÄRE ÄUSSERST LÄSTIG…
… WENN SICH DAS NOCH EWIG HINZIEHT!
DZZT
AH!!
WARTE!

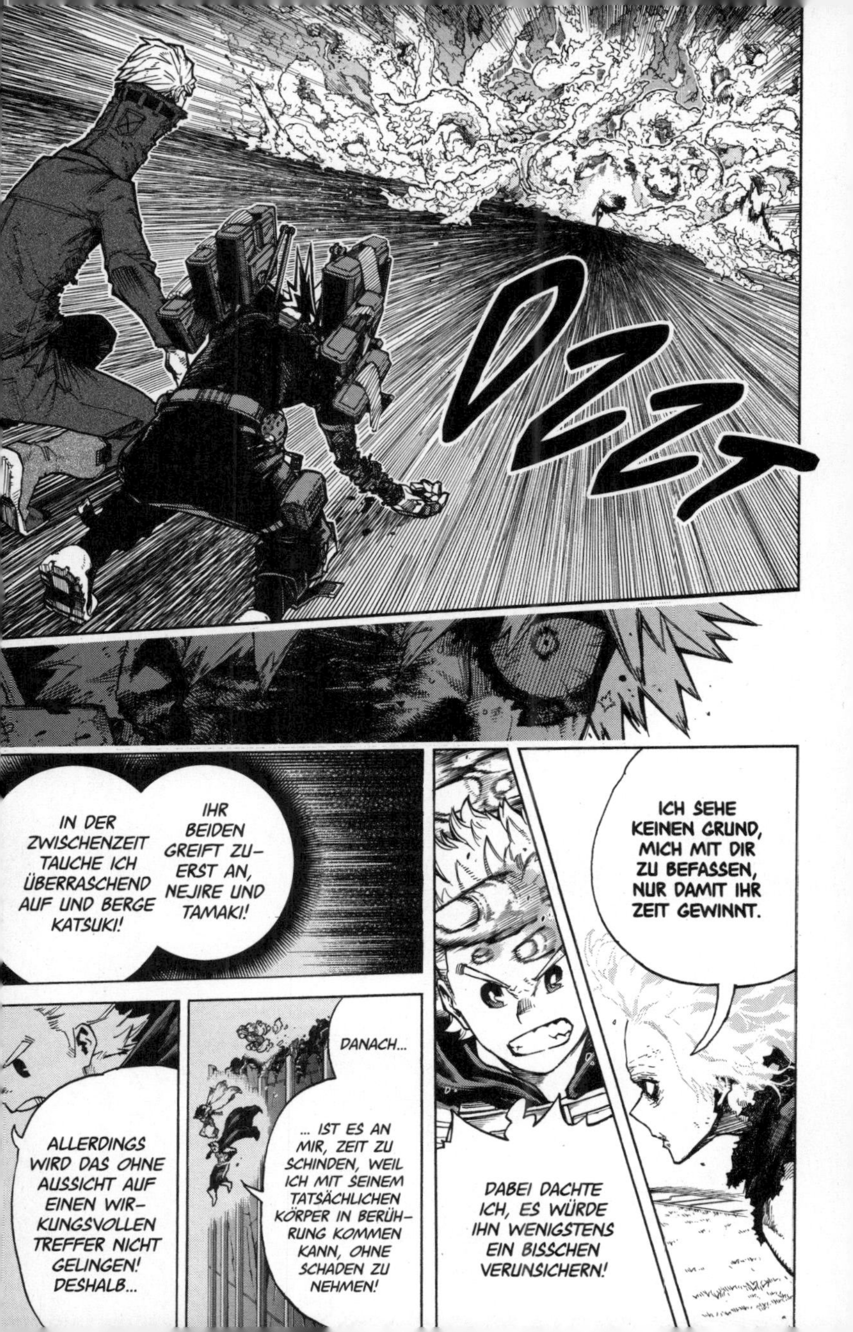
DZZZT
IHR BEIDEN GREIFT ZUERST AN, NEJIRE UND TAMAKI!
IN DER ZWISCHENZEIT TAUCHE ICH ÜBERRASCHEND AUF UND BERGE KATSUKI!
ALLERDINGS WIRD DAS OHNE AUSSICHT AUF EINEN WIRKUNGSVOLLEN TREFFER NICHT GELINGEN! DESHALB...
DANACH...
... IST ES AN MIR, ZEIT ZU SCHINDEN, WEIL ICH MIT SEINEM TATSÄCHLICHEN KÖRPER IN BERÜHRUNG KOMMEN KANN, OHNE SCHADEN ZU NEHMEN!
ICH SEHE KEINEN GRUND, MICH MIT DIR ZU BEFASSEN, NUR DAMIT IHR ZEIT GEWINNT.
DABEI DACHTE ICH, ES WÜRDE IHN WENIGSTENS EIN BISSCHEN VERUNSICHERN!

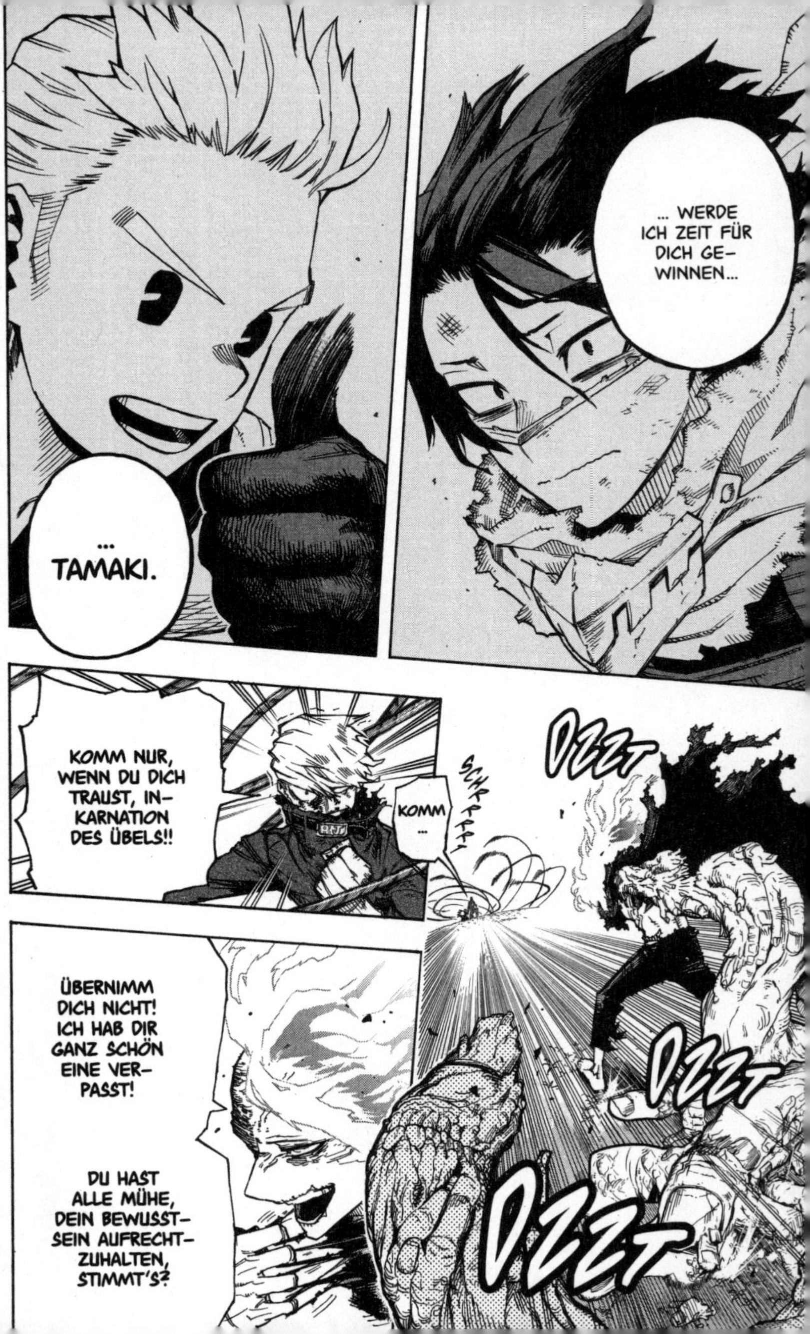
... WERDE ICH ZEIT FÜR DICH GE-WINNEN...
... TAMAKI.
DZZT
SCHRRRR!
KOMM ...
KOMM NUR, WENN DU DICH TRAUST, IN-KARNATION DES ÜBELS!!
DZZT
DZZT
ÜBERNIMM DICH NICHT! ICH HAB DIR GANZ SCHÖN EINE VER-PASST!
DU HAST ALLE MÜHE, DEIN BEWUSST-SEIN AUFRECHT-ZUHALTEN, STIMMT'S?

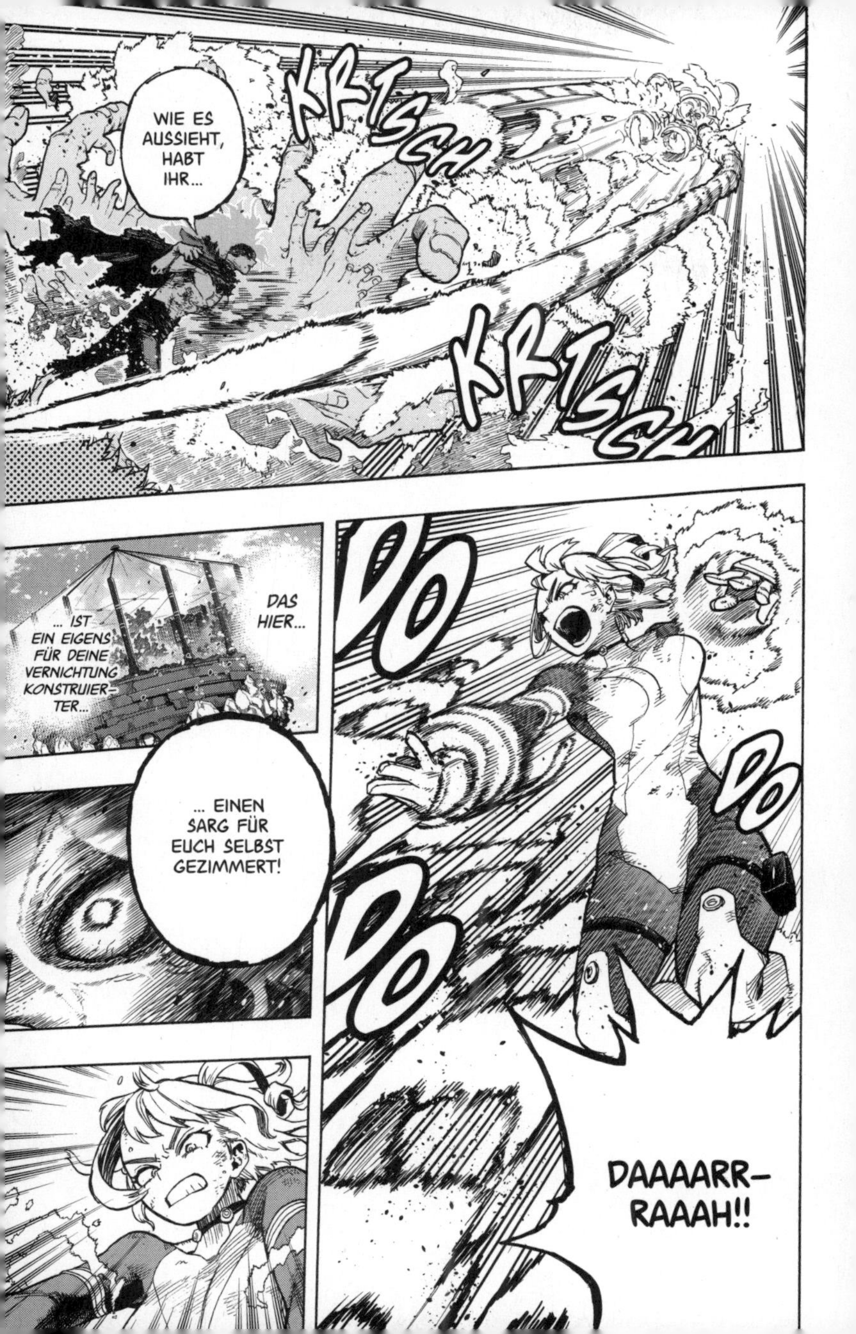

KRTSCH
WIE ES AUSSIEHT, HABT IHR...
KRTSCH
DAS HIER...
... IST EIN EIGENS FÜR DEINE VERNICHTUNG KONSTRUIER-TER...
... EINEN SARG FÜR EUCH SELBST GEZIMMERT!
DO DO DO DO
DAAAARR-RAAAH!!

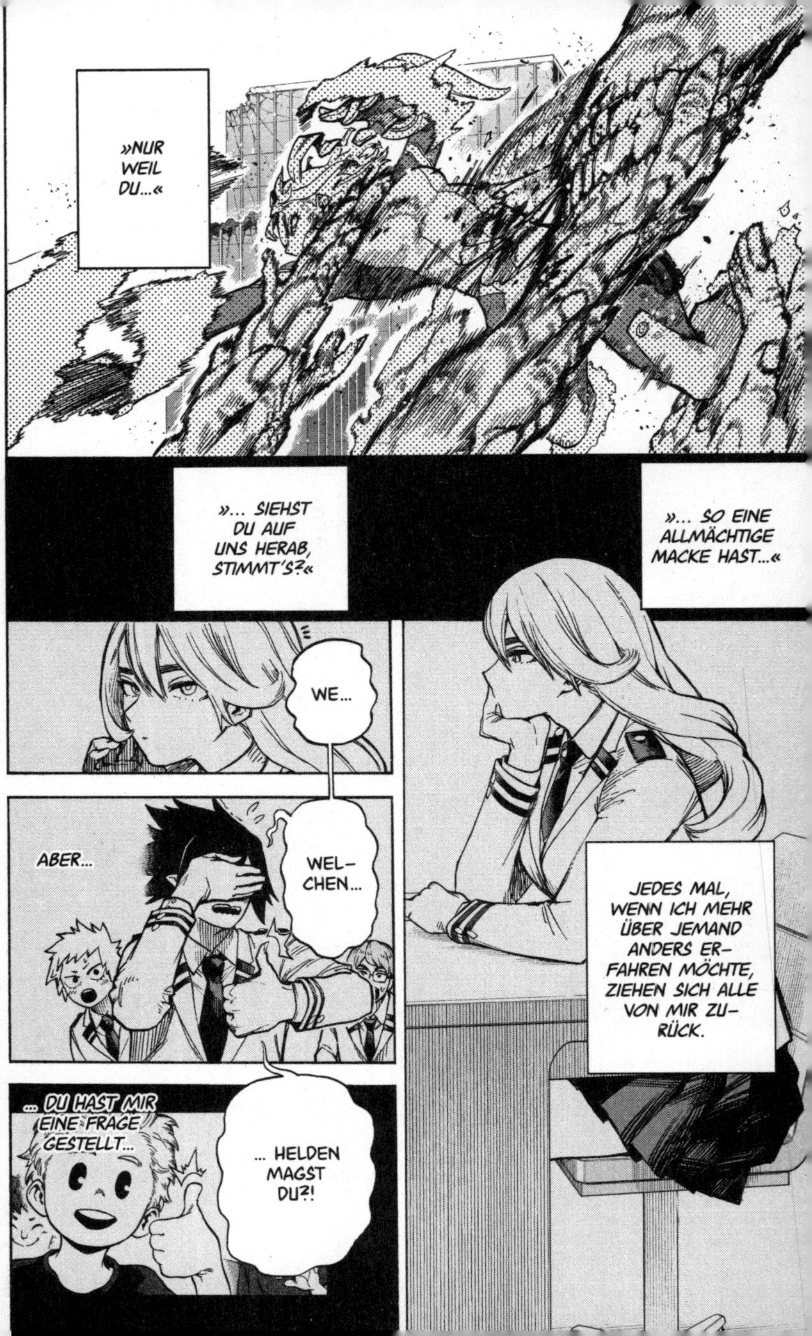
»NUR WEIL DU...«
»... SO EINE ALLMÄCHTIGE MACKE HAST...«
»... SIEHST DU AUF UNS HERAB, STIMMT'S?«
JEDES MAL, WENN ICH MEHR ÜBER JEMAND ANDERS ERFAHREN MÖCHTE, ZIEHEN SICH ALLE VON MIR ZURÜCK.
WE...
WELCHEN...
ABER...
... HELDEN MAGST DU?!
... DU HAST MIR EINE FRAGE GESTELLT...

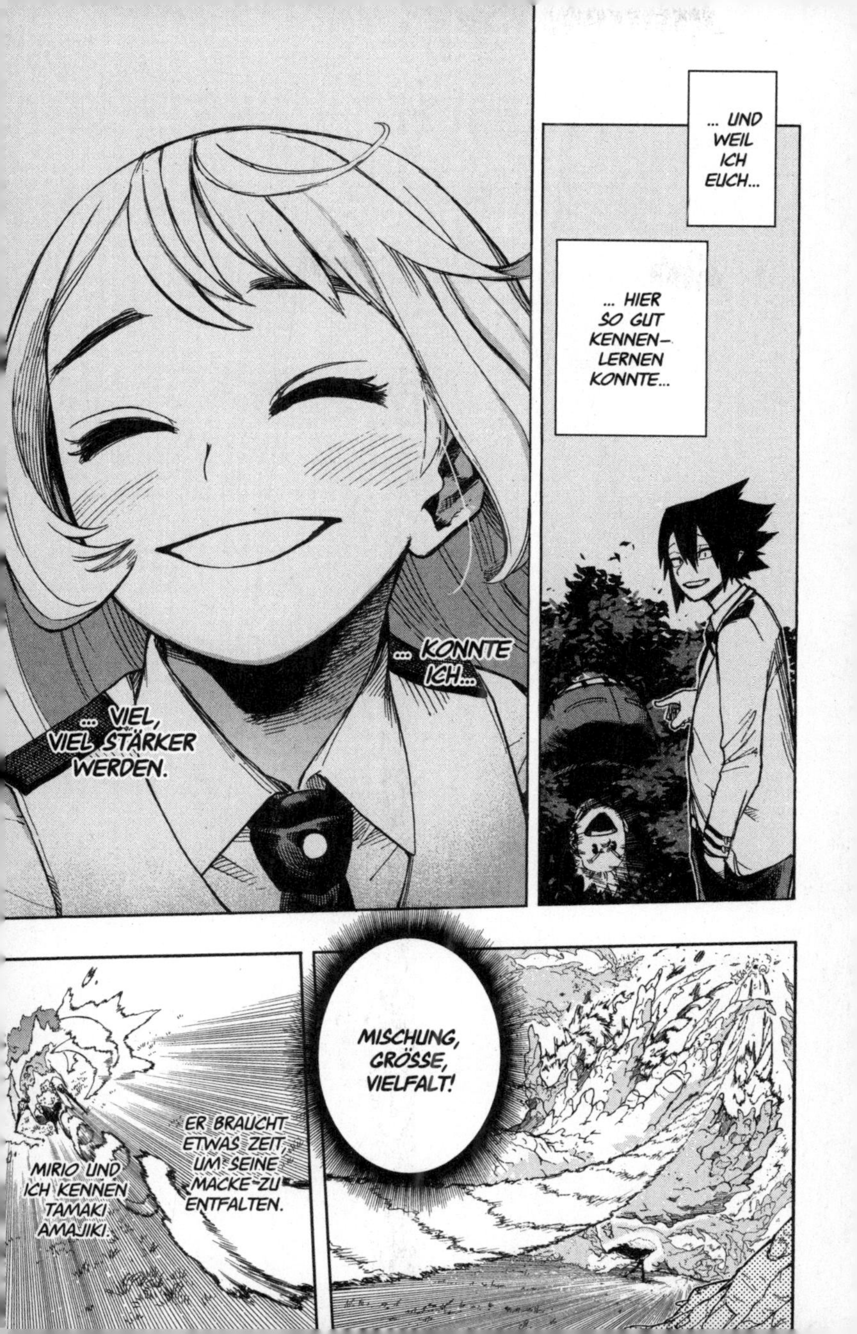
... UND WEIL ICH EUCH...
... HIER SO GUT KENNEN-LERNEN KONNTE...
... KONNTE ICH...
... VIEL, VIEL STÄRKER WERDEN.
MISCHUNG, GRÖSSE, VIELFALT!
ER BRAUCHT ETWAS ZEIT, UM SEINE MACKE ZU ENTFALTEN.
MIRIO UND ICH KENNEN TAMAKI AMAJIKI.

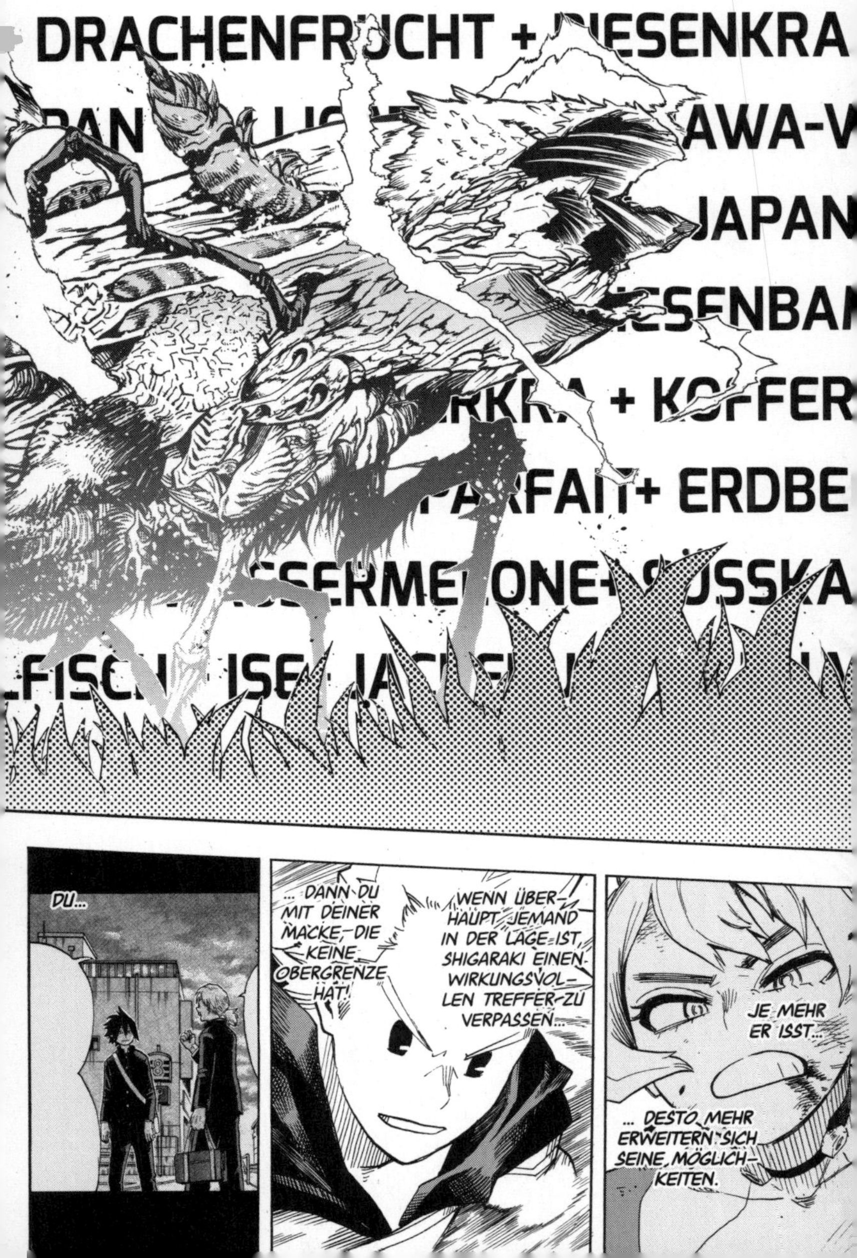
DRACHENFRUCHT +
JAPAN
+ KOFFER
PARFAIT+ ERDBE
JE MEHR ER ISST...
... DESTO MEHR ERWEITERN SICH SEINE MÖGLICHKEITEN.
WENN ÜBERHAUPT JEMAND IN DER LAGE IST, SHIGARAKI EINEN WIRKUNGSVOLLEN TREFFER ZU VERPASSEN...
... DANN DU MIT DEINER MACKE, DIE KEINE OBERGRENZE HAT!
DU...

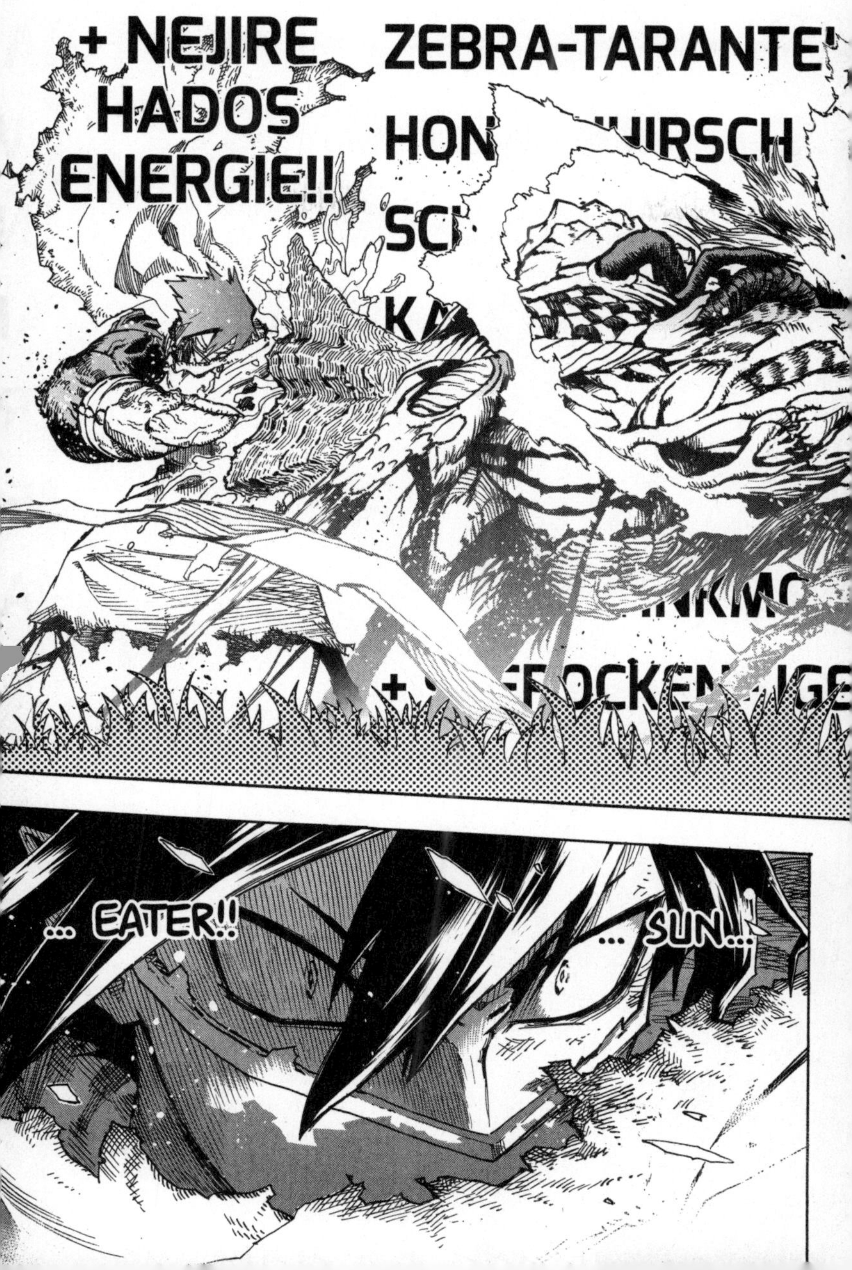
ZEBRA-TARANTE
+ NEJIRE HADOS ENERGIE!!
... SUN...!
... EATER!!

THE GASTBEITRAG

Ich habe einen Gastbeitrag von Yoko Akiyama, der Zeichnerin des Spin-off-Manga »Team Up Mission« bekommen!! Vielen herzlichen Dank! Ich habe ebenfalls für ihren Manga eine Zeichnung beigesteuert! Schaut euch unbedingt »Team Up Mission« Band 4 an!

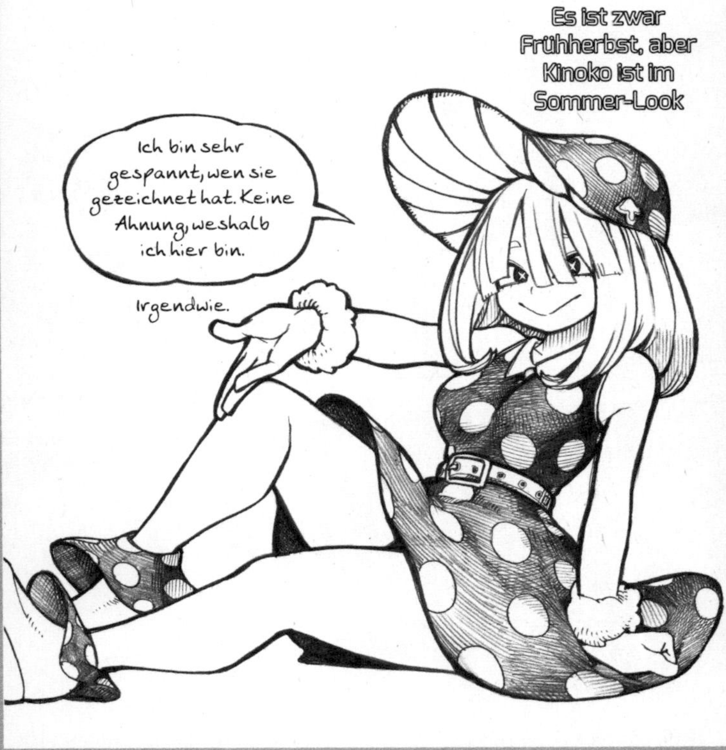

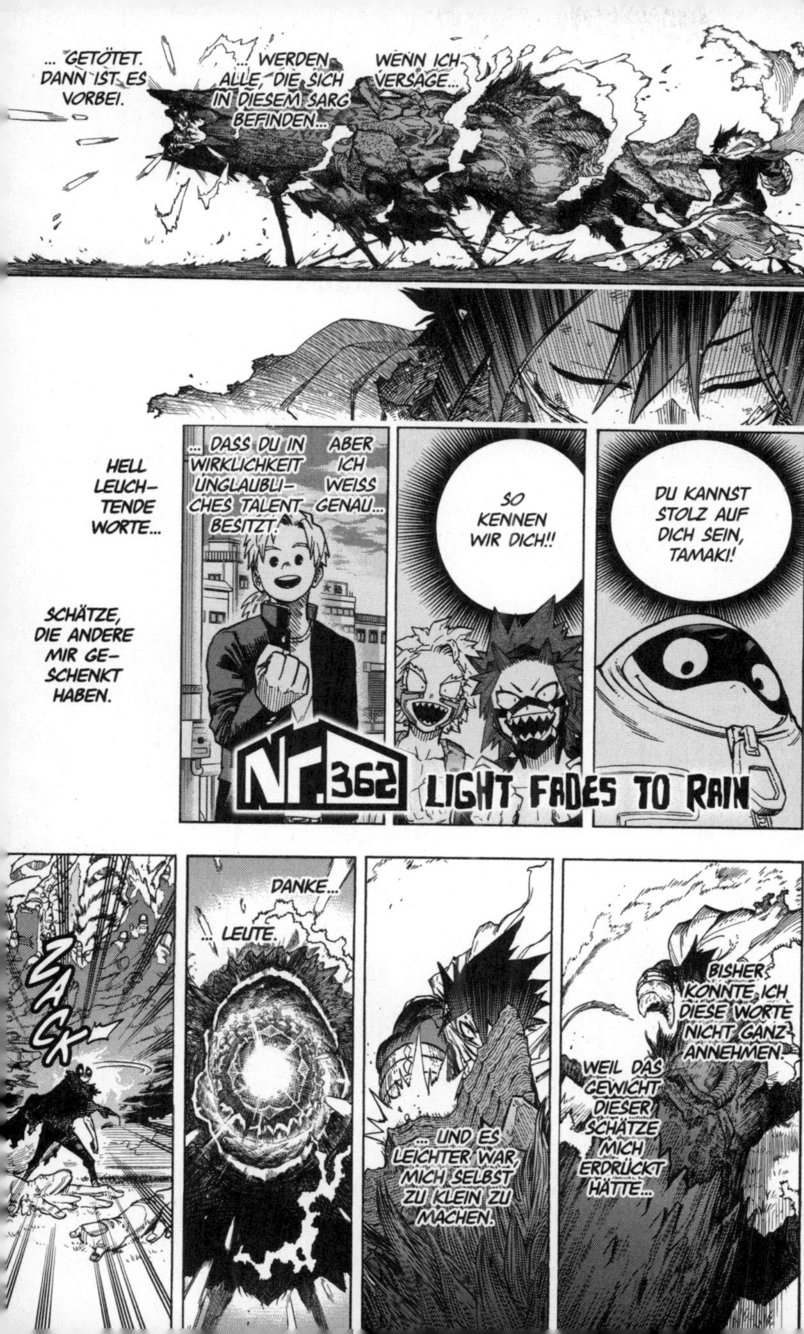
WENN ICH VERSAGE...
... WERDEN ALLE, DIE SICH IN DIESEM SARG BEFINDEN...
... GETÖTET. DANN IST ES VORBEI.
HELL LEUCH-TENDE WORTE...
SCHÄTZE, DIE ANDERE MIR GE-SCHENKT HABEN.
DU KANNST STOLZ AUF DICH SEIN, TAMAKI!
SO KENNEN WIR DICH!!
ABER ICH WEISS GENAU...
... DASS DU IN WIRKLICHKEIT UNGLAUBLI-CHES TALENT BESITZT.
NR. 362
LIGHT FADES TO RAIN
BISHER KONNTE ICH DIESE WORTE NICHT GANZ ANNEHMEN.
WEIL DAS GEWICHT DIESER SCHÄTZE MICH ERDRÜCKT HÄTTE...
... UND ES LEICHTER WAR, MICH SELBST ZU KLEIN ZU MACHEN.
DANKE...
... LEUTE.
ZACK

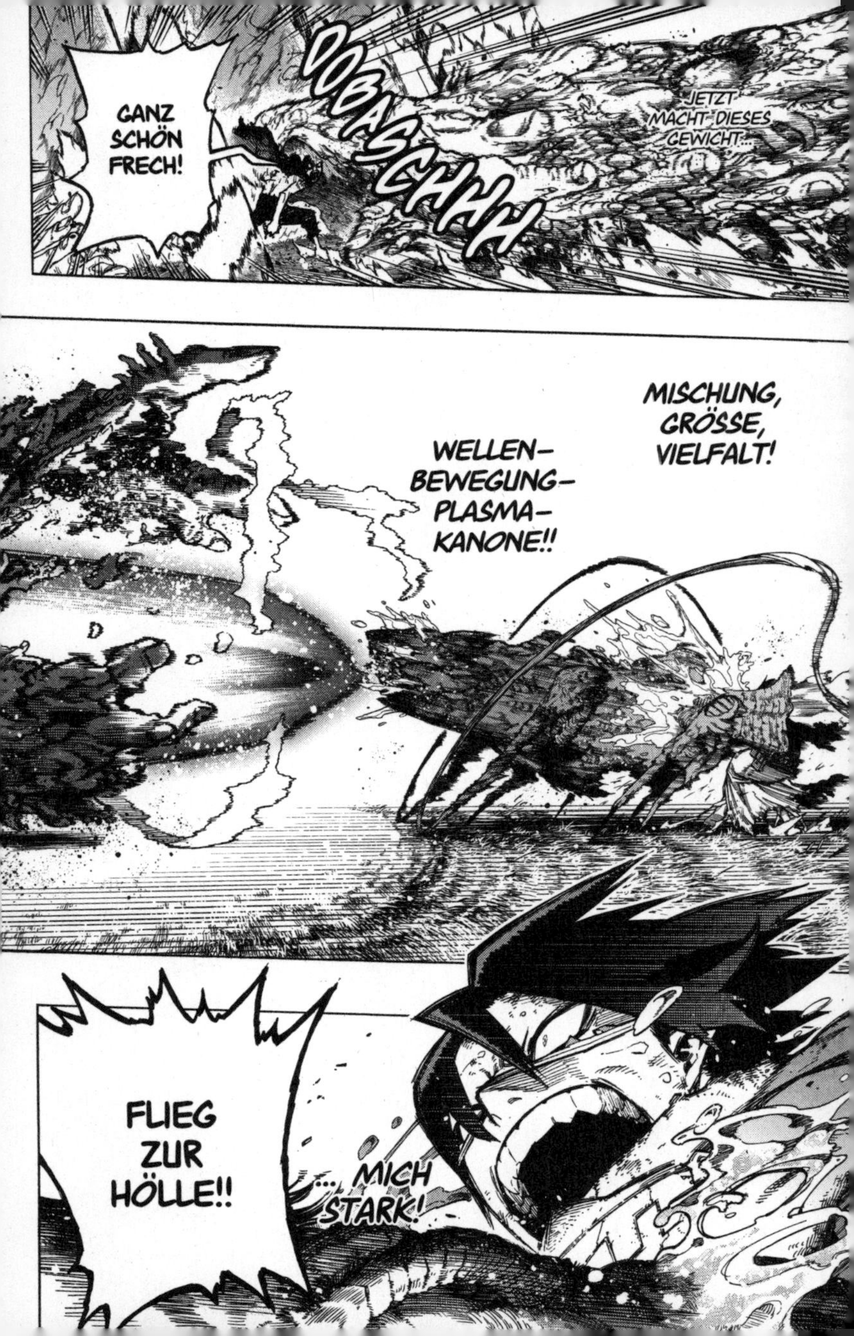
JETZT MACHT DIESES GEWICHT ...
DOBASCHHH
GANZ SCHÖN FRECH!
MISCHUNG, GRÖSSE, VIELFALT!
WELLEN-BEWEGUNG-PLASMA-KANONE!!
... MICH STARK!
FLIEG ZUR HÖLLE!!

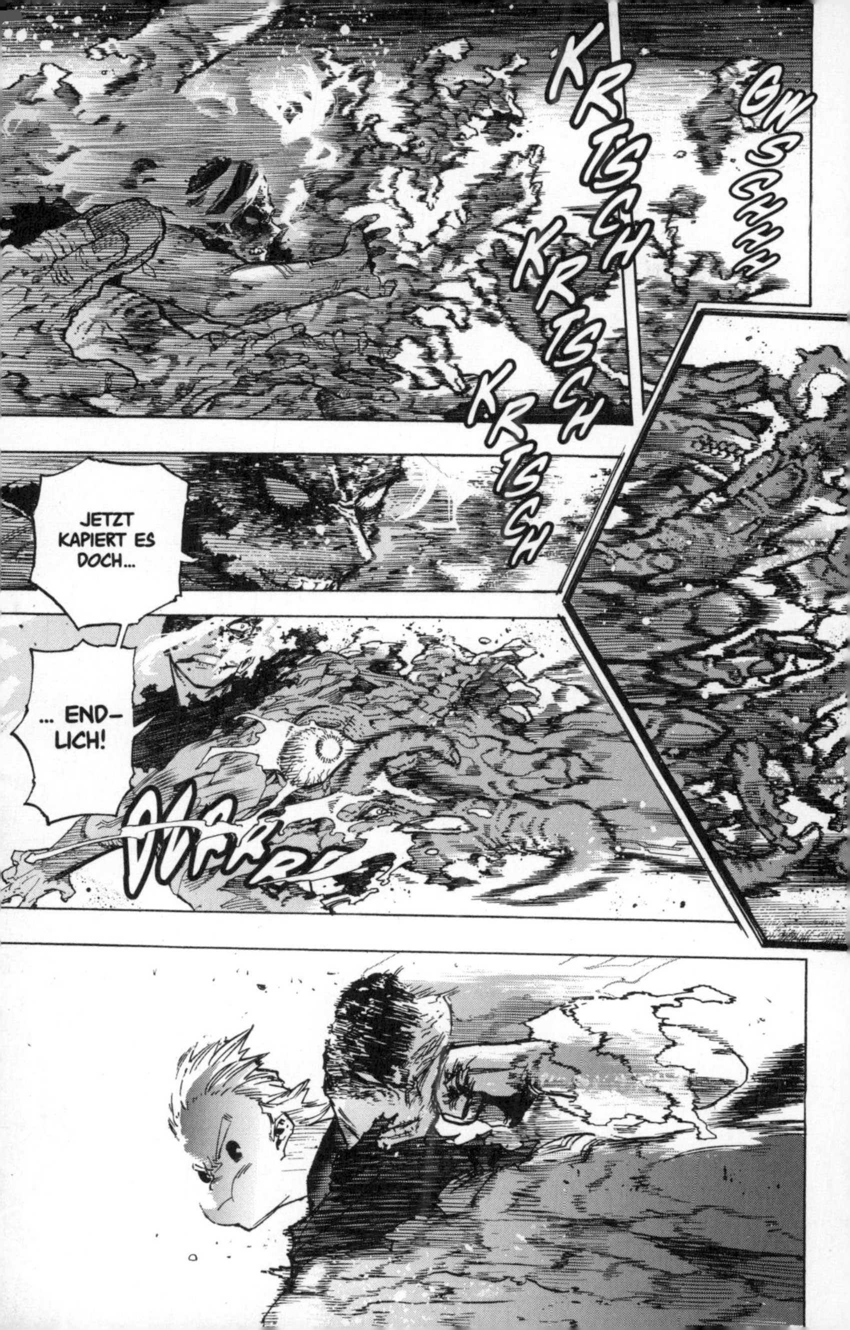
GWSCHHH
KRTSCH
KRTSCH
KRTSCH
JETZT KAPIERT ES DOCH...
... END-LICH!

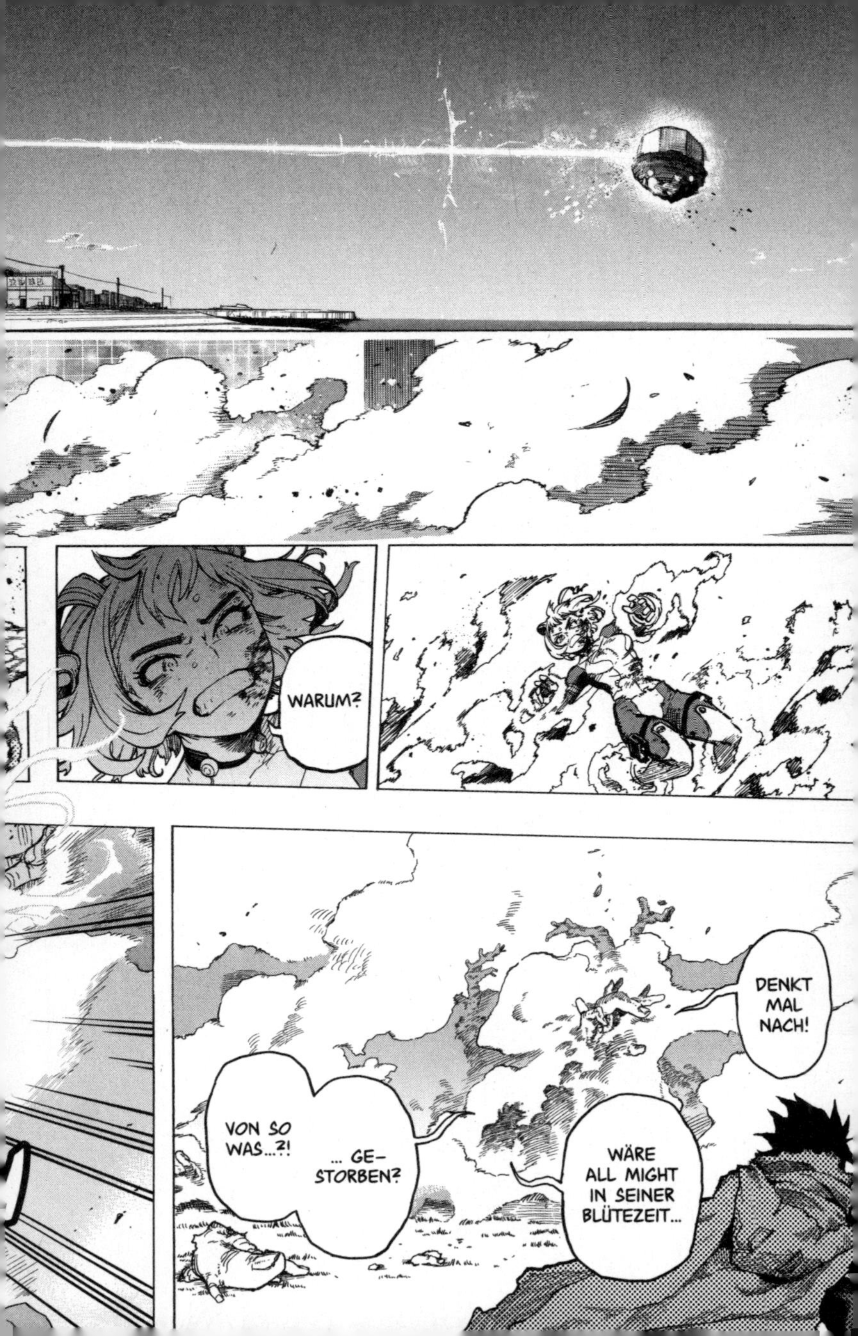
WARUM?
DENKT MAL NACH!
WÄRE ALL MIGHT IN SEINER BLÜTEZEIT...
... GE-STORBEN?
VON SO WAS...?!

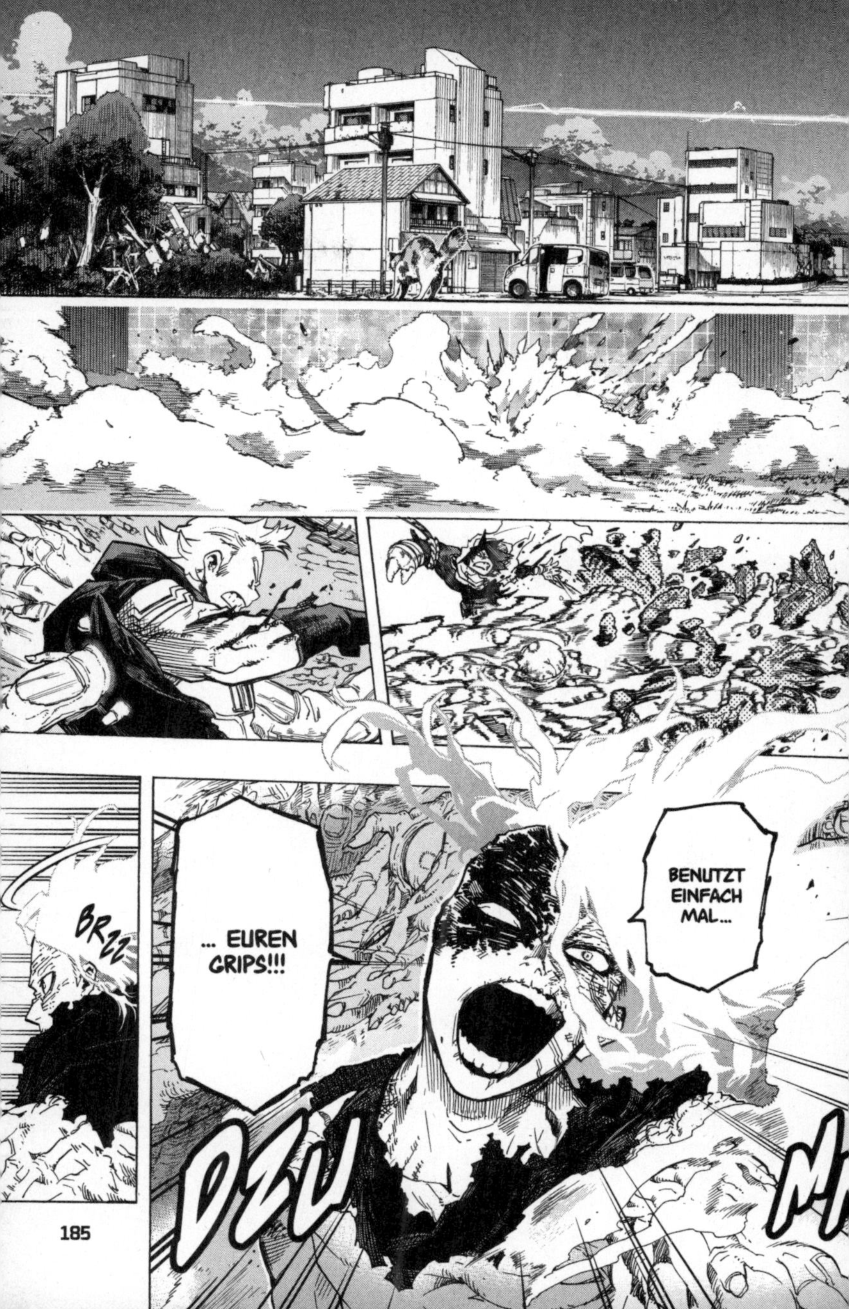

BENUTZT EINFACH MAL...
... EUREN GRIPS!!!
BRZZ
DZU

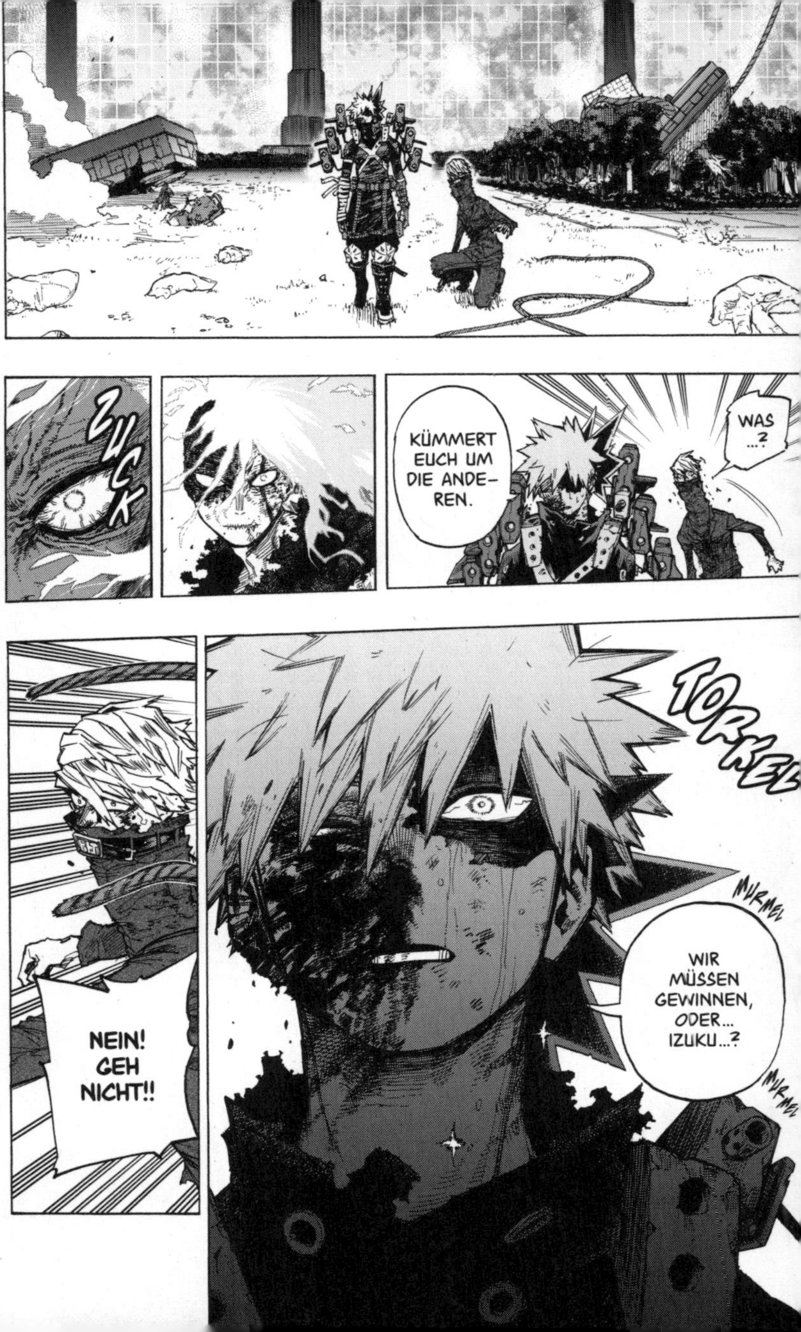
WAS ...?
KÜMMERT EUCH UM DIE ANDE-REN.
ZUCK
TORKEL
MURMEL
WIR MÜSSEN GEWINNEN, ODER... IZUKU...?
MURMEL
NEIN! GEH NICHT!!

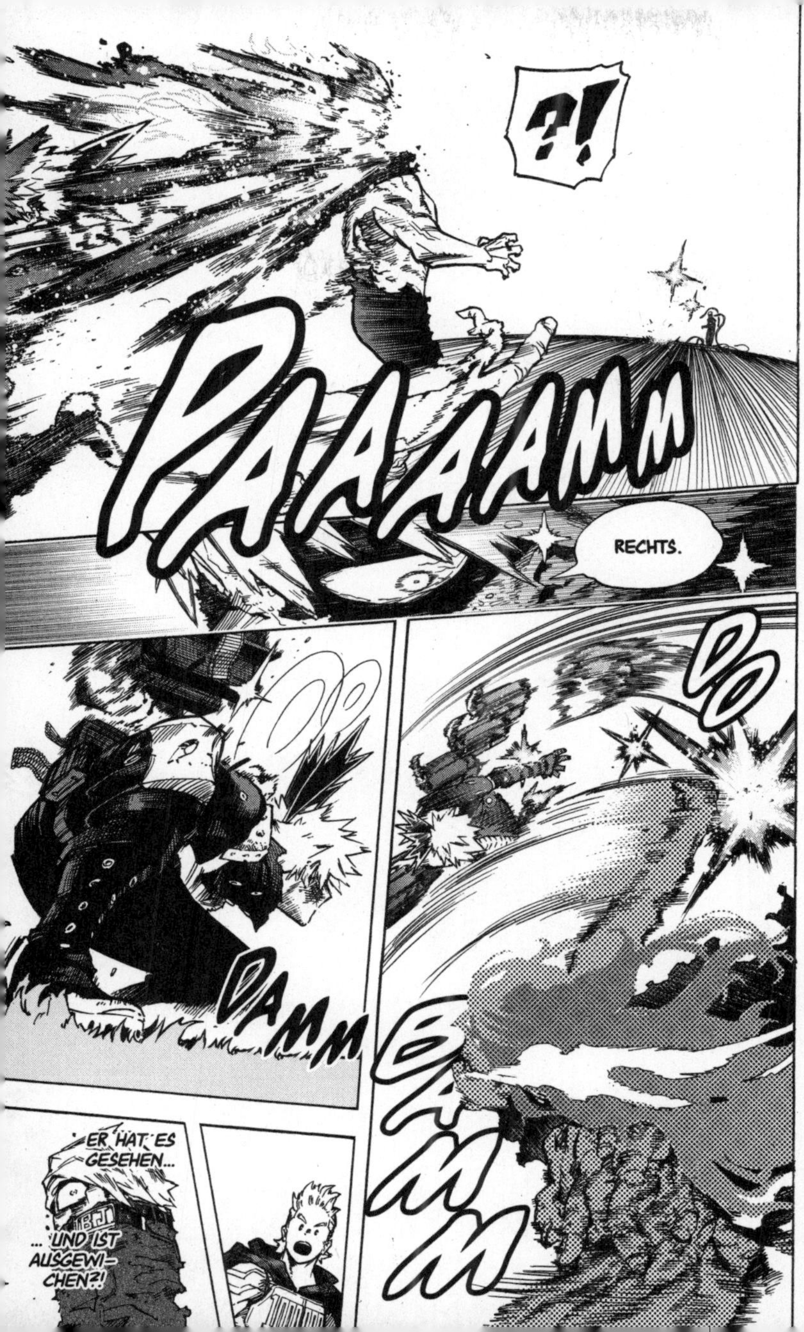
?!
DAAAAMM
RECHTS.
DAMM
DAMM
ER HAT ES GESEHEN...
... UND IST AUSGEWICHEN?!

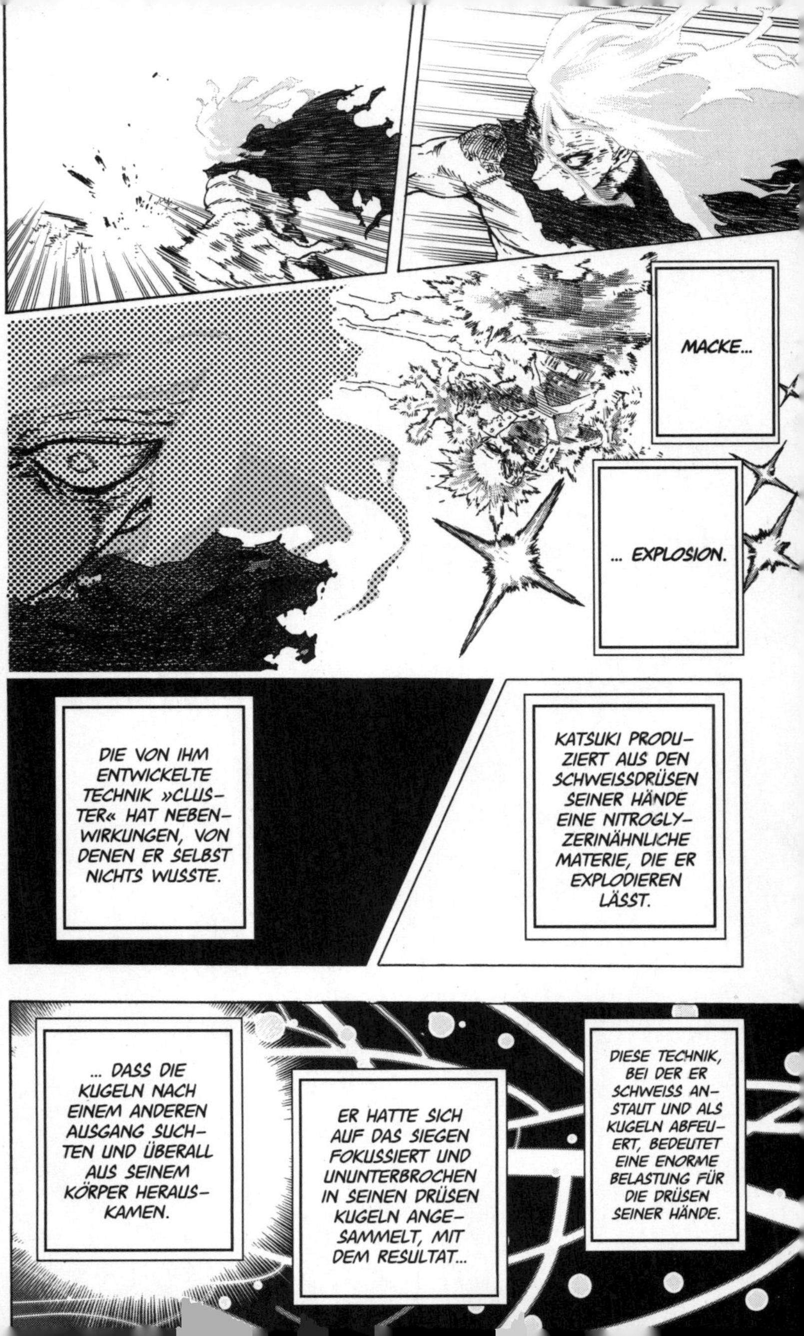
MACKE...
... EXPLOSION.
KATSUKI PRODU-ZIERT AUS DEN SCHWEISSDRÜSEN SEINER HÄNDE EINE NITROGLY-ZERINÄHNLICHE MATERIE, DIE ER EXPLODIEREN LÄSST.
DIE VON IHM ENTWICKELTE TECHNIK »CLUS-TER« HAT NEBEN-WIRKUNGEN, VON DENEN ER SELBST NICHTS WUSSTE.
DIESE TECHNIK, BEI DER ER SCHWEISS AN-STAUT UND ALS KUGELN ABFEU-ERT, BEDEUTET EINE ENORME BELASTUNG FÜR DIE DRÜSEN SEINER HÄNDE.
ER HATTE SICH AUF DAS SIEGEN FOKUSSIERT UND UNUNTERBROCHEN IN SEINEN DRÜSEN KUGELN ANGE-SAMMELT, MIT DEM RESULTAT...
... DASS DIE KUGELN NACH EINEM ANDEREN AUSGANG SUCH-TEN UND ÜBERALL AUS SEINEM KÖRPER HERAUS-KAMEN.

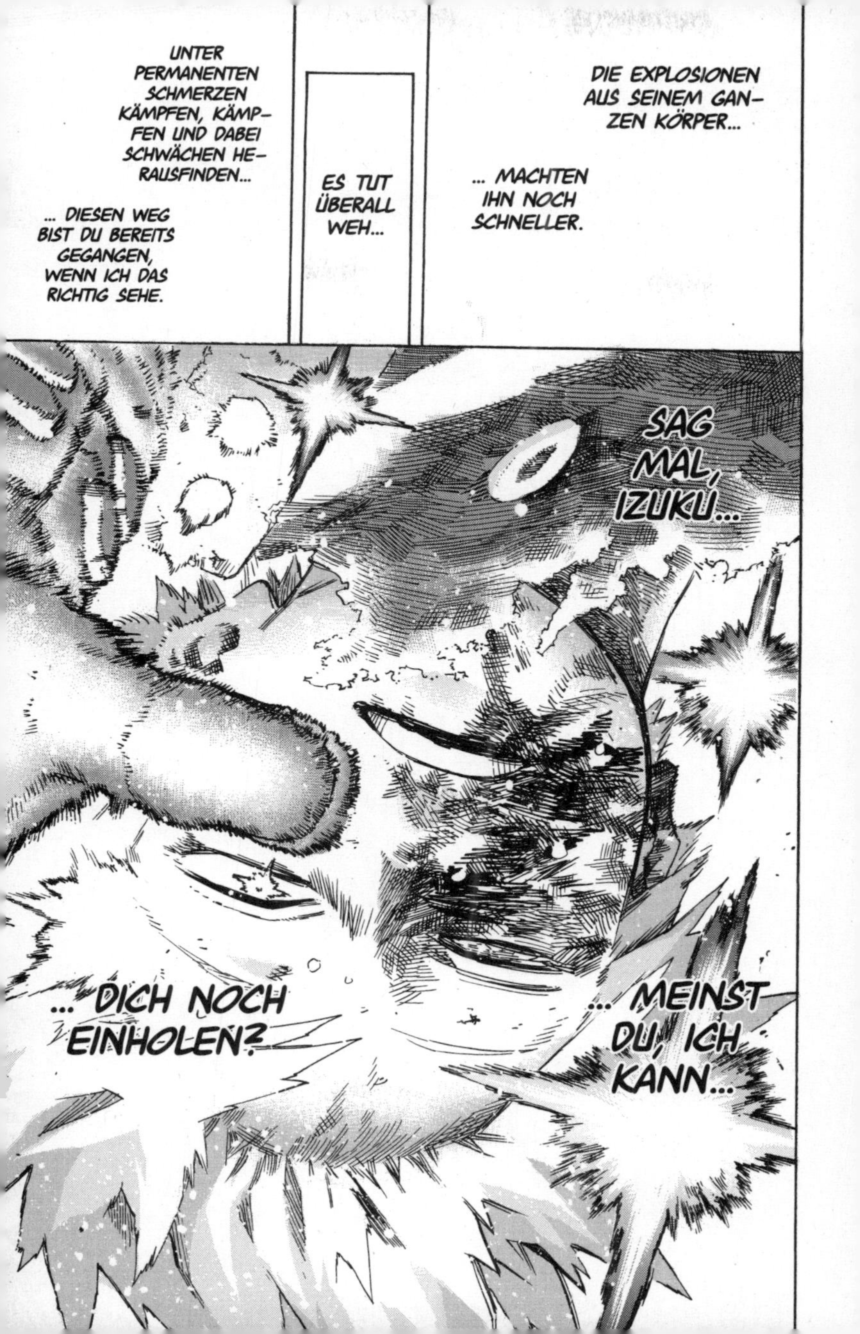
DIE EXPLOSIONEN AUS SEINEM GANZEN KÖRPER...
... MACHTEN IHN NOCH SCHNELLER.
ES TUT ÜBERALL WEH...
UNTER PERMANENTEN SCHMERZEN KÄMPFEN, KÄMPFEN UND DABEI SCHWÄCHEN HERAUSFINDEN...
... DIESEN WEG BIST DU BEREITS GEGANGEN, WENN ICH DAS RICHTIG SEHE.
SAG MAL, IZUKU...
... MEINST DU, ICH KANN...
... DICH NOCH EINHOLEN?

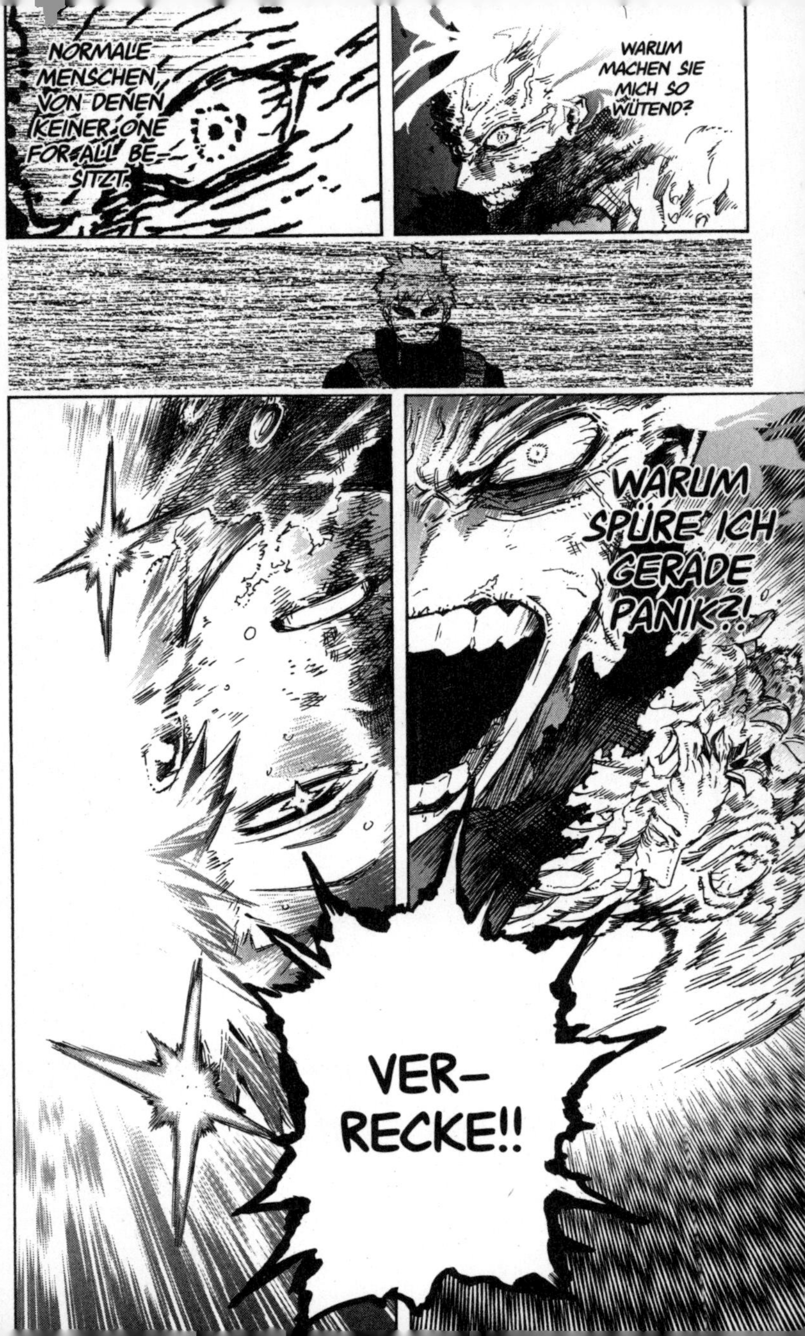
WARUM MACHEN SIE MICH SO WÜTEND?
NORMALE MENSCHEN, VON DENEN KEINER ONE FOR ALL BESITZT.
WARUM SPÜRE ICH GERADE PANIK?!
VER-RECKE!!

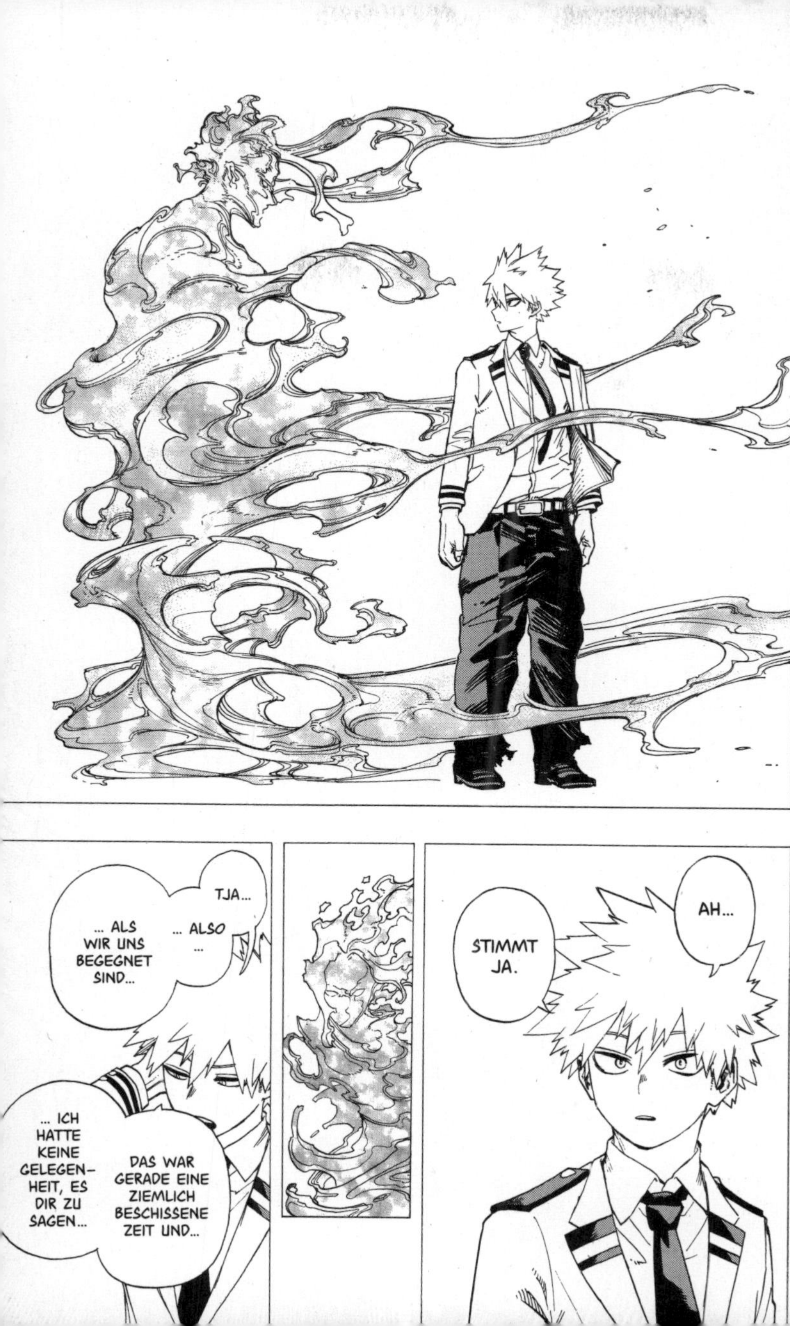
AH...
STIMMT JA.
TJA...
... ALSO ...
... ALS WIR UNS BEGEGNET SIND...
DAS WAR GERADE EINE ZIEMLICH BESCHISSENE ZEIT UND...
... ICH HATTE KEINE GELEGENHEIT, ES DIR ZU SAGEN...

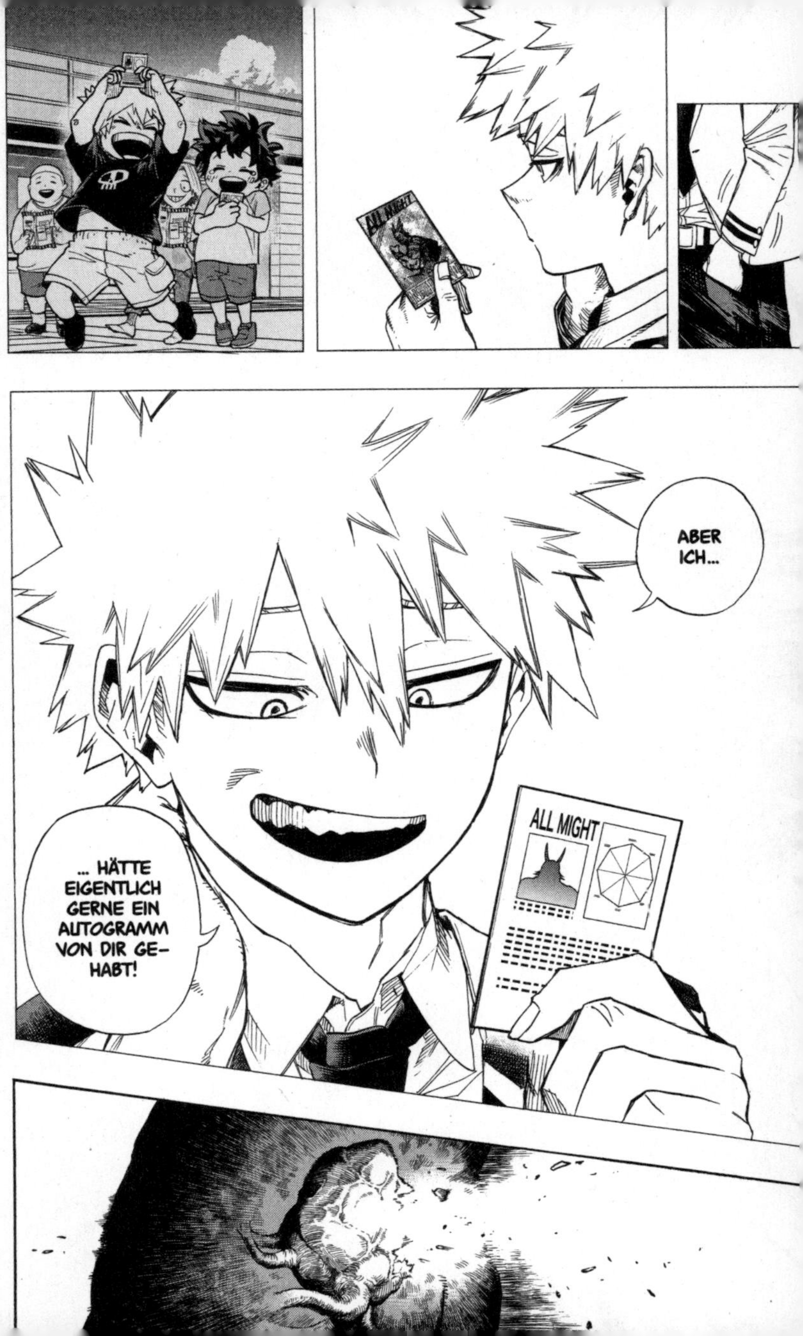
ALL MIGHT
ABER ICH...
... HÄTTE EIGENTLICH GERNE EIN AUTOGRAMM VON DIR GE-HABT!
ALL MIGHT

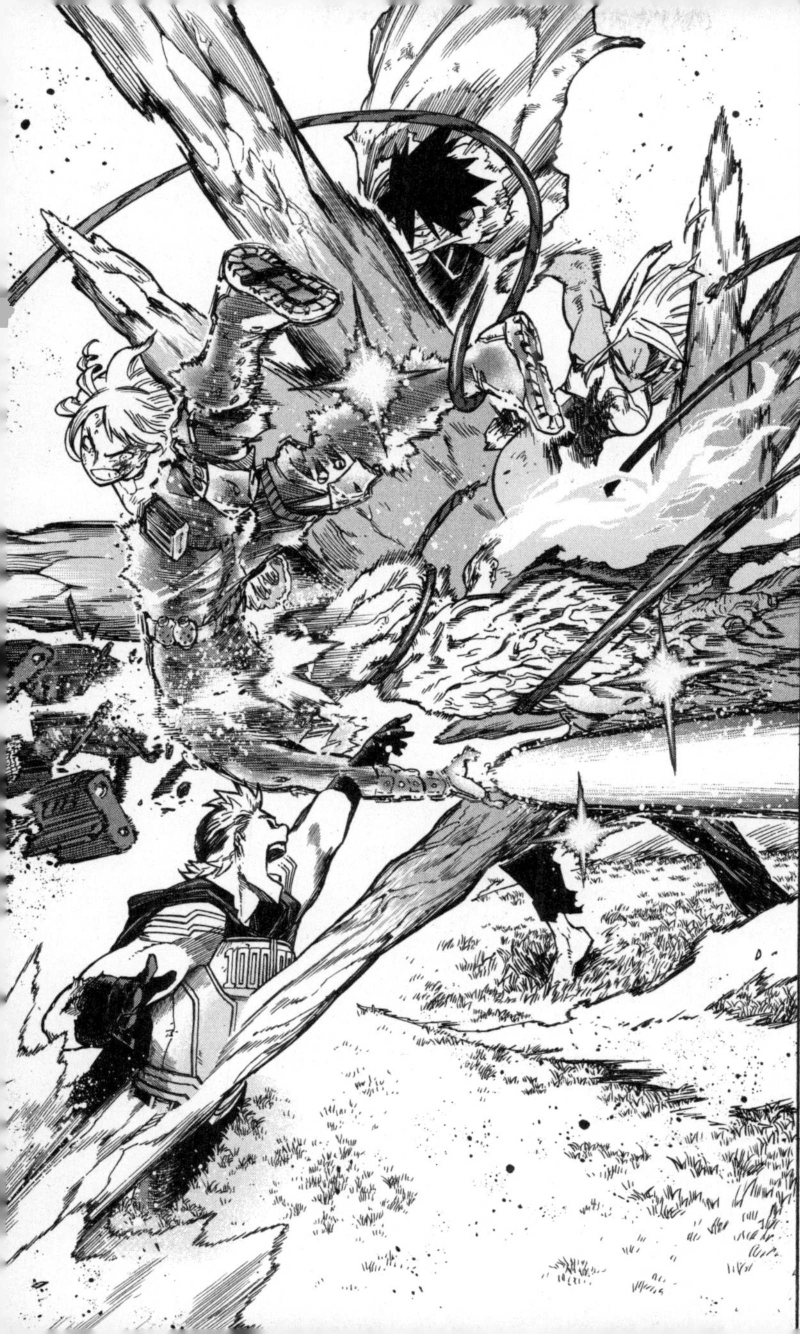

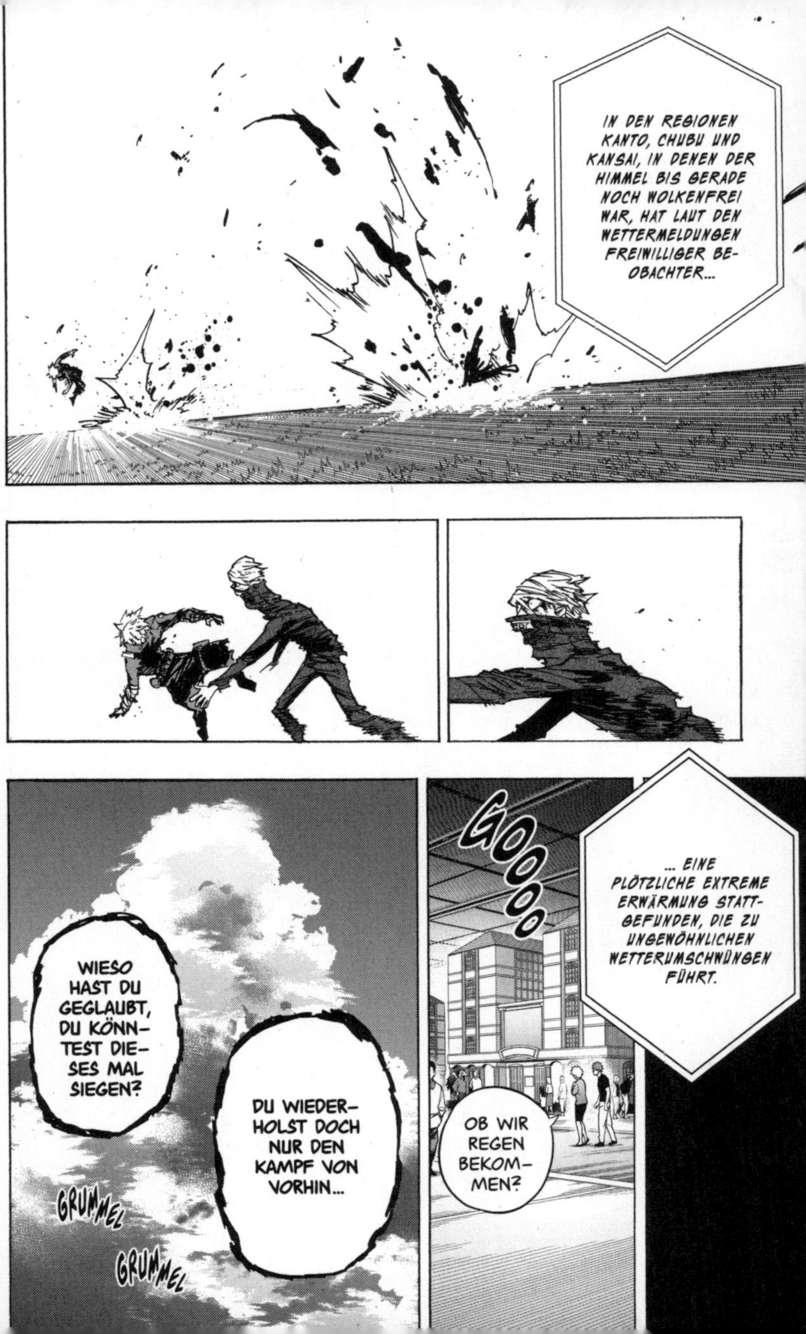
IN DEN REGIONEN KANTO, CHUBU UND KANSAI, IN DENEN DER HIMMEL BIS GERADE NOCH WOLKENFREI WAR, HAT LAUT DEN WETTERMELDUNGEN FREIWILLIGER BE-OBACHTER...
GOOOO
... EINE PLÖTZLICHE EXTREME ERWÄRMUNG STATT-GEFUNDEN, DIE ZU UNGEWÖHNLICHEN WETTERUMSCHWÜNGEN FÜHRT.
OB WIR REGEN BEKOM-MEN?
WIESO HAST DU GEGLAUBT, DU KÖNN-TEST DIE-SES MAL SIEGEN?
DU WIEDER-HOLST DOCH NUR DEN KAMPF VON VORHIN...
GRUMMEL
GRUMMEL

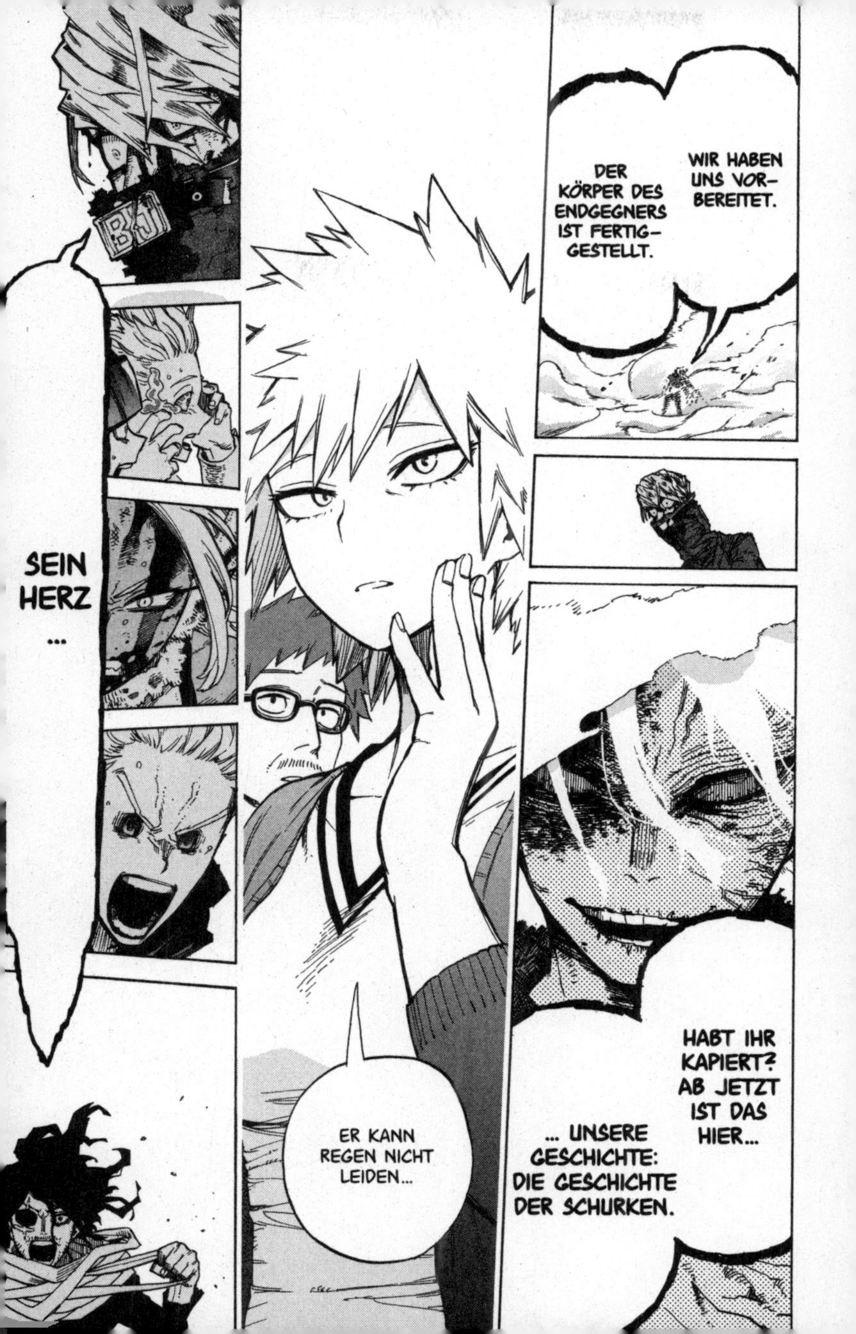
WIR HABEN UNS VORBEREITET.
DER KÖRPER DES ENDGEGNERS IST FERTIG-GESTELLT.
SEIN HERZ ...
HABT IHR KAPIERT? AB JETZT IST DAS HIER...
... UNSERE GESCHICHTE: DIE GESCHICHTE DER SCHURKEN.
ER KANN REGEN NICHT LEIDEN...

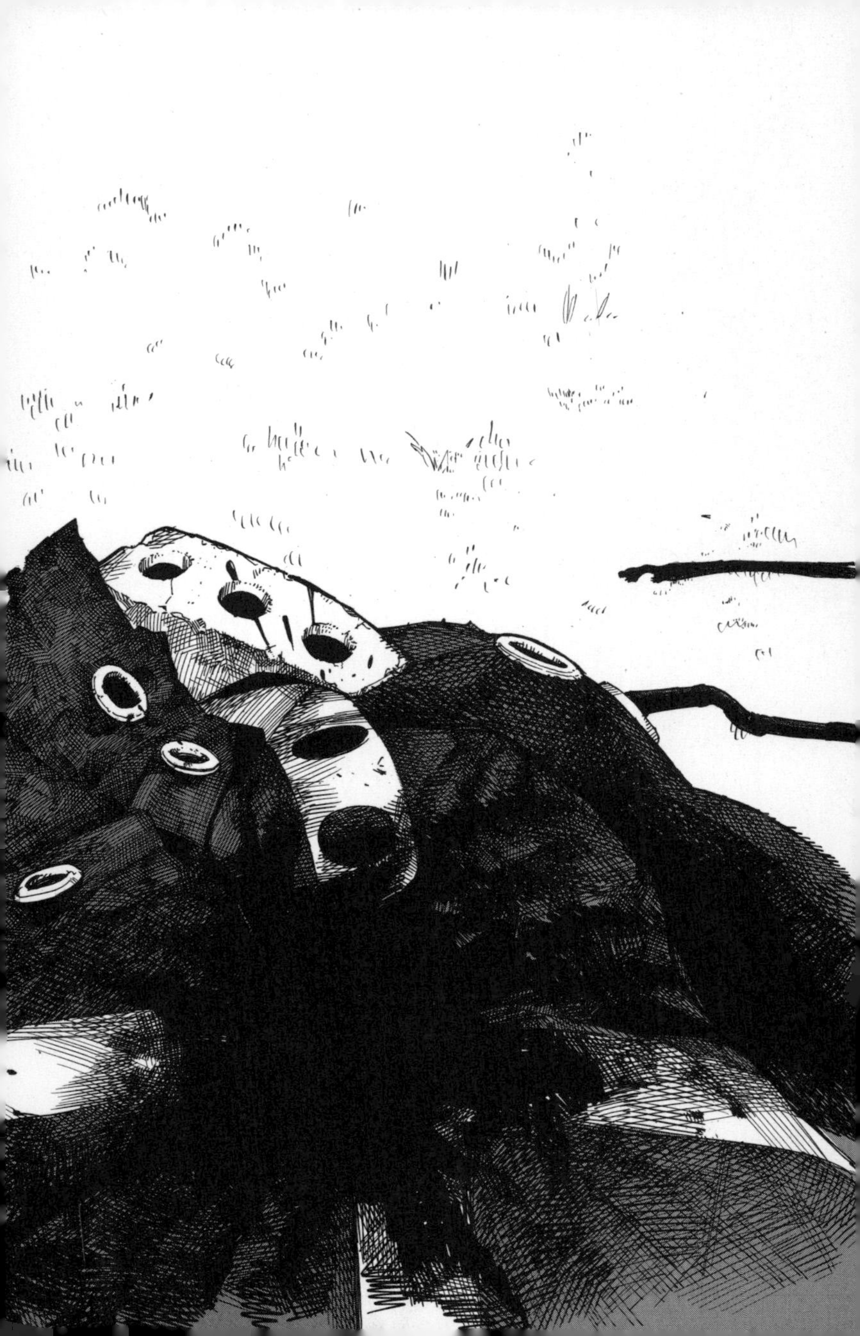

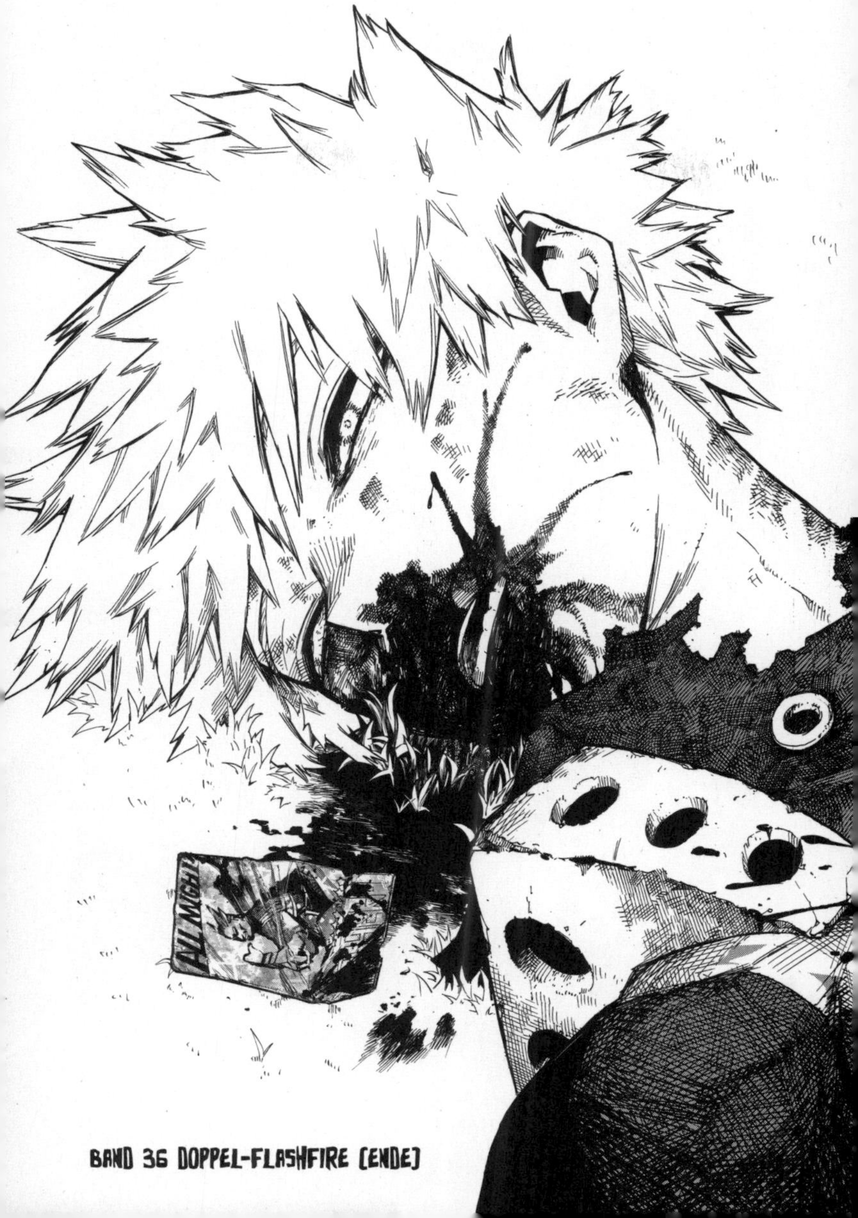

BAND 36 DOPPEL-FLASHFIRE (ENDE)

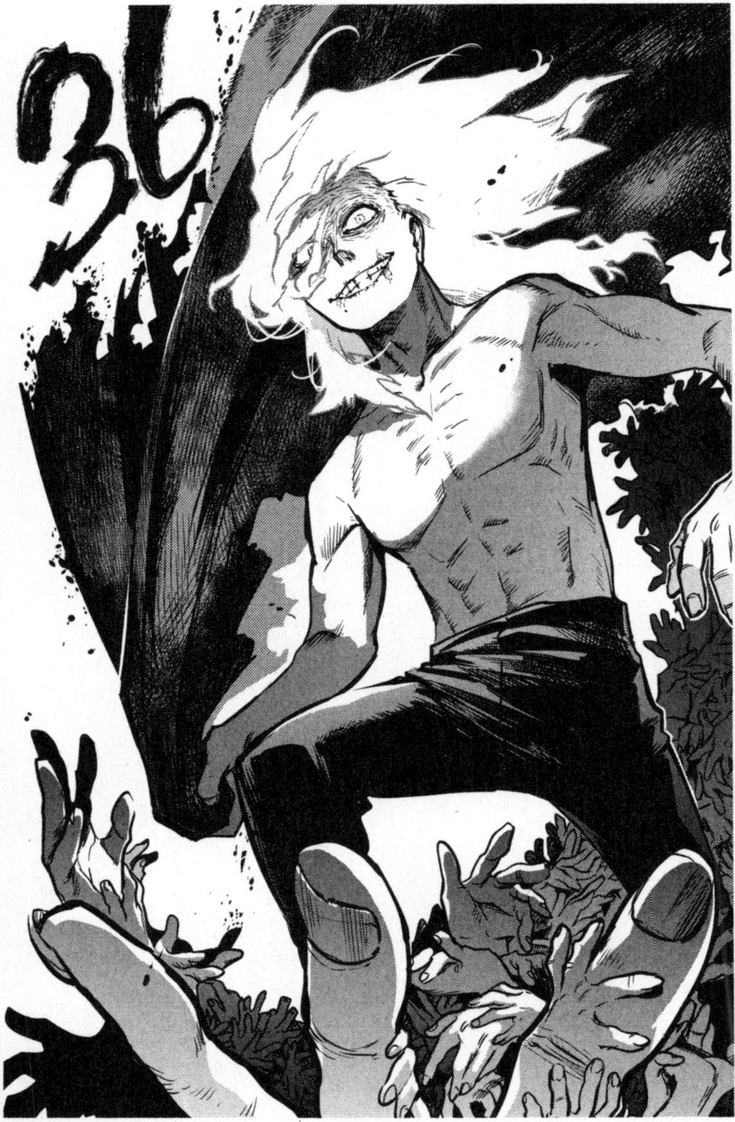

JEDES MAL, WENN SHIGARAKI AUFTRITT, BETE ICH,
DASS KOHEI HORIKOSHIS HAND UNVERSEHRT BLEIBT.

あきやま陽光
YOKO AKIYAMA

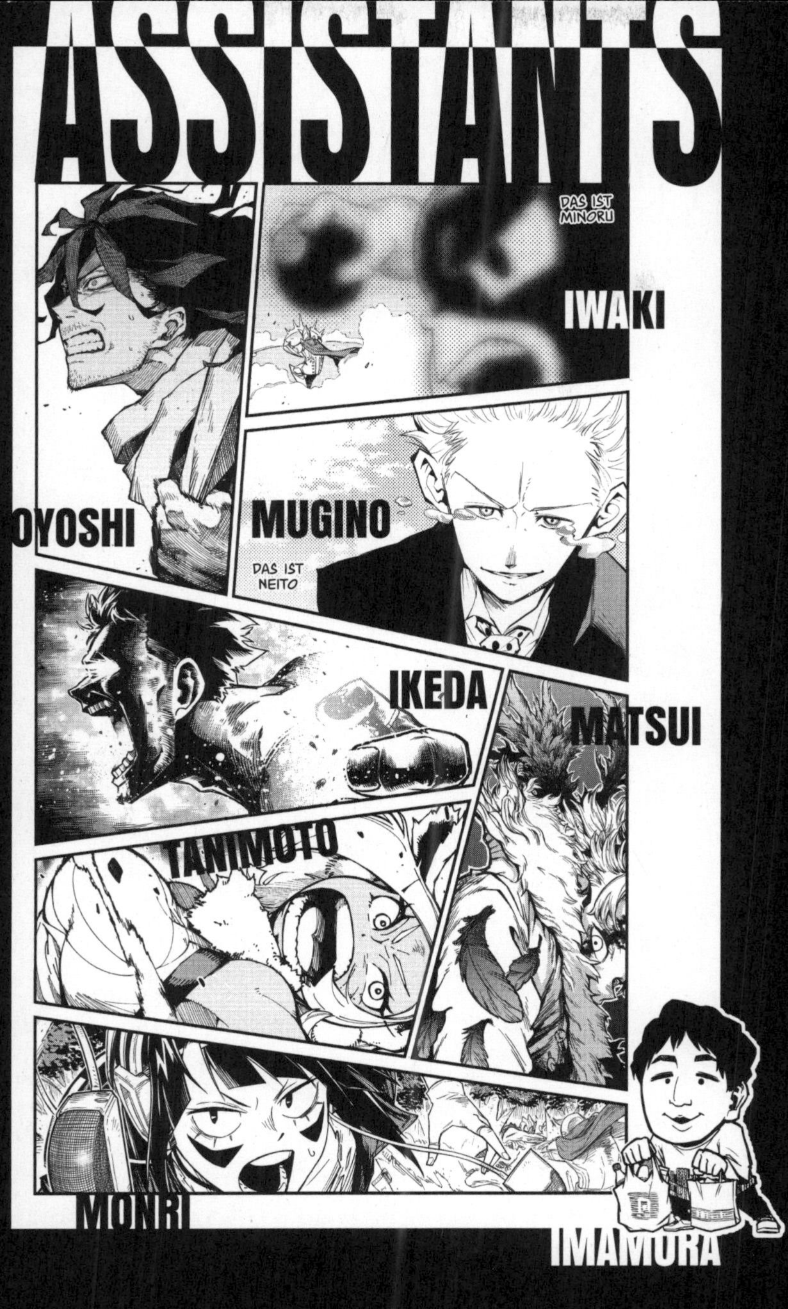
ASSISTANTS
DAS IST MINORU
IWAKI
OYOSHI
MUGINO
DAS IST NEITO
IKEDA
MATSUI
TANIMOTO
MONRI
IMAMURA

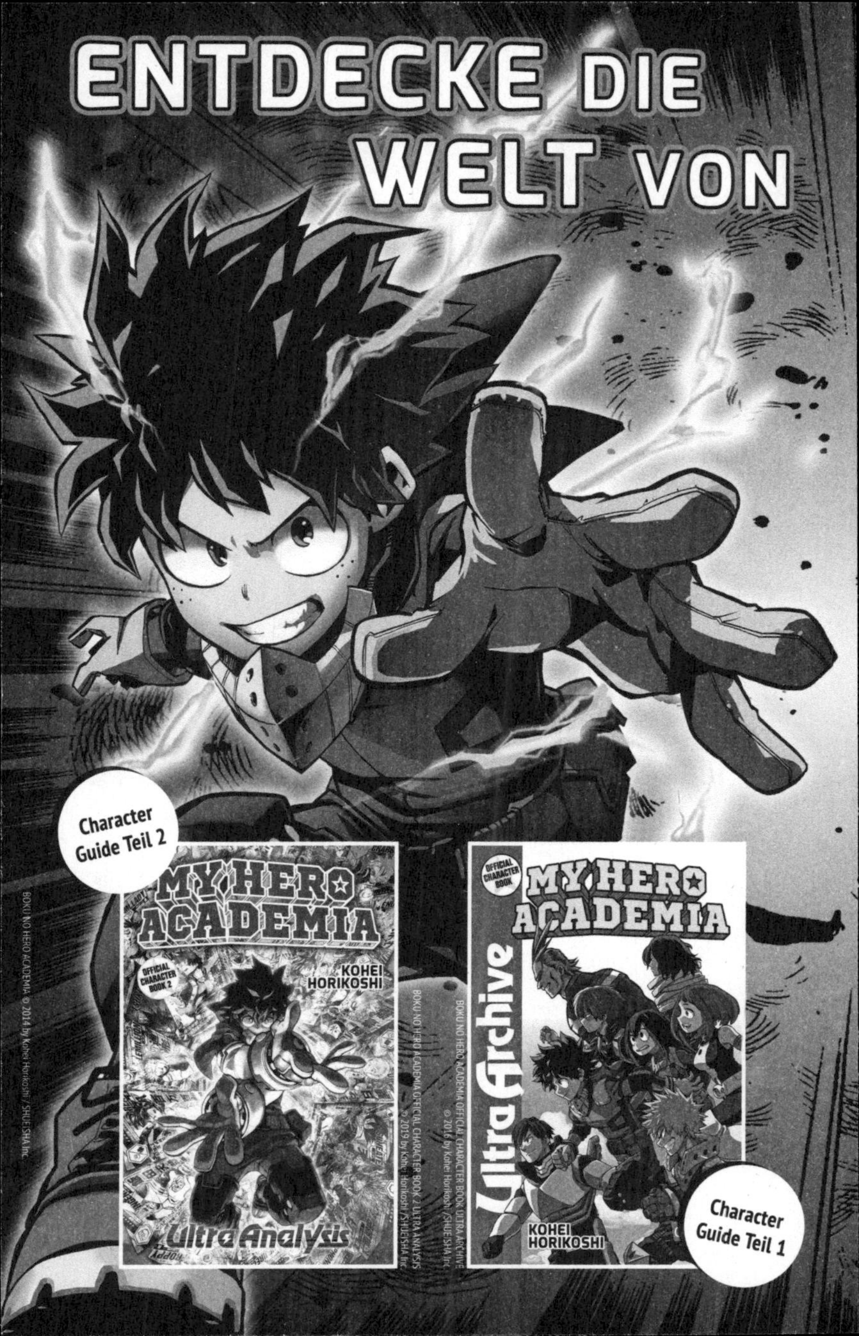
ENTDECKE DIE
WELT VON
Character
Guide Teil 2
MY HERO ACADEMIA
OFFICIAL CHARACTER BOOK 2
KOHEI HORIKOSHI
Ultra Analysis
OFFICIAL CHARACTER BOOK
MY HERO ACADEMIA
Ultra Archive
KOHEI HORIKOSHI
Character
Guide Teil 1

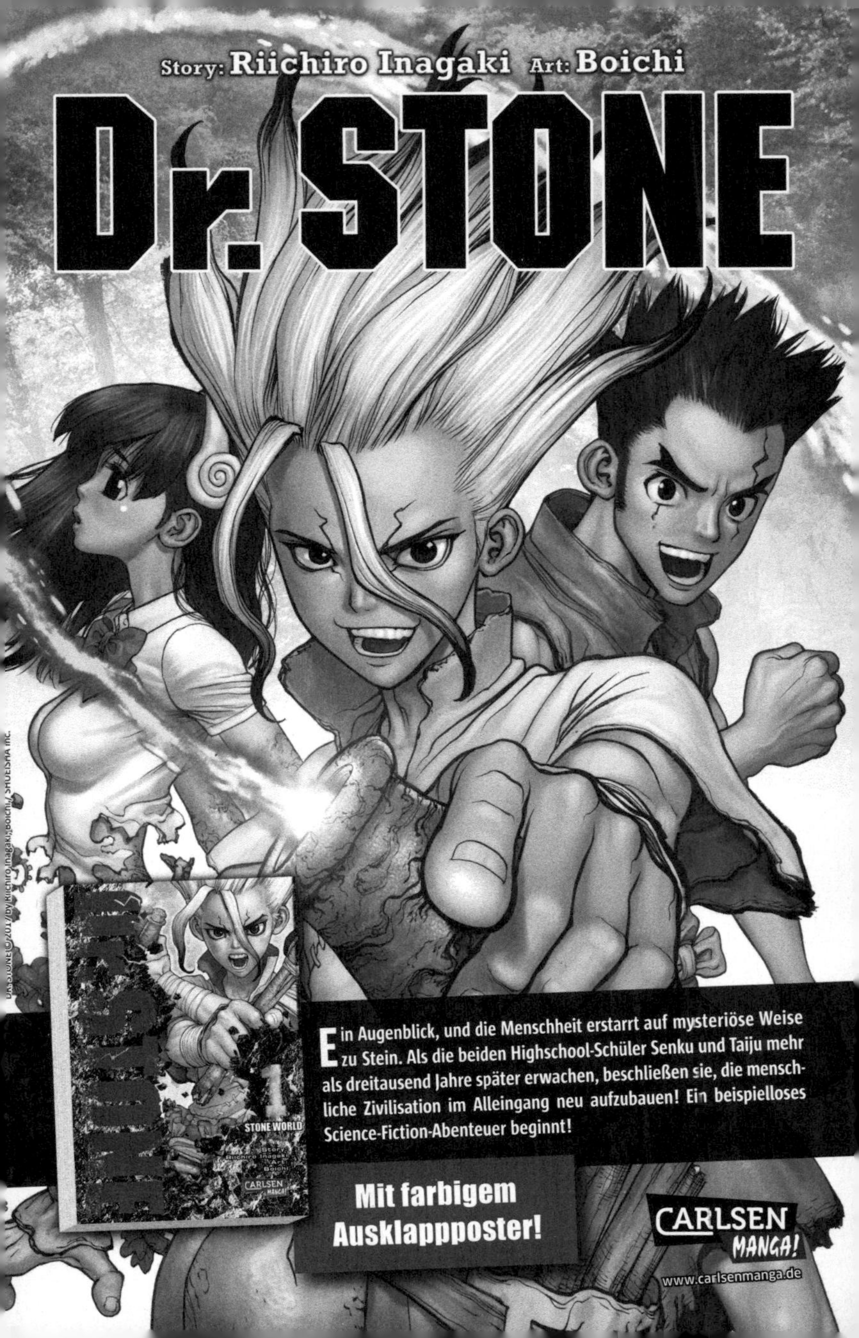
Story: Riichiro Inagaki Art: Boichi
Dr. STONE
1
STONE WORLD
Story: Riichiro Inagaki Art: Boichi
CARLSEN MANGA!
Ein Augenblick, und die Menschheit erstarrt auf mysteriöse Weise zu Stein. Als die beiden Highschool-Schüler Senku und Taiju mehr als dreitausend Jahre später erwachen, beschließen sie, die menschliche Zivilisation im Alleingang neu aufzubauen! Ein beispielloses Science-Fiction-Abenteuer beginnt!
Mit farbigem Ausklappposter!
CARLSEN MANGA!
www.carlsenmanga.de
DR.STONE © 2017 by Riichiro Inagaki, Boichi / SHUEISHA Inc.

MASHLE

MAGIC AND MUSCLES

Story and Art by
HAJIME KOMOTO

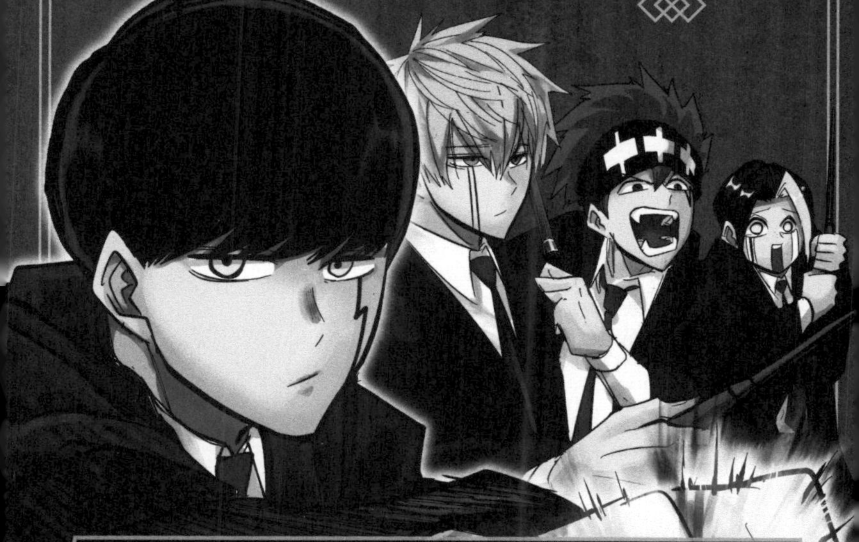

MAGIE IST GUT – MUSKELN SIND BESSER!

Im Reich der Magie wird der soziale Status durch die magischen Fähigkeiten bestimmt. Doch tief im Wald lebt Mash Burnedead, ein junger Mann, der seine gesamte Zeit damit verbringt, seinen Körper zu stählen. Er kann keine Magie benutzen, genießt jedoch ein friedliches Leben mit seinem Vater. Als das herauskommt, geraten beide in Gefahr. Die einzige Lösung: Mash wird in der Magieschule eingeschrieben, wo er die magische Konkurrenz schlagen muss! Wird sich Mash ohne einen Funken Magie und durch reine Muskelkraft einen Weg an die Spitze bahnen können?

CARLSEN MANGA!
www.carlsenmanga.de
carlsen_manga
carlsenmanga

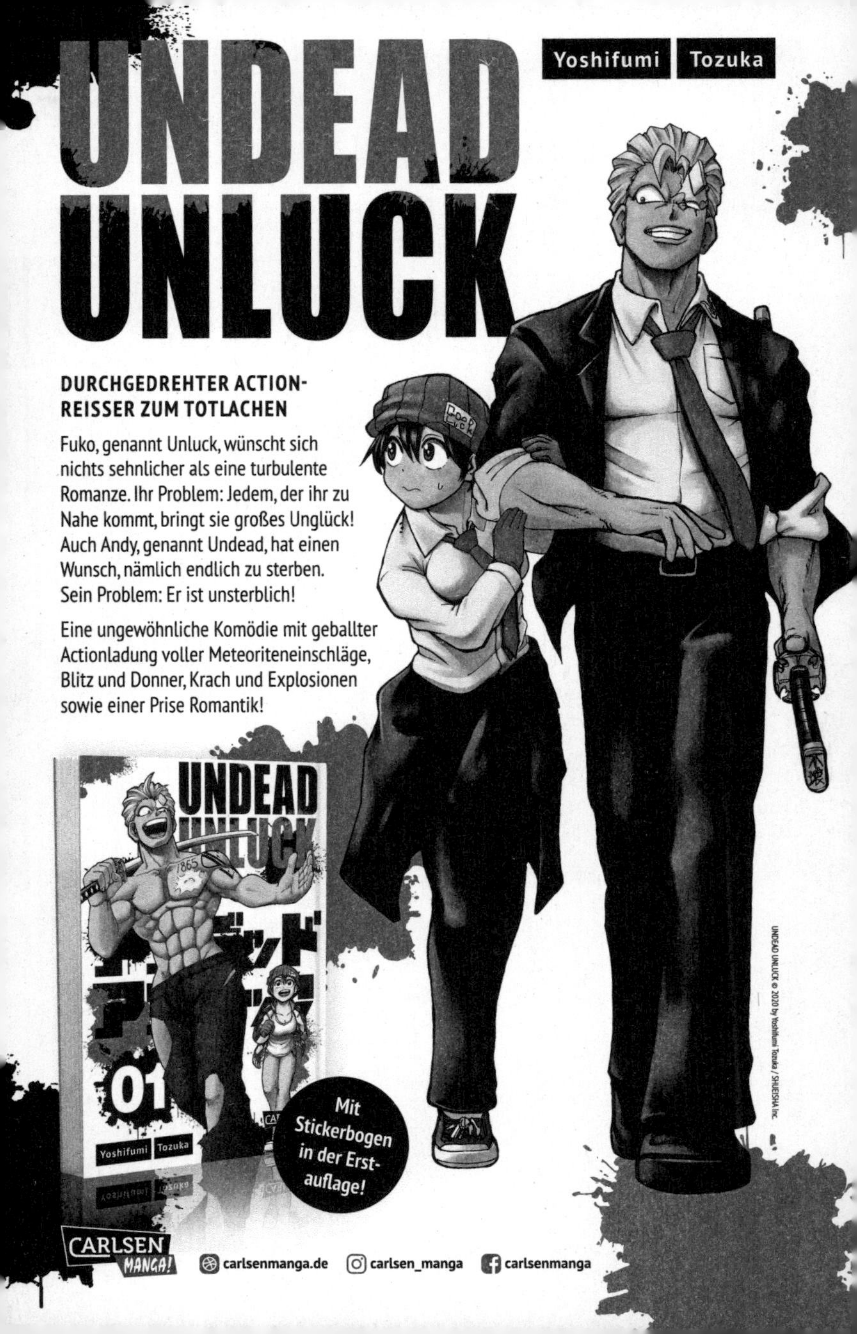
UNDEAD UNLUCK
Yoshifumi Tozuka
DURCHGEDREHTER ACTION-REISSER ZUM TOTLACHEN
Fuko, genannt Unluck, wünscht sich nichts sehnlicher als eine turbulente Romanze. Ihr Problem: Jedem, der ihr zu Nahe kommt, bringt sie großes Unglück! Auch Andy, genannt Undead, hat einen Wunsch, nämlich endlich zu sterben. Sein Problem: Er ist unsterblich!
Eine ungewöhnliche Komödie mit geballter Actionladung voller Meteoriteneinschläge, Blitz und Donner, Krach und Explosionen sowie einer Prise Romantik!
UNDEAD UNLUCK
01
Yoshifumi Tozuka
Mit Stickerbogen in der Erstauflage!
UNDEAD UNLUCK © 2020 by Yoshifumi Tozuka / SHUEISHA Inc.
CARLSEN MANGA!
carlsenmanga.de
carlsen_manga
carlsenmanga

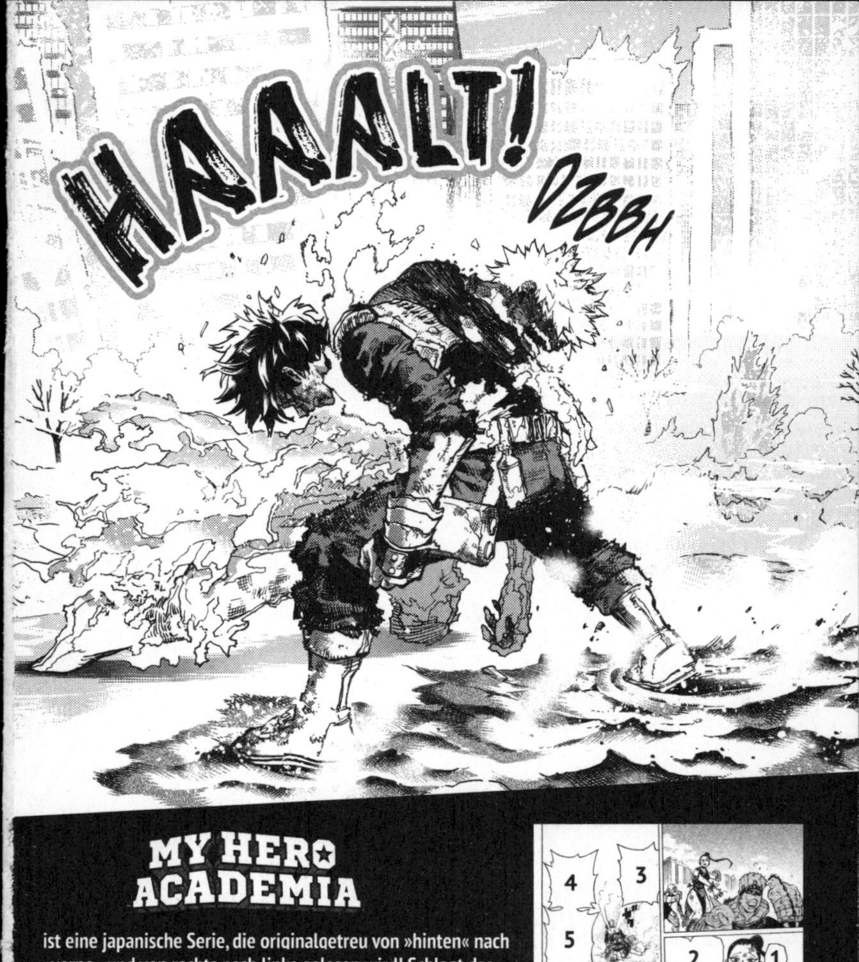

MY HERO ACADEMIA

ist eine japanische Serie, die originalgetreu von »hinten« nach »vorne« und von rechts nach links gelesen wird! Schlagt das Taschenbuch also »hinten« auf und blättert Seite für Seite nach »vorne« weiter! Auch die Bilder und Sprechblasen auf jeder Seite werden von rechts oben nach links unten gelesen, wie es in der Grafik gezeigt wird! Ihr seid alle Helden!

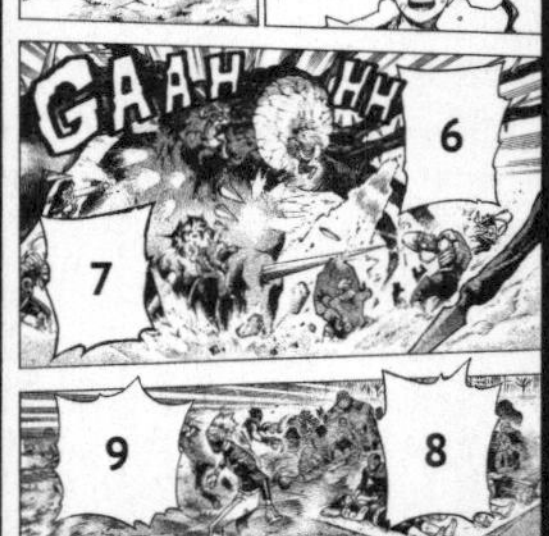

Wir produzieren nachhaltig

- Klimaneutrales Produkt
- Papiere aus nachhaltigen und kontrollierten Quellen
- Hergestellt in Europa